张晋藩 主编

法律溯源丛书

# 宋例与宋代法律体系研究

◎ 王文涛 著

中国政法大学出版社

**图书在版编目（ＣＩＰ）数据**

宋例与宋代法律体系研究/王文涛著. —北京:中国政法大学出版社, 2019.9
ISBN 978-7-5620-9217-9

Ⅰ.①宋… Ⅱ.①王… Ⅲ.①法律体系－研究－中国－宋代 Ⅳ.①D929.44

中国版本图书馆CIP数据核字(2019)第208929号

---

| | |
|---|---|
| 书　名 | 宋例与宋代法律体系研究<br>SONGLI YU SONGDAI FALÜTIXI YANJIU |
| 出版者 | 中国政法大学出版社 |
| 地　址 | 北京市海淀区西土城路 25 号 |
| 邮　箱 | fadapress@163.com |
| 网　址 | http://www.cuplpress.com (网络实名：中国政法大学出版社) |
| 电　话 | 010-58908466(第七编辑部) 010-58908334(邮购部) |
| 承　印 | 固安华明印业有限公司 |
| 开　本 | 720mm×960mm　1/16 |
| 印　张 | 18 |
| 字　数 | 297 千字 |
| 版　次 | 2019 年 9 月第 1 版 |
| 印　次 | 2019 年 9 月第 1 次印刷 |
| 定　价 | 70.00 元 |

# 总　序

中国是世界著名的文明古国之一，法制的历史不仅悠久而且辗转相承历 4000 余年而迄未一断，其连续性、系统性、典型性为世界法制历史之最。中国也因此而被公认为中华法系，自立于世界法系之林，其影响及于东方世界。

中国古代的法律体系发展至唐代已经基本定型并日趋成熟，内含刑事立法、行政立法、民事立法、经济立法、诉讼立法等内容，是一套诸法并存的相当完备的法律体系。不仅如此，在古代重伦常关系的传统影响下，调整尊卑伦常秩序的礼的规范不断入律，形成了"德礼为本，刑罚为用"互相结合的特殊的法制发展规律，成为中华法系的主要表征。

4000 多年的中国法制历史，蕴涵了古圣先贤杰出的理性的法律思维，并且综合了儒法墨道诸子百家的学说，为中国法制发展奠定了深厚的文化基础。

4000 多年的中国法制历史，也凝聚了治国理政的丰富经验，它是一座宏大的智库，为我们建设法治中国储备了最丰富的资源。

古代中国是以农立国的政治经济文化发展不平衡的统一多民族的大国，在这样的国情下，中国法制历史的发展与国情息息相关，带有深刻的国情烙印，形成了独立的发展传统。但历史的发展是不能斩断的，尽管世易时移，固有的国情的因子仍与当代中国有着千丝万缕的联系。所以，我们要尊重法制历史的传统。

总之，中国法制历史有着极其深厚的法文化积淀，也有着在治国理政上可为当代借鉴的史鉴价值，同时还为我们建立当代的中华法系提供了参考。

　　基于此，我们编辑了"法律溯源丛书"，选取法律史学杰出的中青年才俊的著作，编辑成书，期望在法学这个春天的花圃中，植下一株新葩，借以弘扬中华传统法文化，开启一个新的智库之门，以有裨于依法治国的宏大事业。切盼法史界的学者共同维护滋养这株新葩，使其茁壮成长。

张晋藩

2016 年 12 月 3 日

# 序　言

　　欣闻王文涛独立撰写的学术专著《宋例与宋代法律体系研究》即将出版，这令我由衷高兴。王文涛与我差不多有十年的师生渊源，本科期间就读于华东政法大学国际法系，2005年大学毕业后考上华东政法大学中国法制史研究生，即由我担任他的指导教师，毕业论文的研究课题也是宋代法制史，2008年毕业时通过司法考试与公务员考试，以优异成绩进入上海的检察院工作，可以说是当年毕业的研究生中的佼佼者。文涛毕业后我们仍然时有联系，期间我还荣幸地参加了他的结婚典礼。2012年文涛又以在职攻读的资格考上了我的博士研究生，众所周知，一般教授是不太愿意招收在职博士生的，生恐其工作、学习两头兼顾，顾此失彼，不能专心于学业，但文涛不同，他的责任心、自觉性、领悟力及性格的稳重都是同龄人中不多见的，加上其家人的鼎力支持，而且他在报考我的博士生考生中成绩也是名列第一，这样我们又开始重续师生缘分。在学期间，王文涛专注于宋代法律史的研究，进行了大量的阅读和独立思考，2015年毕业获得博士学位，当年担任答辩委员的上海师范大学博士生导师、宋代法制史研究学者戴建国教授事后也对我赞扬过文涛撰写论文的功底。本书就是对文涛的博士学位论文进行补充完善而得到的。

　　在中华法系的发展过程中，宋代无疑是一个承前启后的时代，可以说宋代各种法律形式的发展轨迹一定程度上反映了中华法系发展演进的轨迹。而其中的宋例作为宋代法律体系中重要的组成部分，引起了许多学者的关注，国内法制史和史学界的学者围绕着宋例这一课题，从"编例""条例""断例"等不同角度展开研究，相关内容在各种教材、通史类著作中多有论述，相关研究也取得一定的成果。但现有研究尚存在着进一步探讨的余地。

　　正是基于这样的认识，《宋例与宋代法律体系研究》一书力图通过对散见的宋例史料的耙梳，更加全面真实地复原宋例的编订、运用情况，由此更加准确界定其概念性质，更加全面地把握整个宋代法制体系和司法运作程序，进而探讨例这种法律形式、法律现象在中华法系中的地位、作用、价值，借以实现对中华法系的再认识。

在内容上，该书可分为三大部分，第一部分从"例"字词源入手，提出"例"字作为一种法律形式的词源是来自于经学"春秋释例"的研究方法，其本质是对于相似事件给予相同评价。这种经学研究方法自先秦萌发、在魏晋成型，在宋代得到重大发展，再乘宋人求实致用之风，最终在宋代成为一种法律形式。第二部分中，该书结合大量史料，细致考察了宋例的渊源、编纂程序，适用方式以及宋例与其他宋代法律形式的关系等问题。作者提出宋例是由临事处断而生，经过不断沿用或者规定著例的方式被确定。宋例与其他具体的法律形式没有绝对的界限，使用时并行通用，编纂时交融互参。第三部分是讨论宋例在中华法系生发演进中的作用与地位，以及宋例与皇权、宋例与前后朝代的关系，并将研究的视野由宋例延伸至例，最终提出中华法系演进生发实有"因循"和"创附"两端，例就是"创附"机制的集中体现。

除了上述宏观研究之外，该书还对与宋例相关的史实细节问题进行了考据，对宋例最早的编纂年代和编纂次数，中书刑房例和中书刑房断例的区别，宋例是否以"节文"形式存在等问题进行了考据，并提出了自己较为独到的观点。应该说，该书对于宋例的研究，在资料的发掘上，在考证的功底上，都有可圈可点之处，不足之处在于格局还不够大，也就是说在以小见大、小题大做方面还有欠缺。

该书除了立足古籍史料进行考证，还结合了西方法理学原理和现代司法实务进行论证。作者王文涛长期从事刑事司法实务工作，在这个过程中，他发现法条不能自明的真意总是借由个案得以言说，抽象与具象、规范与事实、立法与司法这些看似二元对立的范畴在一个个案例中实现了和谐统一，由此体会到古人以例释经，以例用法的深意。一些用现代法理学无法有效解释的问题，我们的古人早已月独到的智慧将其化解于无形。

正是怀着这样的感悟，王文涛完成了《宋例与宋代法律体系研究》一书，这是他多年阅读古籍独立思考的成果，也是他长期浸淫实务俯首案牍的心得。中华法系的发展虽然在历史演进中已经归于沉寂，但通过法律史学科的研究，我们在今天仍然可以不断发掘其无穷的价值。而若能在皓首穷经之外，以司法实务的视野对其审视探索，也许能获得崭新的成果和收获。这本《宋例与宋代法律体系研究》应该算得上一次小小的尝试。

　　是为序。


华东政法大学　丁凌华

2018 年 12 月 10 日

# 目　录

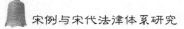

# 导　论

## 一、选题的源起和研究意义

在中华法系的发展过程中，宋代无疑是一个承前启后的时代，宋代各种法律形式的发展轨迹在一定程度上反映了中华法系发展演进的轨迹。而其中的宋例作为宋代法律体系中重要的组成部分，引起了许多学者的关注，国内法制史和史学界的学者围绕着宋例这一课题，从"编例""条例""断例"等不同角度展开研究，相关内容也经常出现在各种教材、通史类著作中。但纵观现有成果，仍然存在以下几方面的问题。

第一，研究的对象、范围、概念需要界定和明确。

宋例研究中首先存在的一个问题就是研究对象的界定尚比较模糊，相关著作各自划定的研究范围都不尽相同，不同著作在表述时使用不同的名称。大致有以下几种情况：第一种是专门以"断例"为名称进行针对性的研究；第二种情况是以"编例"为名称，这种情况在部分教科书和通史类著作中较常见；第三种则是直接以"宋例"为研究对象。

当然，学者进行研究时，以不同的方式来选择、界定、命名各自的研究对象本属正常，但对研究对象的不同命名也会造成问题。其产生的首要问题便是，应在哪个层面上使用"例"字？详言之，是将"例"字作为宋代的一种有固定形式，有明确效力的法律形式来理解和使用；还是在"例"字本身的文字含义层面进行理解和使用。有的学者研究时引用了大量有"例"字的文献资料，但其中很多都是用"例"字的一般含义，这些资料并不能证明例不是宋代法律形式。正如现代汉语中有"方法"一词，"方法"当然不是法，但不能因为有这一词例而否定刑法、民法是我国的法。之所以会出现这样明显的逻辑错误，正是因为研究者尚未明确应在何层面上研究宋例，所以一股脑将所有出现"例"字的史料放在一起讨论。

另一个问题是指称"宋例"的不同名称之间的关系尚未确定。首先，不同的著作分别使用不同名称，有的使用"例"，有的则使用"编例"，但仔细一看，双方描述的例和编例的内容又基本一致，那么使用不同名称的意义何在？其次，不同的著作虽然给出了各自所使用的名词的定义，但这些不同名词之间的关系却无法得到解释。从字面上看，"编例"应该是经过编修的"例"，那么在编修之前的例能不能被称为例？有没有例的效力？编修的作用是赋予那些被编入的例以真正法律效力还是取消那些未被编入的例的法律效力？这个问题实际上直接关系到例是否是一种法律形式以及例的形成、编修、使用、效力等一系列的重要问题，不同著作各自使用了"例""编例"的名称，不但无助于问题的解决，反而使问题更加复杂。

　　不同著作界定宋例时使用不同名词的本质原因在于，目前学术界对于宋例的概念尚未形成统一的认识。不同的学者都按照自己的方法给宋例下定义，而且给出的定义也都不够科学。一般有如下三种定义方式，第一种是借助汉唐以来的"决事比""比附"的概念；第二种是借助现代法学名词如"判例""判例法"；第三种是使用古籍中存在的近似名词如"成例""例子"。这三种定义方法都有各自的不足：汉唐的决事比、比附本身都是有待进一步研究和界定的概念，拿来定义宋例，这种定义方法的基础不够牢固；"判例""判例法"概念是近现代西方法学的产物，虽然定义清晰，却是以英美法系为制度背景的，脱离了相应的立法制度和司法程序，将其生搬硬套到古代中国的法律体系之中很容易产生误解；最后一种方法则比较机械生硬，文献中的常见词可能在不同的地方有不同的含义，有时是作为一般用语，有时则是有针对性的法律用语，不加辨析直接套用，很容易产生错误。

　　第二，史实尚需理清。

　　宋例的名称、定义之所以无法统一，比较模糊，是因为与之相关的史实有待厘清。现有的研究对史实的梳理尚比较粗疏，对许多史料中出现的名词概念及相互之间的关系也未予以明确；相关的制度、程序的实际运作情况也有待明确。历史人物、历史事件等方面都有进一步探究明确的余地。

　　首先，与宋例相关概念的史实有待明确。许多著作用条例、断例、指挥、特旨等概念对例进行分类，它们各自的含义到底是什么？现有研究还处于莫衷一是的状态。

　　其次，关于例的编纂、适用方面的史实也有待明确。许多研究宋例的著作都曾对宋例编纂的史实进行过梳理，但在很多问题上仍有一定分歧。比如编例的起始时间，《庆历编敕》□的"总例"能否被看作宋代最早的编例？其性质到底是编例还是编修编敕时的"凡例"？不同的学者对此给出了不同的答案，而对于宋代编例的次数，各家都给出了不同的结论，戴建国罗列史籍所载的十四部断例应该说是迄今比较全面的梳理，但也不能说完全没有进一步探讨的余地。

就例的来源而言，尚无统一的观点。以断例而言，最根本的问题是哪些判决可以作为以后审判中依据的先例。有些观点认为断例的来源可以是皇帝的判决，也可以是中央司法机关的判决，而有些观点则认为断例都是经过法寺机关上奏拟定判决意见，由皇帝最终作出裁决的案例。这里就涉及了中央司法机关断案的程序问题以及断例的来源性质的问题。而断例之外其他例的来源就更加模糊，往往缺乏明确的结论。

就宋例的编修机关而言，也存在不同的观点。还是以断例为例，一般认为早期是由法寺编例，后期则出现了专门的编修机构。对于上述两个机构编例的史实虽然没有大的争议，但学者们对于中书作为行政机构参与编例的研究尚不充分，其中重点就是中书刑房编例的问题，尤其是"中书刑房检例官"的设立以及是否承担编例职责这一点，还需要进一步探讨。

编例的方式也是值得探讨的问题。由于现存文献中没有编例的原文，所以对于宋代编例的实际形式，只能通过史料中的蛛丝马迹进行推断。现有研究中对于编订的方式有着不同的描述，比较常见的观点是，编订整理成为单独的条例或例册，以某某条例等方式命名。但某些史料中还显示，某些例经过编订之后，会以其他法律形式的名称颁布。如《续资治通鉴长编》卷六三中记载英宗年间编修的提举司和三司类例，最终命名为"在京诸司库务条式"，这表明例与式产生了交叉。此外，也有学者提到，宋朝中后期还出现了将例编入编敕的情况，则例和敕也有交叉。实际上，宋例与宋代其他法律形式的关系一直是宋例研究的薄弱环节，以往研究比较重视司法实践中宋例对于其他法律形式的补充作用，但对于编纂立法环节中，宋例与宋代其他法律形式的关系问题则很少研究。而这一点实际上影响到正确界定宋例性质，正确描述宋代法律体系，进而正确认识整个中华法系演进过程的大问题。

关于宋例编纂的具体方法，以及最终形成编例的形式，鉴于史料的缺乏，也尚无定论，一些学者根据古籍中的蛛丝马迹进行了推论，但其结论仍有商榷的余地。

除了在立法编修层面的问题，例的实际使用情况也有很多问题有待进一步研究，比如史料中所谓的法寺和中书的"检例"，具体是什么性质的工作？这一工作与案件的逐级上报、覆核，最终判决的关系如何？如果能对这些问题有一较明确的答案，对于澄清例或者至少是断例的性质有极大的帮助。

第三，宋例历史地位的评价有待深化。

在对宋例的评价问题上，基本上所有的研究都会谈到宋代以例破法的现象，并将其作为一种弊端。但相关的论述基本上都是引用臣僚奏议和皇帝诏令来证明当时朝廷上下认识到引例破法的危害，并采取了一定措施对引例破法进行限制。但实际上，由于宋例编订、适用程序的相关史实尚未确定，那么所谓引例破法的成因就无法说清。所以现有的研究中对于引例破法的成因大致有三种不同的描述：有的将其归结为君主集权，肆意专断的结果；有的将其归结为蔡京等权臣把持朝纲，擅权独断的结果；还有的则将其描述为低级的胥吏营私舞弊，上下其手的结果，众说纷纭，莫衷一是。与此同时，几乎所有的研究又都提到，虽然朝廷一直致力于消除引例破法的弊端，但宋例在行政、司法实务中的地位仍然日益提高。所以如果仅将这一现象的原因归结为皇帝集权、奸臣专权、胥吏弄权，无疑显得简单草率。追根溯源，引例破法的现象其实与宋代中后期法律体系的演变以及各个法律形式之间效力关系的变化有关。如果再进一步跳出宋代一朝的法制史，就会发现，宋代以后，律例合修的法律体制逐渐成为主流，由此将引例破法现象放到中华法系发展演变的大背景下去看待，那么宋代引例破法现象的历史意义应远远不止我们现在所认识到的程度。而现有研究虽然都认为宋例对后世律例合编的体例有着深远影响，但尚无将宋例与后世律例进行联系比较的研究成果。

罗列上面这些问题，目的不是指摘前人的研究成果，而是为了寻求进一步研究宋例和中国法律史的门径。宋例作为一种法律形式，一种法律史领域中的历史现象，一种法律史学科的研究对象，有一个显著的特点，那就是迄今尚未发现整部编成的例文本，无论是断例、条例、则例、例册，都只是停留在其他史书中的名词，对于例的描述散见于不同的典籍；而一条条各例也分散在史料当中，既无篇目，也无门类，只有逐条寻找，分类整理，通观全局，才能一窥宋例的究竟。相比之下，宋代的"刑统""令""条法事类"均有文本传世，供今人作为直接参考。法律史实是建筑在史料上的学问，最直接证明法律史实的无疑就是传世的法典文本，所以法典文本能吸引最多的研究注意，因为这些文本让我们对于相关法律形式的内容、结构、形式均有直观的认识，更容易对法典的性质、作用等问题做出明确的判断。这种情况当然是中国法律史研究不断深入推进的必要条件，但法典文本的存在又潜移默化地左右了整个学科的研究方向和基本观念。现有中国法律史研究的核心基本是建立在对唐律等传世法典文本的解读基础之上的，中华法系在整体上也被界定为一个成文制定法的法系。这样的状况是以法典文本为核心的研究方式的必然结果。当然，法典文本的研究价值和法典本身在中华法系中的地位是不容否认和质疑的。但是像宋例这种尚未发现有文本传世或者本身就没有以整部文本形式存在过的法律形式和法律现象，其在法律史中的价值也是不应被忽视的。如果说针对唐律一类法典的研究已经汗牛充栋，很多问题也已经盖棺定论，那么对宋例这类法律形式和法律现象的研究反而蕴含着更多的可能性，对它们的深入研究也许能成为我们加深对中华法系理解的一条途径。正是基于这样的认识，本书希望通过耙梳散见的宋例史料，更加全面真实地复原宋例在宋代的编订、运用等情况，由此更加准确界定其概念性质，更加全面正确地把握整个宋代法制体系和司法运作程序，进而探讨例这种法律形式、法律现象在中华法系中的地位、作用、价值，借以实现对中华法系的再认识。

## 二、宋例研究现状

宋代的"例"作为宋代法制史中重要的研究课题，曾引起了许多学者的关注。沈家本在其《历代刑法考》中收集罗列了熙宁中书礼房条例、熙宁法寺断例、元符刑名断例、崇宁断例刑名例、绍兴刑名断例、绍兴续修条例、乾道新编特旨断例等与例有关的条目，并在之后都附上《文献通考》《玉海》的相关内容，为后世学者提供了研究的门径[1]。此后，国内法制史和历史学界围绕着宋例这一课题，从"编例""条例""断例"等不同角度展开了研究，相关内容出现在各种教材、通史类著作中。而谈及宋代法制史的专著，宋例更是不能缺少的部分，此外也有学者撰文对宋例进行专门研究。下面将对宋例的现有研究成果进行总结评价。

---

[1] 参见（清）沈家本：《历代刑法考·律令六》，中华书局2006年版。

（一）法制史教材中的相关研究

民国时期，就有老一代的法制史学者在相关著作中对宋例进行研究。杨鸿烈在其《中国法律发达史》[1]中论及宋代法典时将"断例"与"刑统""编敕""条贯"等名词并列为宋代主要的法律形式，并认为断例属于成文刑法典。

陈顾远先生在其《中国法制史》[2]中对"例"的性质进行了探讨，他提出"例"的含义类似于"比"，但两者又有区别。"比"是以类似的条文比附使用，而"例"则是以成事为主，也就是类推适用相似的案例或事例。在例的编纂上，南宋后期编纂条法事类时存在将例编入敕的现象，未经编成敕的例，多被编订为"断例"。他还认为，"例"多非君主诏令，许多秦桧当政时期的都省批状指挥也都作为例编入敕。他还指出了"北宋轻例、南宋重例"这一历史现象。

黄秉心在其《中国刑法史》[3]中将"断例"作为专门的刑事法律进行了初步研究，认为"断例"是专为保持审判平允而设，但随后出现了中书用例过滥，有徇私舞弊的情况。

此外，张金鉴在其《中国法制史概要》[4]中专门针对用于刑事审判的"断例"做了简要论述，指出了宋代出现用例泛滥的现象。

大陆法制史学界对宋例也有相关研究，尤其是 20 世纪 80 年代以后出版的大量法制史教材中都对宋例有不同程度的论述[5]。相关研究多是从编例的角度入手，并将编例分为"指挥"和"断例"两种。持这一观点的主要有：张晋藩主编的《中国法制史》[6]一书认为"指挥"是中央官署对下级发布的命令；"断例"就是审断案件的成例，都是以前事处断作为后事的标准。薛梅卿与叶峰所著的《中国法制史稿》[7]认为，"指挥"是诏、令、敕的总称，是以皇帝的名义或者中央办事机关对下级临时做出的指令或规定；"断例"就是判例。专门机关将"指挥"和"断例"通过编纂程序加以确认，使之具有普遍

〔1〕 参见杨鸿烈：《中国法律发达史》，中国政法大学出版社 2009 年版。

〔2〕 参见陈顾远：《中国法制史》，商务印书馆 1934 年版。

〔3〕 参见黄秉心编著：《中国刑法史》，上海书店 1940 年版。

〔4〕 参见张金鉴：《中国法制史概要》，正中书局 1974 年版。

〔5〕 参见王侃在其发表于《法学研究》1996 年第 2 期的《宋例辨析》中罗列的相关研究成果。

〔6〕 参见张晋藩主编：《中国法制史》，群众出版社 1982 年版。

〔7〕 参见薛梅卿、叶峰：《中国法制史稿》，高等教育出版社 1990 年版。

的效力，即形成"编例"。"编例"是行政干预司法的体现，也是元明清律例合编的法律形式的滥觞。叶孝信主编的《中国法制史》[1]认为例主要是"断例"，是针对具体案例的判决，之后可以作为审判的依据。而"指挥"的性质类似于例，包括"批状指挥"，这是行政机构针对具体行政事务下发的指令；王立民主编的《中国法制史教程》[2]认为宋代的编例包括"指挥"和"断例"，而"指挥"专指中央尚书省等官署对下级官署的指令；"断例"则是审案的成例。

一些教材与上述观点有一定差异，例如薛梅卿单独主编的《新编中国法制史教程》[3]中使用"条例"的名称代替了《中国法制史稿》中的"指挥"，将宋例分为"条例"和"断例"，认为"条例"是单行法汇编，而由皇帝或尚书省及各部颁布指挥实质也是"条例"，"条例"是法律，效力较高；"断例"是皇帝或司法机构审判的案例，汇编后可以形成对以后司法审判有一定示范作用的案例。王存河主编的《中国法制史》[4]和郭成伟主编的《中国法制史》[5]中则都将"编例"限定为"断例"，即中央司法机关或皇帝审断的案例，被相继沿用成为惯例，"编例"是将原本临时性的断例上升为普遍的法律。曾宪义主编的《中国法制史》[6]则使用了"例"的名称，称南宋有编例，以例断案有所发展。

（二）通史类著作中的相关研究

除了法制史教程之外，在法制史和政治制度史的通史类著作中也都有关于宋例的专门章节。其中最主要的是白钢主编、朱瑞熙著的《中国政治制度通史·第六卷》和张晋藩、郭成伟主编、陈景良副主编的《中国法制通史·第五卷》中的相关章节。

《中国政治制度通史》第六卷第六章"立法制度"一节中，将"例"作为与"刑统""编敕""敕令格式""续降指挥""条法事类"相并列的一种宋代"基本法"。该书认为"例"是"由于临时需要而采取的临时措施，这些措施一经实行，后来相继采用，便成为惯例……屡经编纂而成为定例"。[7]该

〔1〕 参见叶孝信主编：《中国法制史》，北京大学出版社1996年版。
〔2〕 参见王立民主编：《中国法制史》，上海人民出版社2007年版。
〔3〕 参见薛梅卿主编：《新编中国法制史教程》，中国政法大学出版社1995年版。
〔4〕 参见王存河主编：《中国法制史》，兰州大学出版社2006年版。
〔5〕 参见郭成伟主编：《中国法制史》，中国法制出版社2007年版。
〔6〕 参见曾宪义主编：《中国法制史》，中国人民大学出版社2009年版。
〔7〕 白钢主编、朱瑞熙著：《中国政治制度通史》第六卷，人民出版社1996年版，第397~398页。

书也将"例"分为"断例"和"条例"两种。其中"断例"是指最高司法机构断狱成例，经过编纂的断例可以成为普遍适用的法规。关于"断例"的来源，该书指出北宋前期多有命令法寺进行编例的情况。但是，书中随后所举的例子却是韩琦、富弼主持编纂刑房断例的例子，中书刑房是设置在中书门下的机构，并非属于刑部大理寺的法寺系统。该书还谈到了"特旨"的概念，认为神宗之前，官员犯罪案件，由大理寺断案，刑部检例，进行追究，这被称为"特旨"。该书指出，宋代围绕着"例"的使用发生过许多争论，其中包括司马光上书要求禁止刑部贴例，不再用例处断；元祐期间彭汝砺与刘挚围绕一起案件而进行的争论；徽宗以后直至整个南宋期间，一方面反对用例破法的呼声一直未曾停息，另一方面编纂断例活动却一直没有停止，孝宗之后，定期编纂断例的制度更加严格。

对于"断例"之外的"例"，该书认为是指各行政机构的一些临时行政措施。从编纂角度而言，该书认为北宋早期的例都编入"编敕"之中，并举出《庆历编敕》和《嘉祐编敕》中的"总例"部分作为最早的例子，所谓"条例"，即是这些编敕中的"条贯"即敕部分和后面的"总例"部分的合称。元丰改制后，一方面许多例编入了敕令格式之中，另一方面仍有单行的"编例"存在。臣僚则一直提出限制用例破法的请求，其中既有要求只有在法无明文的条件下才允许用例的，也有要求将例公开发布，防止例藏于少数官吏手中发生奸弊的。

《中国法制通史》第五卷宋代的部分，将"编例"专门放在第五章"刑事法律"的第二节"刑法的渊源和构成"之中，可见，该书认为应将"编例"归为刑事法规。该书认为，"编例"是在"神宗——王安石变法"之后才得以产生和发展的。例必须经中央司法机构汇编，才能具有普遍效力。该书也将"编例"分为"条例"和"断例"两种。但与其他著作不同的是，该书认为，"条例"中也包含着刑事性的法规，其性质是"皇帝对于特定的犯罪现象所发布的单行刑事法规"或"由中央行政或司法机构针对犯罪问题所发布的单行刑事法规，经过皇帝批准加以汇编"；"断例"则是"由皇帝亲自审断的案例或中央司法机关审断的经典案例，经由皇帝本人批准，经过汇编，即成为带有普遍性的断例"，"实质是典型案例的汇编"[1]，并认为"条例"

---

〔1〕 张晋藩主编：《中国法制通史》第五卷，法律出版社1999年版，第478页。

作为单行法规，其地位比仅能适用于同类案件的断例的要高。

该书认为，无论是以皇帝名义颁布的，还是中央尚书省或各部向地方州县颁布的"指挥"，均是"条例"的一种，并通过比较元祐年间一则《权宜指挥》与《盗贼重法》，指出作为刑事特别法规的"条例"的补充性、灵活性、针对性特点，它能够针对具体问题作出较为细致实用的规定，填补了其他法律规定概括抽象的不足，并促进了羁縻制度的发展。

该书在总结"断例"编纂的总体情况时，列举了《熙宁法寺断例》等几部断例的名称，并指出这些断例对南宋的影响。该书指出的"编例"在南宋继续被大规模使用，并且在《庆元条法事类》编纂时，有大量的指挥被编入，由此该书认为"指挥"已经成为国家正式大法。该书还指出宋代编例的发展对后世产生了重大影响，为明清律例合编的法典体例开创了先河。

此外北京大学出版社出版的《北京大学法学百科全书》一书中的中国法制史部分也有"例"的专门词条。该书认为，"例"是古代法律形式，是可资援引的案例，秦朝廷行事、汉代的比、唐代的类推比附定罪都属于"例"。该书还指出"例"是在宋代以后充分发展的，并将宋代的"例"划分为"指挥"和"断例"两种。编纂于律令格式之中的"指挥"是尚书省和中央其他官署的指示决定，对以后处理同类事务也有约束力；而"断例"是具有典型意义的案例汇编，编辑"断例"是宋代重要的立法活动。[1]

（三）专著及论文中的相关研究

对于宋例进行过专题研究的学者主要有王侃、郭东旭、戴建国等人。较早发表的专题论文是郭东旭的《论宋代法律中"例"的发展》，最早收录于河北大学出版社 1991 年出版的《中日宋史研讨会中方论文选编》中，后来收入其由河北大学出版社 1997 年出版的专著《宋代法制研究》中，作为该书第一章"宋代立法总论"中的第四节"编例"。郭东旭首先认为，宋代例的性质相当于唐朝前所称的"比""比附""决事比"，是一种将比附作为审判和处理同类案件依据的做法，其传统可上溯至西周。到了宋代，不仅在刑事案件审判中运用"断例"，在行政管理中亦广泛使用"事例"。分类上，郭东旭首先按照调整对象将宋代的"例"划分为"断例"和"事例"；其次又按照创制方法将"例"分为"判案之断例""特旨理为惯例""指挥自是成例"三

---

〔1〕 蒲坚主编：《北京大学法学百科全书·中国法制史》，北京大学出版社 2000 年版，第 476 页。

种。效力上，他认为具体的案例、事例必须经过编修程序才能上升为具有普遍法律效力的形式，成为通行的成例，所以编例也是宋代重要的立法活动。针对"断例"，郭东旭认为，最早编订的断例出现在《庆历编敕》最后所附的别为"总例一卷"中，之后的《嘉祐编敕》中也有相同情况，而熙宁年间出现了断例单独编纂的情况，他据此总结了宋代的七部单编的断例。对于"特旨成例"，郭东旭认为是皇帝直接下发颁布生效的御批，其中分成皇帝直接批降的御笔和三省奉行圣旨，适用的范围非常广泛，是中央集权制度的体现。针对"指挥成例"，郭东旭将其分为两种，第一种是"内批指挥"，是奉作圣旨实行的，实际上是特旨的一种；另一种是尚书省各部要求下级照办的临时性指令。"内批指挥"的效力在北宋就得到了确立，随后也出现了将指挥约束为令的要求，使指挥具有了普遍效力。南渡之后，"指挥"的效力进一步提高，"续降指挥"的修订逐渐制度化，指挥成为编敕的重要内容。

对于"例"的适用，郭东旭首先承认其灵活性，但更多地强调了"引例破法的弊端"。他认为宋前期引例破法的情况较少，到熙宁期间，司法审判中"贴例取旨"的情况开始盛行，情况日益严重。哲宗元祐三年，三省提出设置中书刑房检例官，以加强对用例的管理，但也未能扭转局势。而在行政管理中，用例更加泛滥，官吏乘机上下其手，谋取私利，虽然朝廷多次采取措施革除弊端，但直到南宋仍无法彻底解决用例泛滥的问题。

关于"例"的作用，郭东旭认为其最初是作为法的补充，但其地位随着时间的推移而逐渐提高，作用范围日趋广泛，最终达到了以例为要的境地。关于宋例的历史地位，郭东旭指出，宋例对于后世的立法有重要影响，元代的条格就是直接受到宋例的影响，在《大元通制》《元典章》中均有所反映。明、清两代律例体制也都受到宋代编例的影响，例在国家法律中的地位逐渐提高。

在郭东旭研究的基础上，赵旭专门针对北宋期间的"例"撰写了《论北宋法律制度中"例"的发展》一文，发表于《北方论丛》2004年第1期，该文根据郭东旭研究的框架，将视线集中于北宋的"例"，并提出了自己的一些观点。他认为《宋刑统》编订时将"一部律内余条准此条"附在名例律之末，说明宋初已渗透并强调了"比附用例"的思想。同时，该文提出"条例"是专指一司、一事或一州、一县的立法；该文的核心观点是修例权在北宋逐渐集中，认为北宋早期，修例权是归于尚书六部，或者由编敕机构兼修的。但是到了北宋后期，朝廷特设"中书刑房检例官"作为修例的专职，修例之权悉归中书省。文中引用了《长编》第396卷的相关资料，认为这是三省攫取司法权的重要体现，对例的发展起了很大作用。这一现象开创了以后御笔指挥成例的先河。在随后有司与三省争夺用例权的过程中，例在宋代继续发展，《庆元条法事类》中汇编的诏敕，体现了用"例"制度的完善。

　　另一位对宋例作过深入且全面研究的是吉林大学王侃教授，他先后撰写了《宋例辨析》和《宋例辨析续》两篇文章，分别发表于《法学研究》杂志1996年第2期和第6期。在这两篇文章的基础上，作者又进行了进一步的研究，撰写了《宋例考析》和《宋代指挥考》两篇文章，收入杨一凡主编的《中国法制史考证·甲编第5卷》中，在上述文章中，作者对各种文献中涉及宋例、指挥的内容做了详尽的梳理，罗列了大量包含有"例"字的典籍原文，并以此为基础进行了分析，得出与其他研究者迥然不同的结论。

　　王侃最核心的观点是认为"例"不是法律，而是法律运用过程中形成的，可以引用的先例。他首先认为"断例"并非是一般意义上的判例，因为断例不是中央司法机关的判决结果，而是出自于君主。大理寺、刑部只审案不判决，判例需要通过奏裁，取得皇帝的"特旨断狱"或"特旨裁决"，才能形成断例。而皇帝的这些裁决是出于政治需要而针对一事的"特恩"，基本上不符合律敕规定的宽宥，因此绝大多数断例并不能成为以后的断案指导。只有很少的例经过修订成为"可行之例""合用之例"。而即使是被引用的断例也不是"判例"，而是"例子"，理由在于"判例在宋朝尚未形成一个组合词"，且"判"在宋代不是司法审判的意思。

　　对于宋例的分类，王侃认为除了皇帝的特旨断例，还有"特旨"和"前朝本朝原有的程序、规则和史实"两类。"特旨"专指皇帝处理政务，并作为以后行政管理中援用的依据，多用于官员超擢升迁。王侃又将其分为符合国家利益的超擢和不符合国家利益的对宠臣、权相的超擢。而所谓前朝本朝程序、规则或故事，王侃根据调整对象将其进一步划分为司法、农牧、文教科举、军事、官职、礼仪等多个种类。

　　对于宋例的形成来源，王侃认为有"依旧例""依此例""自是以为例""不得为例"等情况。对于这些分类的本质特征和逻辑关系，作者并未作说明和分析，仅是罗列了出现过相关字样的史料。对于例的构成，王侃将其分为：

诏令、臣僚建议、法律、典章制度、习惯等多个种类，划分的依据也是按照史料中的原文直接划分。

王侃还认为，在宋代，"例"与故事、比、常、制等名词可以互称，它们在意思上仅有轻微差别。此外他还举出大量用"比"的例子来证明"比"本身都并不是"比附"的含义，从而进一步证明"例"在宋代不是判例或比附用例的含义。但书中所举的例子过于庞杂，有些例子如"（曹）玮有谋略，诸将非其比"，文意已经脱离法制史范畴，并不具有说服力。

在论述宋例的应用情况时，王侃首先认为法限于律、敕、令、格、式、宣等几种，"例"不属于这些范畴，并非是法。对于其他著作中都讨论到的"条例"的概念，他认为，"条例"一词具有多种含义，有时连称作为法条解释；有时"条""例"分称，比如"有条以条决之，有例以例决之"；有时"条例"专指例。他总结了例法并称、法公开而例藏于吏以及废例守法三种现象，由此论证法例之间的区别。

关于宋例的编纂情况，王侃认为宋代"例"的编纂是按照部门进行的，编纂的结果会形成"式"。而文中此处引用的史料中有所谓"违例罪"的记载在其他著作中均未提及，虽然王侃在此并未作进一步的说明，但此处史料的内容颇有进一步研究的价值。

王侃认为宋例广泛运用的原因在于宋代朝廷"守成"的思想，胥吏、臣僚、宰执、皇帝均习惯引用先例处理问题，这造成了用例的泛滥。

王侃还对宋代指挥进行了专门的研究，认为宋代的"指挥"实际上并不属于宋例，所以在之前就以《宋例辨析续》这一单独的论文来区别于其针对"例"的研究。他在《中国法制史考证》中，则彻底使用《宋代指挥考》的专门名称加以研究。但鉴于"指挥"的性质并未有定论，而且将"指挥"区别于"例"，也是对于宋例进行界定所必须解决的问题，所以仍然有必要对王侃的相关研究进行论述。王侃将"指挥"区别于"例"的主要理由是："例"不是法，而"指挥"是法，是皇帝的命令而非尚书省等机关的指令，而皇帝的命令涉及国家政治的方方面面，范围很广，并不限于法律。王侃将"指挥"分为"续降指挥""弊事指挥""便宜指挥""越诉指挥""暗赢指挥""修书指挥""都堂批状指挥""内降指挥"等等，分类的标准仍然是史料中出现的原文。针对其他著作中关于"指挥"是中央行政机构颁布的行政命令或解释的观点，王侃持否定意见。他认为中书门下一类的行政机构只有提议、参谋的职权，并没有决定权。一方面，他考证了一般均认为系出自中书的"都堂批状指挥"的实质含义，认为其并非由中书决定；另一方面，他列举出一些史料，认为皇帝对于国家的管理事无巨细均有诏令，无须行政机关再加决策。由于提出指挥也是皇帝的诏令，所以王侃最后对指挥与令、诏、敕进行了区分。他认为：首先，诏敕均需要经过学士起草，指挥不需学士起草；其次，指挥时效较短；再次，"内降"作为一种"指挥"，不需经过中书、门下议和学士起草，体现了皇帝的个人意志。

除了上述对宋例展开的综合研究之外，也有学者针对某些专门的例进行了研究，如戴建国在《宋代刑法史研究》一书中，专门针对"断例"的编撰、颁行、适用原则、性质、作用和特点进行了研究，并针对上述一些学者的观点进行了商榷。

戴建国认为，宋代的"例"包括政府机关的条例和各种国家制度，也有刑法上的判案断例，这类断列可以作为法官遇到类似案件引以为定罪量刑的依据，"例"具有比附性质。由于"例"的数量不断增多，前后抵触矛盾，于是产生了编例的需要。最早的编例活动大约是在真宗大中祥符五年令礼部贡院以前后诏敕编订的条例。而具体到"断例"，戴建国指出，宋代针对定罪量刑存有疑虑的案件要经大理寺拟断，审刑院或刑部覆核，宰相复审，由皇帝批准裁决。皇帝的决断可以成为今后处理案件的依据和范例。但前后案例的矛盾问题也日益凸显，仁宗夫历三年终于诏刑部大理寺进行编例。此后，宋代共编断例十四部，时间从庆历三年直到开禧年间。体例上也从简单的汇编发展为依律分十二门。

戴建国将"断例"分为"寺旨断例"和"刑名断例"两种。其中"特旨断例"是指皇帝不根据法寺拟定的处理意见，而根据自己的主张处理的案例。而一般的"刑名断例"则是皇帝批准了法寺比附常法所断案例。戴建国还认为"编例"是独立的法律形式，他否定了有的学者认为《庆历编敕》《嘉祐编敕》中的"总例"是最早的编例的观点，并引用了张方平的《上〈庆历编敕〉表》和韩琦的《上〈嘉祐编敕〉表》来证实，这里的例都是凡例，而非编例。

编修断例有一定的立法程序，由皇帝下诏命官员或特定机关编修，最后经皇帝批准方能完成。南宋修例一般都由宰相提举。编订好的断例的颁布分刑部大理寺行用和颁布天下两种，前者是为法寺贴例草拟判决提供参考，后者则是为地方司法官吏提供审判指导。

对于"断例"的效力地位，戴建国主张例是法的补充，适用例是有条件的，其作用无法替代律令。

对于"断例"的作用，戴建国首先指出，法寺在需要向宰相皇帝上奏取裁时，需要提出处理意见，同时就引用这些例阐述理由，也就是贴例。而除了法寺的贴例之外，戴建国认为中书在接到刑部上奏取裁的案件后，也要拟定意见并同样要贴例作为依据。戴建国认为中书刑房的"检例官"就是负责这一工作的。

对于"断例"的形式，戴建国认为它并非是简单的案例汇编，而是根据实际案例经过节录编修后付诸实施的法律规范，含有法律原则，可以作为日后司法审判的参考。其提出的依据包括《郡斋读书志》中《元丰断例》一条的注文："元丰中法寺所断罪比节文"，该句认为"断罪比"就是真实案例，断例就是真实案例的节录。

吕志兴在其《宋代沄律体系与中华法系》一书中也认为"例"是宋代的一种法律形式。为了阐明"例"的含义，吕志兴也对相关各种术语进行了研究，如认为"条例"是法条和例的合称；"则例"是制定法，与令有密切关系；"断例"则分为"刑名断例""特旨断例""颁行天下之例"和"刑部大理寺检用之例"。此外，还有旧例、近例、常例、优例、久例、定例等。吕志兴将所有的"例"分为"先例"和"惯例"、"优例"和"常例"、"散例"和"编例"。其研究和分类的方法与王侃类似，也是以史料原文为划分标准。对于"例"的来源，吕志兴认为有三个方面：一是大理寺刑部所断或举驳的刑事案件，二是皇帝特旨处理的刑事案件，三是皇帝决定或由大臣提出意见、皇帝批准而处理的行政民事等方面的事例。关于例的性质，吕志兴认为例是综合性的，有刑事例也有大量非刑事例。文章结尾，他特别强调在元丰改革之后，"例"的地位大大提高，几乎每朝都有新编例。

除了专门针对宋代进行研究的专著，还有一部以"例"为专门对象进行研究的著作，就是杨一凡、刘笃才合著的《历代例考》，该著作注意到"例"作为一种专门法律形式在中华法系中的作用和地位，上自秦汉，下至明清，对"例"在各朝的形式、作用进行了阐述，并将宋例放在宋元部分进行阐述。就论述的方法而言，该书也是从"断例""条例""则例""事例""恩例""特旨"等角度分别展开，对这些例在宋代的性质、作用、产生时间等史实问题进行了考证，分析了宋人对于断例和成法之间的关系的态度，并对"条例""则例"所涉及的内容列举了大量史实予以说明，并对"恩例""特旨"的性质做了界定。书中一些观点可作进一步探讨，将在下文论述。该书最大的价值在于认识到"例"生成的机理以及编例之前例的效力。在"例"作为法律形式的层面上，该书提出宋代的例经过了成案、成例、成册、成法的演化过程，由"法之外的自然形态进入到法律体系内部，从边缘地带走向中心区域"[1]；在"例"的实际适用层面，该书提出了适用者最先作出判决裁定时并未意识到对后事的影响，但后事自然认为前者有着妥当性和典范意义，自然由此作为依据，这一观点准确描述了"例"生成生效的自然过程，跳出了必经"编例"才能赋予"例"法律效果的窠臼，具有很高的价值。由于该书对于宋例的研究是作为历代例研究的一部分，所以是提纲挈领式的，并未对一些史实细节进行细致彻底的考究，如对于由成案到成法的演变过程和方式并未作具体的说明；"条例""恩例"等概念的界定还有待商榷，这也是笔者在下面将会进行探讨的内容。但总的来说，《历代例考》中对于宋例、例在中华法系中的地位作用的整体观点是现有国内研究中最为全面完整的。

　　除上述较知名的学者的相关研究外，上海师范大学的李云龙在其 2014 年的硕士论文《宋例研究》中对宋例作了专门且较深入的探究[2]。文章的主要思路是将宋例划分为"司法例"和"行政例"两大类，"司法例"指宋代的"断例"，而"行政例"则包括"条例""则例""事例"等类别，论文分别就"司法例"和"行政例"的编纂、适用等问题进行了探讨，其对于"断例"的数目、性质，宋例在宋代司法行政过程中的作用、利弊等问题也均进行了研究。此外，论文还梳理了宋例之前相关法律形式的源流，并将宋例与元明清的断例、条例、则例等法律形式进行了比较。对于宋例在中华法系中的作用，论文主要采用了刘笃才等的观点，认为宋例是古代中华法系从律令制向律例制发展的重要环节。

　　除了上述中国学者的研究成果之外，海外也有宋例研究的成果。较早的是日本学者浅井虎夫，他在《中国法典编纂沿革史》一书的宋代部分中设置了"断例"一节，虽然内容非常简单，仅有四十余字，仅罗列了四部断例的

---

〔1〕　杨一凡、刘笃才：《历代例考》，社会科学文献出版社 2012 年版，第 411 页。

〔2〕　参见李云龙："宋例研究"，上海师范大学 2014 年硕士学位论文。

名称，但仍然是较早将目光投注于宋例的研究。[1]还有日本川村康教授的《宋代断例考》[2]，该文是针对断例进行的专门研究，其特点在于大量收集了《宋会要辑稿》和《续资治通鉴长编》中关于宋代断例的史料，文章实际上是按照断例的编纂、断例的运用、断例的弊端三个方面，对收集的史料进行了归类。其主要的观点是："例"是正式法律的补充，虽然宋代已经对"例"的作用、弊端产生了争议，但客观上，"例"，尤其是"断例"在整个宋代法律体系中的作用依然不能被否定，其地位不断提高的趋势也无法阻挡。文章还涉及了其他具体问题，如针对"特旨"和"特旨断例"进行了区别，这在其他学者的相关论著中从未提及。

西方汉学家中研究宋例的有美国学者马伯良，其在《从律到例：宋代法律及其演变简论》一文中，将宋例放到宋代法律体系变化的视野中进行了考查。在该文中，马伯良虽然使用的是"判例"一词，但内容上不限于刑事司法甚至司法，包括民事诉讼、一般行政管理、礼仪制度、邮政管理、刑法（财政或经济事务除外），实际上描述的是宋代例的整体情况。在文中，马伯良提出：经过皇帝决断的事务，在没有特殊命令规定的情况下，皇帝的任何决断都可以引用作"例"。他敏锐地注意到了宋人用"例"的基本方式，以及"例"在被编定前的效力，这无疑加深了我们对宋例效力和成立方式的认识。此外，马伯良还注意到古代中国法律的延续性，即后朝自然沿用先朝的法律，除非后朝明确规定废除，否则前法自然有效[3]。

### 三、本书的研究思路

#### （一）本书的研究方法

本书坚持史论结合的研究方法。文章的基础首先是立足于史料，深入挖掘史料中的相关内容，力争基本厘清宋例相关的史实。鉴于宋例没有整部的法典作为研究对象，所以史料主要是从《宋会要辑稿》《续资治通鉴长编》《建炎以来朝野杂记》等史书中整理出的关于宋例的内容。此外，大量的宋人

---

〔1〕 参见［日］浅井虎夫：《中国法典编纂沿革史》，陈重民译，中国政法大学出版社 2007 年版。

〔2〕 参见［日］川村康：《宋代断例考》，吴海航译，载中国政法大学法律史学研究院编：《日本学者中国法论著选译》，中国政法大学出版社 2012 年版。

〔3〕 参见［美］马伯良：《从律到例：宋代法律及其演变简论》，刘茂林译，载高道蕴等编：《美国学者论中国法律传统》，中国政法大学出版社 1994 年版。

笔记中也有很多关于宋例编纂、适用的记载。相对于史书而言，这些笔记中的内容虽然真实性和准确性相对较低，不适合用来证实具体的史实细节，但可以用来证实宋人看待"例"，适用"例"的方法、态度和观念，而且这些笔记中记录的事例生动鲜活，短短一则故事往往既可说明事实，又可作法理分析，发人深省。本书选取了一定数量的笔记内容，配合正史材料进行论证。本书在运用史料的方法上，尽量从小处着眼，从史实的细节入手，以具体问题作为论述的起点，避免大而化之地描述和定性，以微观的视角进行史实的考证。

除了古代史料的运用和考证之外，本书的最后一章关于宋例历史地位的研究，还将结合近年中外法律史学界对于"例"这一法律形式的研究成果进行讨论。实际上，宋以后的元明清三代，"例"的地位逐渐上升，到清代已经形成了律例合编的法律体例，史料丰富，成了法制史研究的重要阵地。国内外学者对于这一时期的"例"作了深入研究，并且逐渐从"例"在中华法系发展历程中的地位这样的宏观角度开展研究。本书也力图从这样的高度对宋例进行研究，进一步补充修正上述的研究成果对于中华法系中"例"的评价，在宏观上形成更加中肯有力的结论。

（二）本书的构架

本书共分为四章，各章内容概要如下：

第一章主要是明确宋例的概念，首先考究"例"字作为一种法律形式的辞源是来自于经学中"春秋释例"的研究方法。其本质是对于相似事件给予相同评价的逻辑。"春秋释例"的经学研究方法自先秦萌芽，在魏晋成型，在宋代得到重大发展，再加上宋人求实致用的风气，最终扩展到宋代国家政治法律的实务领域，这与"例"在宋代正式被用来指称法规，并被朝廷广泛运用到政务断案活动中去的历史事实正好吻合。

其次，厘清与"例"相关的"条例""编例""断例""指挥""特旨"等概念的关系。这些名词在史料中与宋例都有千丝万缕的联系，但相关研究对于它们的概念始终莫衷一是，有必要对其分别进行考证，为最终正确界定"宋例"的概念打下基础。

最后，是对宋例在宋代政务断案领域中涉及的内容进行分门别类地说明，即在内容上对宋例进行分类。

第二章是就形式上的宋例进行的研究，也就是将宋例作为一种法律形式进行考查。首先考查宋例的渊源，也就是宋代的"例"出自哪里，由何产生，并将来源分成司法审判、行政机关命令、皇帝诏敕等几个方面，其中以最后一种作为重点进行说明，目的在于明确宋例的本质特点是处理具体事务过程中应时作出的处断决定，明确这一点，对于正确认识宋例的性质和作用有着重要意义。

其次，考查宋例的编纂。包括分析宋例的编纂机构，尤其是中书刑房编例的具体执行人员；复原例从生成、固定到编纂的流程，并以"断例"的删修作为范例，说明宋人修例的具体步骤和筛选取舍的标准。然后，再对与"断例"有关的编纂数量和"特旨断例"的性质等问题进行详细探讨。

这章的最后一部分，是对作为一种法律形式的"例"与宋代的广义法以及"令""格""式"等其他具体法律形式的关系进行讨论，说明"例"属于宋代广义上法律的一种，且与其他的法律形式存在相互交融渗透的关系。

第三章对宋例的适用进行研究，这里是将宋例作为当时的一种行政司法制度进行考查。首先，将宋人用例的程序分为：行事成例、遇事检例、拟进贴例、取旨裁决四个步骤。结合史学界关于宋人司法行政程序，文书、政令、信息沟通的研究成果，复原宋人用例决事的基本流程。

其次，将例的适用放到整个宋代政府的运作体系中，研究其在使用中与法（修订成册的稳定法规）的关系，这部分强调"例"在适用时不是通过禁止和命令的方式起作用，而是以授权性和参考性的方式起到规范作用，需要借助使用者的判断选择才能生效。"例"这样一种制度的存在拓宽了其他法律形式的作用范围，节约了立法成本，而且能够对法律及时做出调整，使得整个法律体系更加灵活。

第四章是讨论宋例在中华法系生发演进中的作用与地位。在有关宋朝部分的讨论中，主要强调宋例与皇权的关系，修正已有研究中关于宋例是宋代皇权干涉司法权的观点。通过与前后朝代的比较，指出宋例在表现形式、适用方式及与其他法律形式的关系等方面都与前后朝代有大量共通之处。最后一部分，是对上述内容的总结和提炼，提出中华法系的发展实为一种"因循创附"的模式，而"例"是这一模式中"创附"一端的核心，正是有了"例"的存在，才使得中华法系不断更新演进，发展壮大。

第一章

# 宋例的概念

## 第一节　宋例与"春秋释例"

现有关于宋例概念的研究成果多是将宋例放置到现代的法律理论坐标系中进行研究。这种研究方法可以得到两种结论，一种认为宋例相当于现代的判例法，另一种干脆认为宋例不是法律。这里需要指出的是，无论是上述的"判例法"还是"法律"概念，都是在近现代被引入中国的西方法学概念。诚然，作为近现代法学组成部分的法律史学，固然是以近现代西方法学理论体系为出发点的。但无法否认的是，在宋人适用宋例的时候，还从未听闻过这套理论体系。如果单纯用这套理论去诠释包括宋例在内的各种古代中国法律概念、法律现象，得到的结论很可能是似是而非、模棱两可的。为了避免这样的结果，更有效的方式应该是从古代中国法律体系甚至是从更为宽泛的"文化""观念"的角度出发，探寻这些只有古代中国才有的法律概念、法律现象背后所隐藏的含义。

### 一、宋例借由"春秋释例"而得名

在本书中，"例"指的是一种特定的法律形式。实际上，使用"例"字来为一类法律形式命名的情况在宋代以前就有，比如在唐代编订后来又被废置的"法例"，还有《崇文总目》中记载的唐代"中书则例"。如果想搞清楚宋例、例到底是一种什么样的法律形式，不妨反过来解决一个问题，那就是："例"何以被用来命名一种法律形式呢？要回答这个问题，就必须从"例"字的含义入手。

首先，就"例"字本身的含义而言，《说文解字》称"例，比也"[1]，而"比"字在该书中的含义就是"二人相从"[2]。而且"例"字本身也从"人"，所以"例"字最初的含义就是若干人并行列队。而按照段玉裁的注释，"例"字的原型是"迾"，实际上是仪仗队的意思，所谓"张弓带鞬，遮迾出入"[3]。段玉裁提到"遮迾以为禁"，也就是让一个一个人并列成为仪仗队进行安全警戒的意思。这样一个意象很容易让人联想到维护社会秩序的法律规范的形象，因此这几乎就是一个生动的比喻。可以说"例"字本身的字义就天然蕴含着作为法律或者某种规则的名称的条件。当然该观点中推测联想的成分还很大，甚至略显几分诗意，要将这样一个"例"字用作一种法律形式的名称，还需要一个引申的过程。

而这个引申的过程，段玉裁的注释中也给出了线索。他认为"汉人少言例者，杜氏说左传乃发凡言例"。[4]这里指的是杜预的《春秋释例》，也就是说，"例"字在汉代尚很少见，而比较早的运用，就是晋人杜预研究《春秋》时的"释例"。

实际上这一说法并不完全准确，杜预并非最早运用"例"来解释《春秋》的学者，用"例"释《春秋》的方法最早出自先秦的公羊家，有学者指出，"公羊家在解说经文的时候，虽然还没有明确地提出'义例'这样的概念，但实际上已经在用'例'作为尺度来对经文的记事进行衡量了……'例'其实就是一些记事的规则，同一类事，用相同的手法记下来，这就构成了'例'"[5]，由此还产生了"正例""变例"之分，对于类似的事情使用相同措辞来描述的，就是"正例"，也就是这件事是按照正常规则来记录的。比如《春秋》"隐公三年"一条中，经云："癸未，葬宋缪公。"《公羊传》曰："葬者曷为或日或不日？不及时而日，渴葬也；不及时而不日，慢葬也，过时而日，隐之也；过时而不日，谓之不能葬也；当时而不日，正也，当时而日，危不得葬也。"这些就是所谓的"正例"。也就是说对于葬礼，如何表述具体的时间，是有固定规则的，每一种不同的表述方式都代表着不同的含义，根据这套

〔1〕（东汉）许慎撰：《说文解字》卷八，中华书局1985年版，第264页。

〔2〕（东汉）许慎撰：《说文解字》卷八，中华书局1985年版，第264页。

〔3〕《后汉书》志二九《舆服志上》，中华书局1965年版，第3652页。

〔4〕（东汉）许慎撰、（清）段玉裁注：《说文解字注》，上海古籍出版社1981年版，第686页。

〔5〕赵伯雄：《春秋学史》，山东教育出版社2004年版，第39页。

规则完成的事件，都是"正例"。而表面上类似的事情却使用了不同的措辞或方式来描述，就是"变例"。比如，《春秋》"隐公十年"一条中，经云："六月壬戌，公败宋师于菅。辛未，取郜。辛巳，取防。"《公羊传》云："取邑不日，此何以日？一月而再取也。何言乎一月而再取？甚之也。内大恶讳，此其言甚之何？《春秋》录内而略外：于外大恶书，小恶不书；于内大恶讳，小恶书。"这里的"取邑不日"，就是说针对攻取城邑这类事件，按照"正例"是不书写具体日期，只写月份的，而"隐公十年"的这段经文却写了日期，这显然是违反"正例"的，这就是圣人故意不按照规则来记录，借此表达对于隐公穷兵黩武行为的否定，这种故意违背"正例"规则的写法就是"变例"，其中隐含着特殊的用意。上述用"例"来释《春秋》的手法在汉代的公羊家手中逐渐发展。西汉的胡母生即著有《公羊条例》，归纳了公羊义例，东汉的何休在《春秋公羊解诂》中又对"义例"的理论进行了发展，发展出许多新例。而到了晋代，完全用"例"来解释春秋的，就是我们现在能看到的杜预的《春秋释例》一书。该书首先对于"例"的地位给予很高的评价，认为"例"是由周公所创，"其发凡以言例，皆经国之常制，周公之垂法，史书之旧章"[1]，这等于是将"例"直接认定为春秋经文的核心。此外，杜预还将"例"细分为"正例""变例""非例"，认为凡是《左传》中常见的"凡诸侯同盟，于是称名"之类的"凡"字句，都是"正例"，是周公所创。实际上现代常见"凡例"一词就脱胎于此。而孔子在此基础上，对一些历史事件不按照"正例"的方式记载，而是以"不书""牧书"的方式记载，这就是"变例"，是借此褒贬。除了"正例""变例"之外，没有定则，只是直书其事的就是"非例"。

　　具体到《春秋释例》中用"例"释春秋的办法，就是将有类似内容的记录摘出，进行比较，由此分析《春秋》所用措辞的异同。书中列出了"即位例""战败例""灾异例"等等，首先列举春秋中事体相同的例子，然后在"释例"部分对这些事例的内容以及春秋描述这些事例的措辞进行比较研究，从而阐释春秋对这些事例的评价标准和褒贬态度。比如"即位例"中，首先列举了春秋中对于鲁国国君即位的表述，其中有八条均使用了"即位"的措辞，而随后又

---

〔1〕（晋）杜预：《春秋左传序》，载（清）纪昀等编：《影印文渊阁四库全书》第143册，我国台湾地区"商务印书馆"1986年版，第9页。

附带了几条未使用"即位"一词的记录，最后在释例部分分析为何有的事例使用"即位"有的事例却不用"即位"，由此说明《春秋》使用"即位"这一措辞的标准，即：

> 遭丧继立者，每新年正月必改元正位，百官以序，故国史皆书即位于册。[1]

随后，又对没有使用"即位"字样的事例的原因进行解说。

> 隐、庄、闵、僖虽居君位，或有故而不修即位之礼，或让而不为，或痛而不忍，或乱而不得，礼废事异，国史固无所书。[2]

从以上我们可以看出，"例"在最初是春秋公羊家为了解释春秋经文，阐发经义褒贬之意而创设的一种解经方法。而这样的思维方式正好与现在所说的案例、判例中体现的实用思路有着天然的相似性，即都是以具体事例的相似性或差异性为标准进行判断。所以说以"释春秋"的"例"作为一种法律形式名称的源头，首先具有逻辑上的合理性。

杜预之后，以"例"来阐释研究《春秋》的学风在后世继续发展，《四库全书》中就收录了唐代学者杜淳所著《春秋集传纂例》，根据四库馆臣为该书所写的提要，杜淳阐发了其师啖助、其友赵匡关于《春秋》的经说之作。啖助本人曾撰《春秋统例》六卷、《春秋集传纂例》第十卷，后者中就有类似于《春秋释例》中"即位例"体例的论述，其后更有大量按照一类事体，将春秋所录事实归类分析的内容。

## 二、"春秋释例"通过宋例而致用

（一）春秋经学及其"释例"的研究方法在宋代的发展

经过六朝和唐代的发展，用"释例"来研究春秋的方法到了宋代日益发达。首先，春秋学在宋代成为了经学中的显学，《宋史·艺文志》中罗列的宋

---

〔1〕（晋）杜预：《春秋释例》，载（清）纪昀等编：《影印文渊阁四库全书》第146册，我国台湾地区"商务印书馆"1986年版，第6页。

〔2〕（晋）杜预：《春秋释例》，载（清）纪昀等编：《影印文渊阁四库全书》第146册，我国台湾地区"商务印书馆"1986年版，第6页。

人所著春秋类著作在所有经学类著作中数量最多，总数二百四十二部，共计2799卷。四库馆臣不得不发出"说《春秋》者莫多于两宋"〔1〕的感叹。其次，在宋代春秋学的研究当中，用例释春秋的研究方法得到更加广泛的运用。第一，例释春秋的研究著作数量明显增长，《四库全书》所收录的宋人用"例"来研究春秋著作有刘敞的《春秋传说例》、崔子方的《春秋例要》《春秋本例》，此外，还有书名中无"例"字，但实质相同的沈棐所著《春秋比事》。而《宋史·艺文志》记载的该类著作就更多了，除了四库所列著作外，还有：丁副《春秋演圣统例》二十卷、赵瞻《春秋经解义例》二十卷、陈德宁《公羊新例》十四卷、《谷梁新例》六卷、李涂《春秋比事》三卷、邹氏《春秋总例》一卷、石公孺《春秋类例》十二卷、叶梦得《春秋指要总例》二卷、胡安国《春秋传》三十卷、《通例》一卷、王炫《春秋门例通解》十卷、无名氏《春秋例》六卷〔2〕。其数量较《隋书·经籍志》和《新唐书·艺文志》〔3〕所载的前朝春秋学的同类著作数量还要更多，就绝对数量而言，宋代用"例"释春秋的著作已经超出前代，实际上较元明清三代也为最多。第二，春秋学正式确认了"例"的理论地位，这体现为宋人已经将"例"作为研究春秋最主要的几种方式之一。《南窗记谈》记载："石林公既为《春秋书》，其别有四解：释音义曰传，订证事实曰考，掊击三传曰谳，其编排凡例曰例。"〔4〕从中可见例和传、考等常见的经学研究方法并立，成为一种独立的研究方法。而且对其研究的方式也有了较明确的界定，即"编排凡例"。可以说研究春秋，尤其是用"例"的方法研究春秋在宋代形成了一个小小的高潮。

---

〔1〕（清）纪昀等撰：《四库全书总目》卷二九，载（清）纪昀等编：《影印文渊阁四库全书》第1册，我国台湾地区"商务印书馆"1986年版，第6页。

〔2〕《宋史》卷二〇二《艺文志一》，中华书局1985年版，第5057—5066页。

〔3〕《隋书·经籍志》所载隋以前的该类著作计有：《春秋释例》十卷，汉公车徵士颍容撰。梁有《春秋左氏传条例》九卷，汉大司农郑众撰。《春秋条例》十一卷，晋太尉刘寔撰。梁有《春秋公羊达义》三卷，刘寔撰，亡。《春秋经例》十二卷，晋方范撰。梁有《春秋释滞》十卷，晋尚书左丞殷兴撰，《春秋释难》三卷，晋护军范坚撰，亡。《春秋左氏传条例》二十五卷、《春秋义例》十卷、《春秋左传例苑》十九卷。梁有《春秋经传说例疑隐》一卷，《春秋公羊例序》五卷，刁氏撰。《春秋公羊谥例》一卷，何休撰。《春秋谷梁传例》一卷，范宁撰。《新唐书·艺文志》所载唐人所著该类著作计有：李氏《左传异同例》一三卷开元中，右威卫录事参军，失名韦表微《卢春秋三传总例》二十卷，陆希声《春秋通例》三卷，陆淳《集传春秋纂例》十卷。这些前朝著作虽然总数多于宋代，但单独的任意一个朝代的著作数量都无法与宋朝比较。

〔4〕《南窗纪谈》，载（清）纪昀等编：《影印文渊阁四库全书》第1038册，我国台湾地区"商务印书馆"1986年版，第238页。

汉、晋以来，"例"脱胎于一种春秋学研究方法，其"编排凡例"的含义逐渐固定，并且终于在宋代得到确认，最终成为重要的春秋学概念。而这一学术史现象正好与作为法律形式的"例"在中国古代法律体系中的地位日渐上升，在宋代得到空前提高的法律史现象吻合。

除了上述的学术史和法律史恰巧吻合历史现象之外，作为春秋经学研究方法的"释例"与作为法律形式的"例"之间，也有着学理逻辑上的吻合性。由汉唐至宋，用"例"释春秋之所以逐渐成为重要的研究方法，是因为《春秋》本身的特殊性。《春秋》作为五经中的一部，相对于其他几部的显著特点在于其记载的不是抽象的规则、理论，而是具体的历史事实。对于已经发生的历史事件，单纯的罗列只能算是"断烂朝报"，必须对其进行评价才能体现作者的观点。而针对大量的历史事件，所有评价必须协调平衡，标准必须前后一致，尤其是针对类似事件的评价不能厚此薄彼。《春秋》是圣人留下的经典，是历代学者们顶礼膜拜的对象，其一字褒贬，微言大义的评价体系更被认为是无比精准和协调的典范。但《春秋》本身并没有直接给出这套评价体系，历代学者为了理解这套评价体系，论证其标准的合理性和协调性，也就只能通过比较《春秋》对相类似的历史事件使用的措辞，做出评价，才能理解其评判标准，所以释例、比事这类研究方法自然应运而生并且得到不断的发展。

而到了宋代，学者们对于"例"的理解进一步深化，对其概念也进行了高度抽象的概括。崔子方在《春秋例要》中就指出，"例者，辞之情也"[1]，"例"是隐藏在相同用词背后共通的含义，这个辞也即是对这种共性的描述，是一种评价，用了相同的辞，就是给予相同的评价。除了定义了"例"，崔子方还对用"例"研究的方法进行了简明的概括，"有与为例而疑于义者，著之"[2]，也就是说，研究的重点就在于那些看上去能够做出相同的评价，可以并列为例，但如果深究义理本质的异同，仍有值得怀疑的地方，对于这类情况要深加研究。对"例"释春秋的研究方法，《二程粹言》说得更加明白："《春秋》所书，大概事同则辞同，后之学因以谓之例。然有事同而辞异者，其义各不

〔1〕（北宋）崔子方撰：《春秋例要》，载（清）纪昀等编：《影印文渊阁四库全书》第 148 册，我国台湾地区"商务印书馆"1986 年版，第 335 页。
〔2〕（北宋）崔子方撰：《春秋例要》，载（清）纪昀等编：《影印文渊阁四库全书》第 148 册，我国台湾地区"商务印书馆"1986 年版，第 335 页。

同，盖不可以例断也。"[1]也就是说，春秋的基本"书法"是用相同的措辞来对同一类事件给出相同的评价，所以研究的基础是发现事件的共性，同时也有事体貌似一致，但用辞却存在差异的现象，这种情况就是值得我们探讨研究的重点。可见宋人对于"例"释春秋的研究方法已经进行了高度的概括并有了更加深入的认识。

（二）宋代"春秋释例"的研究方法在其他学科的延伸

有了以上理论基础，"例"释的研究方法在宋代超越了纯粹的经学研究领域，逐渐延伸到了其他相关学科的研究中。如宋人在编纂史书的时候就是根据例释的方法，对类似的历史事件进行比较分析，然后再给予相应的评价，《河南程氏遗书》记载有这样的一条：

> 君实修资治通鉴，至唐事。正叔问曰："敢与太宗、肃宗正篡名乎？"曰："然。"又曰："敢辩魏徵之罪乎？"曰："何罪？"曰："魏徵事皇太子，太子死，遂忘戴天之雠而反事之，此王法所当诛。后世特以其后来立朝风节而掩其罪。有善有恶，安得相掩？"曰："管仲不死子纠之难而事桓公，孔子称其能不死，曰：'岂若匹夫匹妇之为谅也，自经于沟渎而莫之知也！'与征何异？"曰："管仲之事与征异。齐侯死，公子皆出。小白长而当立，子纠少亦欲立。管仲奉子纠奔鲁，小白入齐，既立，仲纳子纠以抗小白。以少犯长，又所不当立，义已不顺。既而小白杀子纠，管仲以所事言之则可死，以义言之则未可死。故春秋书'齐小白入于齐'，以国系齐，明当立也；又书'公伐齐纳纠'，二传无子字。纠去子，明不当立也。至'齐人取子纠杀之'，此复系子者，罪齐大夫既盟而杀之也。与征之事全异。"[2]

在评价魏征的时候，司马光和程颐用著名历史人物管仲来作比较。因为圣人已经对管仲作过评价，对其没有为公子纠殉死的行为作出肯定的评价，等于是树立了范例标准，所以只要判断魏征的情况是否与管仲一致，就能对

---

[1]（北宋）杨时编：《二程粹言》，载（清）纪昀等编：《影印文渊阁四库全书》第698册，我国台湾地区"商务印书馆"1986年版，第381页。

[2]（南宋）朱熹编：《二程遗书》卷二上，载（清）纪昀等编：《影印文渊阁四库全书》第698册，我国台湾地区"商务印书馆"1986年版，第22页。

魏征进行评判了。司马光认为魏征的做法与管仲无异，既然圣人肯定了管仲，魏征自然也是无过。但程颐持否定意见，他首先分析了管仲的情况，认为小白长而纠幼，小白先入而纠后，因此小白相对于公子纠更有资格继位，他还引用了《春秋》描述相关历史事件时的措辞来印证自己的分析，对照魏征"先事太子"的做法，认为其与管仲根本不同，所以不能按照管仲的范例来评价魏征。程颐的分析方法实际就是"例释春秋"的经学研究方法在历史学上的活用，其本质是将对历史事件和历史人物的抽象评判转化为具体历史人物、历史事件之间的比较，将抽象问题具象化。使用这一方法得到的结论，一方面是以圣人的评价为基础，另一方面以具体的历史史实为依据，具有更强的说服力。

（三）宋例是"春秋释例"的研究方法在实务领域的延伸和应用

通过上述分析可见，用"例"的思维来处理经学、历史问题在宋代知识阶层中已经深入人心，所以宋代的士大夫将"例"释的办法应用到司法行政事务中也是顺理成章的。通过上面的论述我们不难体会到，《春秋》对于历史事件的评价与法律对社会行为的评价具有极高的相似性。圣人就像一名法官，对乱世中形形色色、粉墨登场的人物、事件一一给出了判决，其中固然有褒扬，但很多也是贬斥。所谓"《春秋》之义行，则天下乱臣贼子惧焉"。[1]在太史公眼中，《春秋》的效果几乎等同于一部带有威慑力量的法典。

而反观宋代司法行政实务中的"例"，其基本的思维模式就是将以往对某一事务或案件的处断作为参照，在以后遇到相类似事务或案件的时候，具体分析其与原有事例的异同，能够确认其相似性的，就予以相同的处理，如果发现其间存在显著的差异，则不能适用相同的处理方法。举例而言，《龙川略志》中苏辙在讨论西、南两都榷酒问题时就做出这样的论证：

> 昔南都、西都皆卖麹，近年西都已榷酒矣，此转运司所据以为例也。然西都麹户败折，列状求罢，官不得已而听，今南都麹户未尝欠官一钱，无故罢之，二不便也。[2]

这里说的是宋代的南都归德府，也就是现在的商丘，西都也就是洛阳，

---

〔1〕《史记》卷四七《孔子世家》，中华书局 1959 年版，第 1943 页。

〔2〕（北宋）苏辙撰：《龙川略志》卷四《议卖官麹与榷酒事》，中华书局 1982 年版，第 21 页。

两地原先都是在酒类专营中实施卖麴的方法，但后来西都停止了这一方法，直接进行榷酒，而这一方法作为参照，也被应用到南都地区。看似两个地方都是宋代四京之一，西都榷酒，南都当然也可以，但苏辙经过分析认为，西都之所以施行榷酒，是因为当地卖麴政策失败，麴户亏损破产，主动向官府要求废止，所以才转为施行榷酒，而这一情况在南都并未发生，麴户经营正常，所以不应参照西都的情况施行。这种分析和上述程颐分析魏征和管仲区别时的思路如出一辙，但其作用已经完全超出学术领域而渗入到行政决策的实际工作中去了。

实际上，宋人自己已经完全意识到了司法行政工作中例与春秋在理论上的渊源，并且进行了深切著明的阐述。

首先，宋人已经对于法律、例与春秋经学的历史渊源进行了总结，《困学纪闻》中提到"律章句，马、郑诸儒十有余家，魏明帝诏：但用郑氏章句。范蜀公曰：'律之例有八：以、准、皆、各、其、及、即、若。若《春秋》之凡'。"[1]众所周知，汉儒开始将经学章句的研究方式运用到了当时汉律的研究中，形成了大量的律章句作品。其中郑玄所做的章句，最终经过东汉政府确认具备了法律效力。范镇认为律章句中常用的例有八种，这八种例实际上都是为了对相似情况进行统一评价。他意识到汉人已经开始在立法中使用例这样一种技术形式了，更一针见血地指出，这些"例"就是春秋中的"凡"，也就是杜预所说的"正例"。所以，宋代学者已经确认，汉人的法律实践中的例就是来源于春秋经学"编排凡例"的研究方法。

其次，宋人认识到了这种渊源背后蕴含的道理。《二程遗书》中提到："诗、书载道之文，春秋圣人之用。……五经之有春秋，犹法律之有断例也。律令惟言其法，至于断例则始见其法之用也。"[2]也就是说，如果将其他经典类比为一般的法律，那么春秋就相当于宋人的断例。书中这段话，本身是为了说明春秋的特殊性，但特地用断例来类比，就是因为断例和春秋都是用记录下来的事实，反过来评价其他事实，比抽象的义理、规则更具实用性。这种实用性的原因在于：对若干类似事件作出相同的评价或者处理，远比证明

---

〔1〕（南宋）王应麟撰：《困学纪闻》卷一三《考史》，吉林出版集团有限责任公司2005年版，第270页。

〔2〕（南宋）朱熹编：《二程遗书》卷二上，载（清）纪昀等编：《影印文渊阁四库全书》第698册，我国台湾地区"商务印书馆"1936年版，第21页。

每一件的事例都大致符合同一条抽象的原则、规范来得简单易行。这段引文更说明，宋人已经直接将春秋与断例联系起来了。在宋人眼中，《春秋》正可以理解为一部将儒学义理运用到史实评判中去的断例集；相应地，宋人现实社会中的断例则恰如一部记录着如何将抽象的律令规定运用到具体事务中的史书。

至此我们得到如下结论：首先，在宋代作为法律形式的"例"，其辞源是来自于春秋经学中作为一种研究方法的"例释"，是专有名词泛化后引申至政治法律领域的结果。其次，宋例的本质是将原本用于春秋经学中编排凡例、对比分析的研究方法活用于司法行政事务，其所蕴含的思维方式传承自春秋经学。最后，相对于宋代其他法律形式，宋例的价值在于其实用性，正如春秋在六经中的特殊性一样。

上述最后一点尤其值得注意。五经中最著于实用的春秋之学和以"例"释春秋的学问在宋代大兴，可以看作是实用主义在宋代经学领域占据主导地位的体现，与此相映照的是宋代士大夫群体所持的实用主义思想，这一点在学术界已经成为通论。《中国法制通史》在评价宋代士大夫的法律思想时就提到他们具有"批判实用的精神"[1]。一来，宋代士大夫注重从经典中寻求治国依据，对于他们来说，经典不只是单纯的学问，更不只是晋身的工具，而是可以运用于实际的经验教训，这一点就正可解释为何宋代经学中最著于实际的春秋学一跃成为显学。二来，宋代士大夫"工于吏事"，精通具体事务操作和具体案情的评判，这点从史料记载的宋代士大夫处理政务，处断案件的方法中可窥见一斑，《能改斋漫录》第十三卷的一段记载就颇能说明问题：

> 张芸叟言："初游京师，见欧阳文忠公，多谈吏事。张疑之，且曰：'学者之见先生，莫不以道德文章为欲闻者。今先生多教人吏事，所未谕也。'公曰：'不然。吾子皆时才，异日临事，当自知之。大抵文学止于润身，政事可以及物。吾昔贬官夷陵，彼非人境也。方壮年未厌学，欲求《史》、《汉》一观，公私无有也。无以遣日，因取架阁陈年公案，反覆观之。见其枉直乖错，不可胜数，以无为有，以枉为直，违法徇情，灭亲害义，无所不有。且以夷陵荒远偏小，尚如此，天下固可知矣。当

〔1〕 张晋藩主编：《中国法制通史》第五卷，法律出版社 1999 年版，第 66 页。

时仰天誓心，自尔遇事，不敢忽也。迨今三十余年，出入中外，乔尘三事，以此自将。今日以人望我，必为翰墨致身；以我自观，亮是当年一言之报也。'"张又言："自得公此语，至老不忘。"是时，老苏父子，间亦在焉，尝闻此语。其后子瞻亦以吏能自任，或问之，则答曰："我于欧阳公及陈公弼处学来。"

欧阳公说自己当年贬谪夷陵时，无书可读，只能取当地陈年公案反复读之，发现其中错枉无数，念及一地尚且如此，天下固然可知，遂发愿遇事不忽。欧阳公更提及，自己能有日后的成就地位，并非出于翰墨文学，而恰是当日一誓，习于吏事，重于实务的结果。欧阳公的事例影响到了张舜民、三苏等人。由此一事，宋代士大夫以天下为己任，务实练达的士风完全展现了出来，而其中欧阳公将案卷代替史书阅读的情节更是富有意味。

可以说，正是在这批既贯通经典又求真务实的宋代士大夫手中，宋例既充分继承了春秋经学的思维方式，又贴近司法行政实务，成为了解决司法行政事务的行之有效的方法。

### 三、宋人眼中的宋例

通过上述分析，我们发现了宋例与"春秋释例"的渊源，理解这样的关系，有助于我们用宋人的眼光去理解宋代的"例"。而当我们站在这样的角度，用"春秋释例"的观念去研究宋例时，原来一些悬而未决的问题也许会得到解答。

（一）未经编纂的宋例效力问题

现有的大部分宋例研究成果，多认为宋例必须经过筛选编纂，形成了固定的例册之后，才能上升为处断的依据。这种观点具有一定的合理性。我们一般认为中华法系是成文法系，要确认宋例是一种法律，必须使其具备成文法的形式，所以经过编纂后的例才能具备成文法属性，才有被适用的资格。但不能回避的是，这样一种观点与史实存在矛盾之处：许多史料提到宋人引用先例的时候，不会提及例册的名字，而是直接引用具体的某某例，这一点不像宋人在引用律、令等法律形式的时候，往往提及某某律名或令名。那么未经编纂，单独存在着的先例是否被作为依据予以引用呢？其效力和性质又如何？针对这一问题学术界主要有两类观点。

第一种观点由王侃在其《宋例辨析》一文中提出，他承认单独的例会被引用，但他又认为，由于这种先例出于君主专制独裁，所以不属于法律；第二种观点体现在杨一凡、刘笃才所著的《历代例考》一书中，该书认为，在宋代存在着之前已经作出的司法行政处断自然而然在以后遇到相似情况时被引用作为依据的现象，甚至之前作出处断的人本身也没有意识到自己的处断会被引为依据，所以当然不要求例必须经过编纂才能获得其法律效力[1]。

以上两派观点中，王侃观点的基础是阶级斗争学说，仅以例的来源系君主意志，就否定其法律性质，等于整体上否定了中国古代有法律。且其对法律的定义也完全是从制定法的狭义角度来理解，说服力不足。杨一凡、刘笃才二人的观点比较符合史料反映的基本情况，对于宋例成立和实际运用方式所做的解析也符合司法行政工作运行的一般规律，但该书并未给出实际的史料做事实论证，也没有从理论上分析这一现象的形成的原因。下面就先从这两个方面进行分析。

首先，宋人在实务中是否会引用未经编纂的例作为处断依据的问题，我们选取最常见的断例进行说明。许多讨论断例的著作均会引用到的一则案例是"檀偕案"。史料记录该案的时间是南宋绍兴四年正月戊午[2]，当时的人在处理该案的时候，分别引用类似的"孙昱案"和"俞富案"作为处断的参考依据。而根据现有关于南宋断例编纂情况的研究，南宋最早一次编纂断例的记录是同年的四月开始的。[3]该段记录中提到的四月编例的文字，含义稍显模糊，仅提到用"现行断例"和"元符断例"一并编纂，现行断例未必是已经编成的断例，否则《宋会要辑稿》应该也会提到这部"现行断例"的始编时间。既然四年四月才开始编南宋第一部断例，那么孙昱和俞富两案应该不是出自于已经编成的断例册；此外，在引用孙昱案的时候，文中还提到，这是"右治狱近断"，说明这一案件是最近才裁判的，就直接被拿来作为处断参考的断例，从措辞来看显然不是出于编纂例册。而史书中的记录显示，"檀偕案"所有的争论全都是围绕着所引的例是否与本案相似或一致，完全没有涉及是否应当引用例册之外的断例的问题。可见对于当时的人来说，断例是

〔1〕 参见杨一凡、刘笃才：《历代例考》，社会科学文献出版社 2012 年版，第 411 页。

〔2〕 （南宋）李心传撰：《建炎以来系年要录》卷七二，中华书局 1956 年版，第 1200 页。

〔3〕 参见（清）徐松辑：《宋会要辑稿》第 164 册《刑法一》之四七，影印本，中华书局 1957 年版，第 6485 页。

否必须经过修订才能被引用并不是一个问题，只要是经过裁判断定的案例，都是可以作为参考依据加以引用的，而檀偕案最终也确实是按照"右治狱近断"的"孙昱案"进行处断的。

下面再从反面来说明宋人用例不分编纂与否。在宋代史料中多有记载一些"不得为例"的情况，尤其是皇帝颁布诏书处断事宜之后，往往有时会专门加上"不得为例"的结语，其含义是禁止以后加以援引，比如开宝三年七月：

> 诏曰：汉诏有云"结童入学，白首空归"，此盖愍乎耆年无成，而推恩于一时也。朕务乚取士，期在得人，岁命有司，大开贡部。进者俾升上第，退者俟乎再采。而礼闱相继籍到十五举已上贡士司马浦等一百六人，皆困顿风尘，潦倒场屋，学固不讲，业亦难专，非以特恩，终成退弃。浦等宜各赐本科出身，今后不得为例。[1]

这道诏令是专门给司马浦等长期科场失意的应试者以特恩，但这是出于对他们久困科场的怜悯体恤，而非可以长期大范围推广的标准和做法，所以为了保证科举"期在得人"的目的，诏敕的最后特意说明"不得为例"。在发布这道诏敕的时候，皇帝当然不知道这条诏敕何时会被以何种形式编纂颁布，如果必须经过编纂成文之后才会有效，他完全不必特地说明"不得为例"，即使要防止以后被引用，也应该在最后强调"不得编为例"或者"不得编入例"，而这条史料并没有这样的记载，宋代其他史料中也基本没有"不得编为例""不得编入例"的讲法，相反，直接要求"不得为例"的记录有很多，这说明如果不加禁止，不管这些做法是否会被编纂入册，都有被引用的可能。

史料表明，宋人在实务中不论编订与否，对断例一律加以采用。但唐朝以后，包括宋代在内的后代历朝都将唐律奉为圭臬，历朝律中都继承唐律，规定了断罪处事必须引用法条。宋人的史料中也反映出，在处理处事断案的过程中，各级官吏动辄援引律令，引律断罪的观念深入人心。但这一情况又与宋人处事断案的过程中大量引用未经制定编纂的宋例的现象相矛盾，如

---

[1]　（清）徐松辑：《宋会要辑稿》第108册《选举三》之四，影印本，中华书局1957年版，第4263页。

《历代例考》所述：在做出先期处断的人自己还没有意识到的情况下，"下属官员或后人认为其中有一定的妥当性和典范意义，能够适用于类似的案件或事项的处理"[1]。那么，如何理解这一矛盾？断案援引法条的规定在前，宋代的士大夫官僚为什么会径自认可应事而生的例在没有编订之前就有其法律效力呢？以现代的眼光，尤其是从成文法、制定法与判例法对立的观念出发，上述矛盾将无法解释。但是如果从宋人"春秋释例"的眼光来看待这一问题，矛盾并非不能解决。如前所述，宋例的理论渊源是春秋经学，而经学在中国古代社会，尤其是知识分子士大夫阶层中的地位和影响力，无论被如何强调都是不过分的。虽然在古代中国的不同时期，经学可能有着迥然不同的内涵和外延，但无论在哪个朝代的士大夫的眼中，经学都是最高深、最有价值的学问，其作用和地位当然远在一朝的法律适用原则之上，处事断案这类庶务的原则理论只能是经学的衍生物。虽然经过修纂而内容固定的法典在宋代的地位不容撼动，但"例"在司法行政实践中被广泛适用，其合理性直接出自于当时已成显学的春秋经学，血统纯正，士大夫官僚群体对其效力有着当然的共识。所以说正是由于经学的理论背景和士大夫阶层的广泛认同，才使得"例"在中华法体系中占据一席之地，进一步来说，也正是由于"春秋释例"的经学研究方法在宋代的发展，才使得例在宋代法制体系中获得长足的发展。

（二）最早编例的时间问题

同样是关于"编例"，宋人最早开始编例的时间，是一个众说纷纭的问题。由于宋人没有留下专门针对例进行说明和研究的著作，所以今人只能在浩如烟海的史籍中寻找蛛丝马迹。如郭东旭在其《宋代法制研究》中提出，宋代最早的编例是附在《庆历编敕》之后的"总例"，随后的《嘉祐编敕》中也有这一部分，这两部附属的"总例"可以看作宋人最早的"编例"[2]。针对郭东旭的这一观点，也有学者提出了明确的反对意见。戴建国通过查找分别主持编纂两部编敕的张方平和韩琦的文集，找到了张方平的《进〈庆历编敕〉表》和韩琦的《进〈嘉祐编敕〉表》，其中二人都对"总例"进行了说明。戴建国认为，根据二人的表述，附在两部《编敕》中的"总例"是

[1] 杨一凡、刘笃才：《历代例考》，社会科学文献出版社 2012 年版，第 411 页。

[2] 参见郭东旭：《宋代法制研究》，河北大学出版社 2000 年版，第 39 页。

"编敕的修撰凡例"〔1〕而非真正的"编例"。

那么，双方的观点孰是孰非呢？这就需要我们结合张方平等的上编敕表来具体分析附在两部编敕后面的"例"到底是什么。

张方平的《进〈庆历编敕〉表》中的相关原文是"又详天圣编录之时，敕不著年，卷无先例，遂使法家无指用之限，诸条有迭出之文。今每敕系年，存旧体也，先卷发例，省繁文也"〔2〕。戴建国据此认为这是"修撰凡例"。那么首先需要澄清一个问题，这里所说的"凡例"，是指现代意义上的"凡例"，还是古人观念中的"凡列"？

如果是指现代书籍前部的"凡例"，那么最常见的一般是出现在工具书前部的"凡例"，这些"凡例"当然也是对修撰工具书方式的说明，但一般限于形式上的说明。以常见的《现代汉语词典》〔3〕的凡例为例，其内容包括"条目的安排""字形和词形""注音""释义"四部分。这些都是对工具书中通用表达符号、排列顺序等编录形式的说明，比如单字条目安排的顺序、异体字使用方括号附在正体之后、儿化音标注方法、一词多义的标记方法等，与每个词条的具体内容并无关系。

如果《庆历编敕》中的"总例"真的是这种"凡例"的话，那么就出现了三个问题：第一，一般认为编敕就是对既有敕令的整理选录，应该是一种逐条列明的形式，这种形式的编敕，是否需要对编撰之后的形式做专门的说明？第二，如果是针对整部编敕的编列形式做的说明，那么这个"凡例"只要针对全书做出整体一次性的说明就可以了。但依张方平所说的"先卷发例"，每一卷首都有相应的"凡例"，当然最后这些来自各卷的例可能被统录为一卷，但就其内容而言不应该是仅仅关于编列形式的说明，而是与每卷所录敕令的具体内容有关，否则没有必要分卷撰写。第三，《玉海》中记载，王珪等在编纂《嘉祐审官院编敕》的时候以"审官院皇祐一司敕至嘉祐七年以前续降敕劄一千二十三道，编戎条贯并总例共四百七十六条，为十五卷"〔4〕

〔1〕　戴建国：《宋代刑法史研究》，上海人民出版社2008年版，第98页。

〔2〕　（北宋）张方平：《乐全集》卷二八《进〈庆历编敕〉表》，载（清）纪昀等编：《影印文渊阁四库全书》第698册，我国台湾地区"商务印书馆"1986年版，第381页。

〔3〕　参见《现代汉语词典》"凡例"，商务印书馆1994年版。

〔4〕　（南宋）王应麟：《玉海》卷六六，江苏古籍出版社、上海书店1987年版，影印本，第1260页。

从中我们首先可以看出，"总例"也是脱胎于以往的敕令劄子的。更重要的是，完成后的编敕中，"条贯"和"总例"是被统计在一起计算条目数量的。如果说总例仅仅是"编敕的修撰凡例"，是对编录形式的说明，显然不应该和正文本身一并计算数目。这就像现代工具书绝不会把"凡例"的条目计入"正文"的词条数。综合上述几点可见，认为"总例"是现代凡例的观点似乎有待商榷。

如果这里的总例是宋人观念中的"凡例"呢？那么宋人那里的"凡例"又是什么样子的呢？史料中确实有宋人直接使用"凡例"一词的情况：

> （嘉定）四年十月一日，礼部尚书兼修玉牒官章颖等言："备数玉牒修纂，供职以来，略阅数十年间已进之书及日下将进之草，其体制容有未定。所书凡例，亦多乖牾。盖玉牒专书一代大事，视昔迁、固，实为帝纪，而元降格目内分十条。若尽用迁、固帝纪之体，诚为太简。然而职以文士，彻之圣聪，金笺宝匣，藏于秘殿，若止一切沿袭案牍之词，如书'军人口累重大钱'，如书'宗子济夫为患，行孝救母'等语，登之简册，似不雅驯，颖等所谓体制之未定者此也。至于每年之事有当书而不书者，如嘉泰元年三月二十八日之火，此大灾也而不书；雪寒阴雨，放房地钱，此细事也而累书之。若此之类，不胜其多，则书不书，未有定例也。科举之诏，三岁一下，而或书，或不书。金国使命每岁三遣，而或并书以名，或分书而及其官。若此之类，不胜其多，则所书之法未有定例也，所谓凡例之乖牾者此也。今欲得稍变案牍鄙俚之语，使之成文可读可传，定为玉牒之体制。仍欲开具某事为当书，某事为不当书，即于逐事着成数语，仍编成一册，定为玉牒之凡例。如此则自此以往，上下官吏遵为成式，先后编集不至异同。至有非常之事，即俾修纂之人自立言辞，铺叙本末，随事删润，以为成书，庶几宝藏，传之万世，不负圣朝任使之意。乞明降指挥，以凭修定。"从之。[1]

玉牒是皇室族谱。在这里，编修玉牒的官员提出需要规范玉牒的措辞并确定记录事件的取舍标准，为此需要制定"玉牒之凡例"。可见，宋人的"凡

---

[1]（清）徐松辑：《宋会要辑稿》第171册《职官二十》之五二，影印本，中华书局1957年版，第2846页。

例"与我们今天所说的凡例有着很大区别，不是针对玉牒形式的说明，而是对玉牒内容的规范，是关于哪些事件应当记载、哪些不当记载的取舍标准和记录的事件如何描述的规范。而我们讨论的两部编敕的"总例"，也就是这个作用。我们注意到，张方平等在修订《庆历编敕》的时候，发现以往天圣年间编敕有一个问题，那就是没有"先例"，而缺少"先例"的结果是"无指用之限"。因为针对同一问题先后颁布过多条不同的法令，在适用的时候就需要确定以哪一条为准。为此有关人员在编纂《庆历编敕》时特地增设了"例"这个部分，其作用就是对那些涉及相同或类似事务作出规定的多条敕令进行分析，发现其间的差异和共性，具有共性的内容被上升为统一的标准和规范，由此也就为实务中选择适用敕令提供了取舍标准，这与上述玉牒中"凡例"的含义作用基本是一致的。

而这样一种做法，在前朝的立法实践中也有端倪，《晋书·刑法志》记载：

> 每条有违科，不觉不知，从坐之免，不复分别，而免坐繁多，宜总为免例，以省科文，故更制定其由例。[1]

这里的意思是：分散在法条各处关于免坐的条文很多，涉及的情况大致类似，所以干脆就将其总结为"免例"，统一规定。这里所记录的内容就是将法条中内容相关、具有共性的问题汇总并抽象化，形成"总例"。所以说宋人编纂的"凡例""总例"，在前朝也已经有了先声。虽然具体的目的、形成的结果不完全一样，但其作用机理相同，都是在既有的具体事例、规范的基础上，为了指导今后的实践而形成抽象的取舍判断的标准。说到这里，实际上就回到了本书上述所谈的宋例与"春秋释例"的关系问题。无论是编敕的"总例"，还是玉牒的"凡例"，其性质、作用都相当于春秋经学中的"正例"，实为"一理"所用的"两端"。这一理就是"春秋释例"之理，也就是既往之事在前，例归纳评判于后。而两端中，一端的玉牒凡例，是已修之牒在前，据以预设凡例，以为后事取舍之准；一端的编敕总例，是已成之敕在前，据以编订总例，以备临事指用之限。所以，按照宋人"春秋释例"的标准，首先应当肯定两部编敕中的"总例"应当是属于"宋例"的范畴。

---

[1] 《晋书》卷三〇《刑法志》，中华书局1974年版，第925页。

如果借用"春秋释例"的模式，我们甚至可以对"总例"的形式进行复原。无论是杜预的《春秋释例》还是宋人的相关作品，其基本形式大体是由两部分组成，一部分是节选摘录《春秋》相关的若干经文，另一部分就是释例，是对这些经文的异同进行分析，得出其中蕴含的规律，也就是圣人表达褒贬的方法。将这一方法套用到编敕和"总例"中去的话，经学著作中摘录的经文就相当于编纂过程中经筛选摘录的敕令法条，而编敕中的"总例"的形式很可能就和春秋经学的"释例"一样，以类似法条为基础进行解说分析，阐明各条敕令中蕴含的共通的评判标准，以此作为以后事务的处理原则，或者由此判断哪些敕令真正符合这一标准，具有继续沿用的效力，哪些不符合标准，应当删除废止，由此为官员正确选择适用法条提供指导。如果我们的结论不错，那么《庆历编敕》中的"总例"，或者说宋人眼中的"凡例"就是对所编敕令的提炼，是对蕴含在相类似敕令中抽象规范的归纳，为实践中选取具体敕令提供标准。

那么回到最初的问题：这样的"总例"能否算是"编例"？这里就需要我们回答："编例"是不是只能是对具体案例、事例的编纂整理？宋例是仅限于案例、事例，还是可以包括抽象的原则和规范？而这一系列问题正好是今人眼中的"例"与宋人眼中的"例"的分水岭，也是涉及宋例本质概念的重要问题。现代人使用"例"字，最多是指称具体的事例，就像我们最常说的"举个例子"，现代学者研究宋例，也往往是从断例这类具体的案例、事例入手。所以如果按照今人的观念，将宋例的概念限定于具体的断例或者事例，那么"编例"就只能是将它们汇总起来形成的法律形式，那么这里的"总例"就很难算得上是编例了，因为这里的"总例"已经不仅仅是对敕的汇总筛选，而是已经作了一定程度的提炼和归纳，形成了抽象的规范。

但是如果从宋人"春秋释例"的角度出发，则会得出相反的结论：宋人并不象今人一样区分抽象规定和具体事例。从本书后面引用的史料可见，宋人有将敕、令等各类法律形式统统指称为"某某例"的情况。也就是说，宋人并不区分今人所谓的抽象法规和对具体案件、事务所作出的处断、命令，只要能够作为常规依据的，统统称之为"例"。日本学者滋贺秀三在研究清代的例时就指出："虽说是立法内容的单行指令，但具有相当的对应目前具体性状况的临场制定的倾向，在此点上可以说与对个别案件的处罚没有大的不同"，"随着时间全部转化为例"。[1]也就是说，应事而发的敕令，在今天的眼光看来内容是抽象的规定，任和以具体事务为内容的案例、事例在本质上没有区别，所以无论是抽象内容的敕令，还是具体的事例案例，都有被称为"例"的资格。

为什么宋人将在今天貌似泾渭分明的两样事物混为一谈呢？因为在宋人眼中"例"的意义并不局限于每条具体的事例，同时也代表着蕴含在这些事例中，通过这些事例才能够得以被表现和理解的抽象规则。就像春秋的"正例""变例"既是一件件历史事实，又体现了圣人的褒贬笔法一样，宋人眼中的"例"实际上同时具有具象和抽象、个别和全体、事例和规范的双重属性，既可以指某一具体的事例、法条，也可以指由类似的许多事例、法条所抽象出的共性和规范。通过"例"的概念，个别事例、条文和其中蕴含着的共性规范达到了对立统一的和谐状态。而如果从宋人眼中的广义角度去理解宋代的"例"，那么即使我们所讨论《庆历编敕》中的"总例"并非具体案例、事例的汇编，也仍然可以将其看作宋人最早"编例"的一种形式。

通过上述针对宋例编纂初始时间的讨论，我们已经将问题延伸到了宋人眼中"例"的概念这一问题上，下面就此再作进一步说明。首先，我们已经明确，宋人用例的观念是来源于"春秋释例"的研究方法。如上文所述，用"例"来理解学问、理解历史、理解社会、理解法律的观念深植于宋代士大夫的思想意识当中。所以，在基础层面上宋人理解的"例"，是一个观念，是一种认识世界和解决问题的方法，我们可以将其称为观念层面的"例"。

其次，通过上述对总例编纂时间的分析。我们可以将宋例看作一种解释敕令、适用法律的制度，是一个比"敕""律""断例"等具体法律形式更宽泛的概念，是观念上的"例"在司法行政实务中的直接适用，我们可以称之为制度层面的"例"。实际上古代中国历代的法律中多有例和其他法律形式混称的现象，这正是观念层面和制度层面"例"并存的结果，这在本书的后面还会详细说明。

最后，才是我们一般意义上所称的"例"，也就是常见的判例法的例，是

---

[1]　[日]滋贺秀三：《中国における法典编纂の历史——新著刊行の报告》，转引自[日]寺田浩明：《权利与冤抑——寺田浩明中国法史论集》，王亚新等译，清华大学出版社2012年版，第347页，注释36。

以针对具体事务的处断的形式存在的事例，也是现有研究最为充分的"断例"。虽然其形式尚待考证，涉及的范围是否限于刑事司法审判也未有定论，但就客观形式来讲是我们一般理解的"例"，也是宋人所称"例"的一种。我们可以称之为形式层面的例。

上述三个层面的"例""春秋释例"的思维方式在法律观念、法律制度和法律形式三个层面上的投影，只有层次的区分而并无实质的冲突和区别，所以本书也是综合上述三个层面的概念对宋例进行讨论的：在概念上主要从观念的例的角度进行研究；在讨论渊源、适用情况、在中华法系中的作用等动态问题时，偏重从制度的例的角度进行阐述，而涉及编纂等史实问题时则更多从形式上的例的角度来展开分析。

## 第二节　宋例相关概念的辨析

### 一、编例

宋例研究中的首要问题，是宋例的形式。现有的研究成果均着眼于已经编修成为整体的例册，所以"编例"这一概念就成为研究宋例的切入点，郭东旭等学者就直接以编例作为其著作中宋例部分的章节名称。按照成文法国家的观念，经过编纂，形成统一体系的文本后，法律才具有其形制，甚至只有经过这个过程，才能称其为法律，所以编例在宋例研究中的地位不言而喻。在宋代，"例"到底是不是一定要通过编纂才能获得其效力？经过编纂的"例"和未经编纂的"例"之间的效力有何区别？这些问题将在后面进行探讨。对于编例的研究仍然是有必要的，好在这一概念并不复杂，相关史料也有很多。虽然有的著作将编例作为宋例的代称并将其列为章节名称，但史料反映，很少有经编定而成的"例"被专门称为"编例"，所以在宋人那里并没有被称为编例的法律，只有编例这一活动。宋会要职官记载：

（仁宗）皇祐五年十二月，命参知政事刘沆提举中书五房续编例。[1]

---

〔1〕　（清）徐松辑：《宋会要辑稿》第 62 册《职官五》之八，影印本，中华书局 1957 年版，第 2466 页。

这里虽然使用了"编例"的字样，但指的是编例的活动，意思是由刘沆兼职负责中书五房例的编修活动。还有：

> （嘉祐）三年闰十二月，诏中书五房编总例。[1]

这里也是要求中书五房编修例的要求，这里编和例已经分开使用，成为一个动宾结构的短语，编的对象是"总例"。

编修五房例的活动在北宋非常频繁，熙宁年间也有相应记录：

> （熙宁）三年六月，中书门下言："见编修五房条例，以堂吏魏孝先等一十二人充逐房，管勾其事。仍每月等第添支缗钱有差，俟了毕，别无漏落，并行酬奖。如卤莽漏落，即量罪降黜。若已编定，不可赦原及自首。编修务要精当。若诸房堂后官以下能述见行条例有未便者，许经堂陈述。如委得允当，量大小酬奖。如系检寻应副之人，即便优与。"从之。[2]

宋初承唐制，行政的中枢机构为中书门下，也称政事堂，下设吏、枢机、兵、户、刑礼五房，分工负责。这条史料带给我们很多信息：第一，这里的五房条例应该与上述仁宗年间五房例为同一种东西，可见北宋中前期始终在对五房例进行编修，说明编例是一项长期反复的活动。第二，参与编修的人员除了上述史料中差遣的参知政事这类高官之外，还有下级的吏员，他们被分配到各房，具体参与其负责的事项。第三，编订的活动具有相当的法律效力，史料中显示，如果编定过程中发生遗漏等情况，将会视具体情况降罪，如果已经编纂确定而有错误，相关责任人员连赦免和自首的机会都没有，必须受到处罚。

那么编例的具体工作是如何展开的呢？上述史料给了我们一些描述，也就是"编修务要精当。若诸房堂后官以下能述见行条例有未便者，许经堂陈述"。所以，编修的核心工作就是检阅确认现行条例的合理性和适用性。这里

---

〔1〕（清）徐松辑：《宋会要辑稿》第 62 册《职官五》之八，影印本，中华书局 1957 年版，第 2466 页。

〔2〕（清）徐松辑：《宋会要辑稿》第 62 册《职官五》之一〇，影印本，中华书局 1957 年版，第 2467 页。

还提到，如果找到不尽合理、施行未便的条文，还可以得到奖励。而具体的条文内容，我们通过下面两则史料可以清晰地看到。

（熙宁）三年八月二十七日，看详编修中书条例所言："看详合归有司二十二事：臣僚举选人转官、循资状令银台司直送铨收使。官员身亡，令止申审官院等。内外辟举官并两制及亡没臣僚之家陈乞亲戚差遣，乞止中书批送所属施行。及乞今后差除官员合有支赐，即札下三司依式，其宗室支赐亦依此。见任少卿、监以上并分司致仕少卿、监宗室、小将军已上身亡孝赠，并札下入内内侍省支赐，乞在京委三司、在外委所在州军支给。并乞罢进选人授差遣家状、新授京官三代表、品官之家陈乞服内成亲。乞令立条，封王并节度使初除及移镇等，合行管内布政，止令学士院检举。"并从之。令臣僚支赐及孝赠，候修成式，关送入内内侍省依旧取赐。

熙宁四年七月十六日，看详编修中书条例所状："今先看详到合减省改更事件，如审刑院进呈公事已得圣旨，若无合覆奏事，今更不入熟状，止进草降敕，下合属去处。诸路转运使副或差两员者，并不带同字，提点刑狱亦如之。应差臣僚权管勾闲慢司局及寺监，欲止降札子。京朝官乞假迁葬，除通判以上差遣仍旧外，其余并依选人申转运司。如无规避，即给假讫奏，不须听候圣旨。常参官如因疾患，请假两日已上，令御史台直牒内侍省医官院，差内臣医官看验。诸州军差管内僧道正，自今勿复以闻。候及七年，合赐紫衣师号，即具保明申奏。其御史台逐季缴连本台五十三处供申职掌人数、进奏院月奏具有无出门罪人状并寝罢。"从之。上以朝廷所省阔多有司之细故，而大臣不得讲明政事之大者，以为事可归有司者归之，而中书责其当否，则有司尽力而事治，故命条例司讨论，去其繁冗。自是事归有司者寖多，而中书之务清矣。[1]

从上述史料可见，在编修过程中，相关人员发现了大量需要修正的事务，包括官员差遣程序、支赐发放标准、身亡官员的相关处理、官员请假及医护待遇等等，这些内容在这次编修中都被认为不应保留作为中书各房的职权，

---

〔1〕（清）徐松辑：《宋会要辑稿》第62册《职官五》之一〇，影印本，中华书局1957年版，第2467~2468页。

而应下放至有司，也就是尚书各部。最终这些建议都被采纳。

在此，我们只是利用一组连续的史料对编例活动（其实只是中书刑房例的编例活动）进行了大致描述，我们得到的结论是，"编例"一词在宋代并不被用来称呼一类法律文件，而是作为动宾短语用来描述例的编纂活动。

## 二、条例

"条例"也是各种研究提及较多的一种，各家对于其性质内容均作出了各自的判断，主流观点都是将"条例"归结为行政法规，我们认为，按照现代的法律性质和分类对古代法下定义，在研究方法层面是有积极意义的，但切忌对其简单教条地归类。在对古代法作这种归类之前，最好是对其在当时的含义性质作一个全面的考查和评价，然后再尝试将其归入现有的法律理论框架之内，这样得到的结论会更加精确。以条例为例，如果我们全面考查史料，不难发现，在宋人眼中，"条例"有着多层次的丰富含义。

第一，直接作为一部法律的名称。这也是许多研究者将"条例"定性为行政法规的依据，因为这些法律以"条例"为名称，我们反过来可以通过这些法律名称的字面意思推测条例的性质和内容。

> 详定一司敕令所奏：修成《吏部侍郎左右选条例》，诏令颁行。详定官孟昌龄等更候三次进书玫旨推恩。[1]

从这则史料我们可以自然而然地推断，这部条例是关于吏部人事任免工作规程的"条例"，以现在的眼光来看，无疑是一部行政法规。

但这则史料的内容相对比较笼统，如果进一步考查，就会发现，作为行政法的"条例"中还有需要明确的内容，比如：

> （宝元二年）六月十九日，右正言、直集贤院吴育言："条例之中，明有赏格，以巡检、县尉捉贼，使臣监务课利增盈，令佐存抚招携人户归业，设法催科，不行追扰刑责，此类皆等第酬奖。及得替到阙，所司并不举行。乞选官与法寺详定，自今应编敕合有酬奖，除在任迁擢逐时

---

〔1〕（清）徐松辑：《宋会要辑稿》第164册《刑法一》之二九，影印本，中华书局1957年版，第6476页。

便行外，自余本官到阙，各据劳绩，所司举行，不须待陈状叙理。仍立日限，免使延滞。"诏酬奖者有司疾速施行。[1]

从这条史料可见，"条例"是包括"格"的，而适用赏格的时候，又要参酌"编敕"，这样一来，"条例"本身的内涵和性质就有问题了。

在下一则史料中，这个情况就更为明显了：

（政和七年）十二月二十八日，枢密院言："修成《高丽敕令格式例》二百四十册，《仪范坐图》一百五十八册，《酒食例》九十册，《目录》七十四册，《看详卷》三百七十册，《颁降官司》五百六十六册，总一千四百九十八册，以《高丽国入贡接送馆伴条例》为目，缮写上进。"诏送同文馆遵守施行。[2]

从中可见，最终修成的确实是一部名为《高丽国入贡接送馆伴条例》的法规，那么这部法规是不是关于接待高丽国入贡活动礼仪规范的行政法规呢？从名称上来说确无疑问，但是这则史料给出了这部"条例"的内容，其中包括《高丽敕令格式例》《仪范坐图》《酒食例》《目录》《看详卷》《颁降官司》，抛开其他内容不说，《高丽敕令格式例》中有敕有例，"敕"的性质，按照《宋史·刑法志》的记载已经被归入了刑事法律的范畴，那么包括"敕"的"条例"就不能被简单归类为刑事法律。

第二，一般泛称的法律。我们认为，宋人在陈述行政司法事务的过程中，指称法律这一比较抽象的概念时会用"条例"来代指，就好像我们今天所说的"以法律为准绳"，法律的背后指代着"刑法""民法""刑事诉讼法"等具体内容。

元丰年间，神宗下诏：

官司如辖下有申请，并须明具合用条例行下，不得泛言依条例施行。

---

〔1〕（清）徐松辑：《宋会要辑稿》第165册《刑法二》之二四，影印本，中华书局1957年版，第6507页。

〔2〕（清）徐松辑：《宋会要辑稿》第164册《刑法一》之三〇，影印本，中华书局1957年版，第6476页。

从提举京师常平等事黄寔请也。〔1〕

这就等于是说官员在上奏时报称"某某事有法可依"，但又不给出具体的法律依据，借此蒙混过关。这里的"依条例施行"就相当于今天的"依法办事"，看似理直气壮，实则言之无物。

实际上宋人意识到，妄言"依法办事"，实为虚张声势，其中必然暗藏奸弊，坏法营私。为了防止这种情况，宋人制定了专门的规定来禁止。

《庆元条法事类》所载《职制敕》中就专门有如下规定：

> 诸公事有疑或不可专行，应申所属与决而不与决，或持两端及泛言依条例行下者，各杖八十。〔2〕

可见，如果不给出具体法律依据而泛言"有法可依""依法办事"的官员要直接受到杖责，这点对于今天也是有借鉴意义的。

第三，单列的条文法令。除了上述两项含义之外，我们发现在宋人的记录当中，"条例"最经常使用的含义是单列的法规条文，实际上从"条"和"例"二字来看，这也是"条例"一词最本初的含义。

从下面的一组史料，我们可以很清楚地看到宋人在何种意义上使用"条例"一词。首先是宋会要的记载：

> （元祐三年）闰十二月一日，尚书省言："初，官制未行，凡定功赏之类皆朝廷详酌之。自行官制，先从六曹用例拟定。其一事数例轻重不同，合具例取裁。或事与例等，辄加增损，或功状微小，辄引优例，并当分别事理，等第立法。今以旧条增修，凡事与例同而辄增损漏落者杖八十，内事理重已施行者徒二年。如数例重轻不同，或无例而比类他例者，并具例勘当，拟定奏裁。"从之，仍增三省、枢密院相干事并同取旨。〔3〕

〔1〕（清）徐松辑：《宋会要辑稿》第164册《刑法二》之三六，影印本，中华书局1957年版，第6513页。

〔2〕（南宋）谢深甫等纂修：《庆元条法事类》卷八，载《续修四库全书》编委会编：《续修四库全书·史部·政书类》第861册，上海古籍出版社2002年版，第160页。

〔3〕（清）徐松辑：《宋会要辑稿》第164册《刑法一》之一五，影印本，中华书局1957年版，第6469页。

然后是《续资治通鉴长编》的记载：

> （元祐）三年闰十二月癸卯朔，尚书省言："未行官制以前，凡定功赏之类，皆自朝廷详酌，自行官制，先从六曹用例拟定。其一事数例，轻重不同，合具例取裁，事与例等，不当辄加增损。若不务审察事理，较量重轻，惟从减损，或功状微小，辄引优例，亦当分别事理轻重及已未施行，等第立法。今以旧条例增修，凡事与例同而辄增损漏落者杖八十，内事理重已施行者徒二年，如数例重轻不同，或无例而比类他例者，并具例勘当，拟定奏裁。"从之，仍增三省、枢密院相干事，并同取旨。诏颁元祐敕令格式。[1]

上述两条是针对同一事件的记载，值得注意的是，会要中的措辞为"今以旧敕增修"，长编中则写为"今以旧条例增修"，这样一来"条例"就是"条"，而所谓"增修"，必然是将单行独立的法令条文增补进入已成的法规，使之更加合理完备。

接下来是"条例"与"例"的关系：

> （熙宁）二年六月十四日，上谓王安石曰："中书置属修例，最是急事。"安石曰："此乃事之本也。凡修例者，要知王体、识国论、不为流俗所蔽者乃可为之。若流俗之士，所见不能出流俗，即所议何能胜旧。今陛下欲修条例，宜先博见士大夫。以陛下聪明睿智，躬择贤士大夫，必得其人。若得五、六人以付中书，令修条例，每数日辄一具事目进呈，是非决于陛下，则法度成立有期。若但令中书择人，即恐所用不无流俗之人，流俗之人何可与议变流俗之事？且今日条例，皆仁宗末年以来大臣所建置，人情岂肯一旦尽改其所建置以从人？恐须陛下独断，乃能有为。"上曰："待朕自选得人，但恐迟。"安石曰："此事诚不可迟，然亦不可疾。若不知王体、识国论、可与变流俗之人，则与不修条例无异，此所以不可疾也。然今非无人材，要须陛下留意考择，恐亦不可迟也。"[2]

〔1〕（南宋）李焘：《续资治通鉴长编》卷四一九，中华书局1995年版，第10143页。

〔2〕（清）徐松辑：《宋会要辑稿》第62册《职官五》之九，影印本，中华书局1957年版，第2467页。

从君臣二人的对话可见，神宗所称最是急事的"中书置属修例"，在王安石口中就是"陛下欲修条例"，神宗、荆公，明君贤相，心意相通，彼此所指，即为一事，所以这里的"条例"就是"例"。

除了上述字面上等同于条和例名称的情况之外，史料中还有多处直接可以看出条例作为单行法条的情况：

> 神宗熙宁元年二月六日，诏："近年诸司奏辟官员就本司编录条例簿书文字，颇为烦冗。今后应系条贯体例，仰本司官依《编敕》分门，逐时抄录入册，不得积留，别差辟官。如续降宣敕岁久数多，合行删修，即依祖宗朝故事，奏朝廷差官修定。见今诸司有官编录处，如替移，更不差填。"[1]

这则史料反映出，各个部门常年要求派遣专门的人员到本部门"编录条例簿书文字"，此处将"条例"与"簿书文字"相并列，后者显然是一些零散的文书内容，足见条例也是这种性质的东西。更何况，只有本身是零散的条文才有"编录"的必要性，在解决这一问题的方法上，诏书要求各部门派自己的官员"逐时抄录"，也就是临时制定"条例"，出现一条，抄录一条，才称得上"逐时"，由此可见，条例具有零散单独法条的性质。

所以，史料中所见的"条例"其实不是已经编修完成的整部法律，而是指单行零散的规定，正如下条所现，条例不是编纂的成果，而是编纂的对象。

> 钦宗靖康元年八月一日，吏部尚书莫俦言："有旨将四选条例编纂，其间事理一等而有予有夺，或轻或重，不可胜举。今欲检其事理相类而体例不侔者，委本曹郎官看详，长贰覆定，归于至当，庶几不至散漫。"从之。[2]

这里采取了"将条例编纂"的措辞而非"编纂条例"，足见这些条例是尚未编纂的。既然是尚未编纂的零散规定，其性质和内容就难以用行政法、

---

〔1〕（清）徐松辑：《宋会要辑稿》第164册《刑法一》之六，影印本，中华书局1957年版，第6464页。

〔2〕（清）徐松辑：《宋会要辑稿》第64册《职官八》之八，影印本，中华书局1957年版，第2561页。

刑事法等概念统一地概括表述。下面的史料就是例证：

> （元祐元年）四月八日，门下中书外省言："取到户部左右曹、度支、金部、仓部官制条例，并诸处关到、及旧三司续降、并奉行官制后案卷宣敕，共一万五千六百余件。除修敕令所该载者已行删去，他司置局见编修者各牒送外，其事理未便、体制未顺，并系属别曹合归有司者，皆厘析改正、删除重复、补缀阙遗，修到敕令式共一千六百一十二件。并删去一时指挥共六百六十二册，并申明尽一一删。乞先决颁行，以《元丰尚书户部度支金部仓部敕令格式》为名。所有元丰七年六月终以前条贯已经删修者，更不施用。其七月以后条贯自为后敕。"又言："上供钱物，旧三司虽置吏拘催，然无总领，止据逐案关到上簿，如有不至，遂相因循，岁月之久，官吏迁易，无以拘考。今户部虽有分职，度支主岁计，金部以度支关到之数拘催，然漫无可考。本省昨取索所管，类以成书，而诸案文簿无可为校。已询诸库务，求访旧籍，互相照验修正，立为定例。若有不备事节，虽据所见送本部看详。缘事干诸路，尚虑有未尽不同事，乞令本部取索点勘，如有未尽不同事件，即补正添入。"并从之。[1]

从这则史料我们可以清楚地看到，将户部条例、续降、宣敕等一系列单行的规定统合后进行修撰，最终得到的是一部"敕令格式"。也就是说，包括条例在内的各项单项规定被分门别类修入"敕""令""格""式"，而这四类法律形式的性质不局限于行政法，这已有史料和研究成果予以说明。从这条史料中我们甚至还可推测出所谓的"敕"可以包括"条例"，因为"元丰六年七月"以后的"条贯"被称为"后敕"，而这个条贯，显然是针对包括上述各种条例、续降、宣敕等在内的规定的统称，所以如果说条例包括在条贯内，而条贯又可以称为后敕，而敕往往具有刑事处罚的内容，那么单纯说条例是行政法，就存在一定问题了。

第四，特殊含义。条例除了上述在法律体系范畴之内的含义之外，有时还有一些特殊的意思，对于我们的研究也颇有启发作用。

---

〔1〕（清）徐松辑：《宋会要辑稿》第164册《刑法一》之一三，影印本，中华书局1957年版，第6468页。

《文献通考》中有这样的记录：

> 《刑统》杀伤罪名不一，有因谋，有因斗，有因劫囚窃囚，有因略卖人，有因被囚禁拒捍官司而走，有因强奸，有因厌魅咒咀，此杀伤而有所因者也。惟有故杀伤则无所因，故《刑统》因犯杀伤而自首，得免所因之罪，仍从故杀伤法。其意以为于法得首，所因之罪既已原免，而法不许首，杀伤刑名未有所从，唯有故杀伤为无所因而杀伤，故令从故杀伤法。至今因犯过失杀伤而自首，则所因之罪已免，唯有杀伤之罪未除。过失杀伤，非故杀伤，不可亦从故杀伤法，故《刑统》令过失者从本过失法，至于斗杀伤，则所因之罪常轻，杀伤之罪常重，则自首合从本法可知。此则《刑统》之意，唯过失与斗当从本法，其馀杀伤得免所因之罪，皆从故杀伤罪科之。……盗与杀伤为二事，与谋杀杀伤类例不同，臣以为律疏假设条列，其于出罪则当举重以包轻。因盗伤人者斩，尚得免所因之罪，谋杀伤人者绞，绞轻于斩，则其得免所因之罪可知也。然议者或谓谋杀、已伤，情理有甚重者，若开自首则或启奸，臣以为有司议罪惟当守法，情理轻重则敕许奏裁。若有司辄得舍法以论罪，则法乱于下，人无所措手足矣。[1]

这是王安石为了和司马光辩驳阿云案时所做的议论，在这里"条例"是一个特殊用法，作者所称的"律疏假设条例"，实际是律疏中一个假设的特殊案情的意思。虽然这个意思在史料中并不常见，但可以看出条例与案例、判例的关系。

## 三、则例

在宋人史料中，还有一类与"例"有关的概念，其意义比较明确，被称为则例。根据现有的史料，这类规定基本上都是关于财政和经济管理方面的内容，其中官员俸禄、请给方面的内容很多，由于这一类规则的内容性质比较明确，在此仅举两方面的史料予以说明。

第一方面是官员请给则例：

---

诏：秘书省正字崔敦诗兼翰林权直，所有请给，除身分料钱随阶官、时服照正字格法，并本省会要茶汤钱依旧支拨。合所有职钱并米麦、衣赐，依翰林学士则例，以三分减一支拨。所有厅从，除本职合拨外，止贴差客司一名，顾募随本职。[1]

当时皇帝任命了秘书省正字兼任翰林权直，由于其身份和职务带有复合性，所以对其请给作了特别规定，从中我们可以看出，这样的官员其请给可以分为三部分，一部分是身分料钱，一部分是茶汤钱，剩下的一大部分包括职钱、米麦、衣赐，三部分中职钱米麦和衣赐都是根据翰林学士的则例的三分之二发放的，可见有专门针对翰林学士制定的请给标准，其被称为则例。

除了针对官员的则例之外，还有适用于机构的则例：

（乾道）六年十一月十九日，汪大猷言："已降指挥，复置敕令所，合行事件……所差人其请给如系本所旧人，依本所则例支拨。若别官司差到，若无请给，各随名色，依敕令所则例三分减一，愿请本处请给者听。一、提举官下差置供检一名，详定官下差拨书奏一名，尚书省、中书省各差供检二人，承受本所文字，今欲各差一名。添支食钱三分减一。尚书省承受本所处白文字，今欲差一名。一、本所公用钱每月支钱二百贯文，应合行事件及差取人吏所拨纸札等，并依本所前后已得指挥施行。"从之。[2]

从这则史料可见，乾道年间要恢复敕令所，由此对其中官员的额数、吏人的数量都作了规定，同时对于相关人员的请给也作了规定，其中分为两种情况，如果本系敕令所人员，就按照敕令所的则例支付，如果系从其他部门差派而来的人员，就按照敕令所则例中的标准的三分之二来支付，此外，如果对于这个标准不满意，还可以要求按照自己原来部门的标准领取请给。

通过上述两则史料，我们对于则例有了一个大致的了解，首先，则例作为官员薪酬待遇的发放标准，其内容比较细致，需要发放给其他不是正职的

---

[1]（清）徐松辑：《宋会要辑稿》第 63 册《职官六》之五六，影印本，中华书局 1957 年版，第 2524 页。

[2]（清）徐松辑：《宋会要辑稿》第 61 册《职官四》之四六，影印本，中华书局 1957 年版，第 2459 页。

官员时可以直接按照则例规定的内容依比例折算。其次，则例的适用针对性很强，第一则史料中则例是针对翰林学士的，当然我们无法判断是不是宋代针对每一个职务都有专门的则例，但是从第二条史料来看，有可能各个部门都设有自己的则例，因为里面提到，如果对于敕令所则例所规定标准的三分之二不满意的话可以按照本来部门的标准要求请给，说明其原来部门也有自己的发放标准，也就是则例。

第二方面是税务制度方面的则例：

《庆元条法事类》卷三六中记载，"场务令"中明确要求：

> 诸税务以收税法并所收物名税钱则例，大书版牓揭务门外……〔1〕

也就是说，这里的则例是关于某地收税的种类数量的规定，更值得注意的是，这里要求要将这一则列在税收机关的办公地点之外明榜公示，务必使纳税人员知晓标准，按则例缴纳。

在上一条下面紧接着的内容中还规定，

> 委转运司每半年一次，再行体度市价增损……

也就是说，上述则例的内容标准是由各地转运司衡量确定的，可以根据市场价格浮动的具体情况适时增减。

同书的第四十八卷也有类似的内容：

> 诸人户税租，应赴他处输纳而愿就本县纳者，转运司量地里定则例，令别纳实费脚钱。〔2〕

这里是针对本应在异地交税的人员在本地缴纳的情况，转运司也可以根据实际情况来拟定则例。专门根据两地的距离，来确定支付的脚钱数量。这说明制定则例的权限下放到了基层，地方机构部门有权根据自己的实际情况制定则例。

---

〔1〕（南宋）谢深甫等纂修：《庆元条法事类》卷八，载《续修四库全书》编委会编：《续修四库全书·史部·政书类》第861册，上海古籍出版社2002年版，第436页。

〔2〕（南宋）谢深甫等纂修：《庆元条法事类》卷八，载《续修四库全书》编委会编：《续修四库全书·史部·政书类》第861册，上海古籍出版社2002年版，第513页。

从上面的史料可见，则例的内容规定的都是具体细碎的内容，是一种细则。郑侠的《西塘集》中记载了他给王安石的一封信：

> 偶以本门有税长连纸者，其额每一千，税钱五十足。拦头辈以为务例，每一千收千百五张税钱。自取条贯，遍检无此条；取则例检之，又无。以其无条例，遂不敢行。[1]

由此可见，则例是和条贯相对称的，条贯是汇编完成的法规，而则例是独立在外的更加细碎的内容，而且这则史料中还出现了"条例"一词，这里的条例就是条贯和则例的泛称，也印证了上述关于条例具有一般泛称法律的意思的观点。

### 四、恩例

史料中出现的与例相关的内容中，经常可以看到"恩例"一词。相关的研究尚不充分，大部分宋例研究的成果对此都没有专门提及，作为专门章节进行阐述的，主要是杨一凡、刘笃才所著《历代例考》的宋例部分。该书认为"恩例"是一种特例，区别于一般的常例，不是普遍通行的例，认为"恩例"是"皇帝一时感情冲动的结果"。[2]从字面意思来看，"恩例"的"恩"字本身带有恩宠，高于一般待遇的优待的含义，而且《历代例考》也引用了一些《宋史》中的史料予以证明，但是综合书中所引史料和其他一些古籍中的史料判断，"恩例"的概念不限于皇帝出于个人好恶专门给予的优待。

首先，"恩"字不代表特殊的优待。如上所述，按照汉语的一般意义，"恩"字带有特殊优待的含义，但在宋代，人们对其含义并没有如此强调，例如《宋会要辑稿》记载：

> （宣和七年）六月二十四日，讲议司奏："检会奉御笔手诏，应不急之务、无名之费，令讲议司条具以闻。续奉御笔，紊乱官制事数内出身送讲议司看详。命官出身，各有条法。比年以来，吏职入仕或进纳并杂

---

〔1〕（宋）郑侠撰：《西塘集》卷六《上王荆公书》，载（清）纪昀等编：《影印文渊阁四库全书》第1117册，我国台湾地区"商务印书馆"1986年版，第435页。

〔2〕杨一凡、刘笃才：《历代例考》，社会科学文献出版社2012年版，第132页。

流之类补官人，往往攀援陈情，改换出身。其应干迁转、请给、奏荐、恩例、止官等，并依元入仕本法施行。"诏依，今后出身并依本法，更不得攀援陈请改换。虽奉特旨，仰中书省执奏不行。〔1〕

从这段可见，"恩例"是和转迁、请给等官员待遇问题并列的，如果是出于皇帝一时恩幸，是无法"依元入仕本法施行"的。这条只是通过推论来说明恩例的内容，一些史料还直接说明了恩例的内容。

《建炎以来朝野杂记》中有一篇文章名为"四川类省试榜首恩数隆杀"，这里值得注意的是，"恩"没有与"例"连称，而是称"恩数"，所谓的"恩数"是宋人对于"地位和待遇"的称呼〔2〕，"隆杀"也就是对于"恩数"的增减，该篇内容为：

> 四川类省试第一恩数视殿试第三人，盖绍兴五年以军兴道梗，十一月戊子有旨，川陕类省试第一人赐进士及第，与依行在第三人恩例，余并同进士出身，其后何道夫耕以对蜀人才策为丞相所怒，乃令礼部奏云，类试高第人多在道，迁延不肯即赴御试，望自今第一等人并赐进士出身，奏可，十八年八月癸巳，自是无有不赴御试者，惟上不亲策，则类试第一人恩数如旧，第二第、三人皆附第一甲九名以上附第二甲云。〔3〕

这则史料的内容是关于四川一地省试第一名的待遇问题，因为战争原因，南宋初期川陕一路省试中举的人员无法前往杭州参加礼部试，中央只能将考试权下放到地方，由地方组织‘省类试'，这就发生了如何给予这类考试的合格人员适当待遇的问题，当时的解决办法是四川省试第一名赐进士及第，并给予在杭州殿试第三名人员同样的"恩例"，从"恩"字在当时的含义来看，也就是殿试第三名的待遇，具体而言包括：皇帝赐诗，"太宗好文，每进士及第，赐闻喜宴，常作诗赐之，累朝以为故事"〔4〕；赐钱，"开宝八年，三月

---

〔1〕（清）徐松辑：《宋会要辑稿》第 62 册《职官五》之一六，影印本，中华书局 1957 年版，第 2470 页。

〔2〕参见祝尚书：《宋代科举与文学考论》，大象出版社 2006 年版，第 75 页。

〔3〕（南宋）李心传撰：《建炎以来朝野杂记》甲集卷一三《四川类省试榜首恩数隆杀》，中华书局 2000 年版，第 274 页。

〔4〕（北宋）刘颁撰：《中山诗话》，载（清）纪昀等编：《影印文渊阁四库全书》第 1478 册，我国台湾地区"商务印书馆"1986 年版，第 266 页。

十八日，赐及第进士王嗣宗等钱百千，令宴乐"[1]；赐绿袍、靴、笏，"太平兴国二年九月初二，赐新及第进士胡旦以绿袍、靴、笏（原注：自是以为定制）"[2]；差导从，真宗时诏"自今第一人及第，宜令左金吾司差七人导从……永为定式"[3]；赐闻喜宴，太平兴国八年"赐新及第进士宴于琼林苑，自是遂为定制"[4]。通过上述史料可见，这些所谓的恩例无一例外地在北宋前期就已经形成，开始时固然是出于皇帝的优奖，但上述史料几乎全都注明，此后以为定制。也就是说从北宋开始，对于殿试中举人员的恩例优奖已经固定下来，后面的朝代都一贯延续执行，恩例实际上已经成为正常的待遇，没有了皇帝一时感情冲动的因素。

同书的甲集卷十三中还有如下一篇名为"博学宏词科"的记录，在题目后面有"试格恩例附"，也就是该篇的内容还涉及博学宏词科的考试等第标准和"恩例"，记录的具体内容如下：

> 博学宏词科，绍兴三年七月始置。绍圣间既废制科不用，乃创宏词科，大观中改为词学兼茂，至是用工部侍郎李擢奏，别立此科，……以合格真卷纳中书省看详，宰执将上上等迁一官选人改京官，无出身人赐进士及第，并免召试，除馆职，中等减三年磨勘与堂除，无出身人仍赐进士出身，并择其尤者召试馆职，下等减二年磨勘，与堂除一次，无出身人同进士出身，遇馆职有阙亦许审察。[5]

这则史料记载了与该科相关的三方面内容：一是设科考试的历史沿革；二是考试的方法内容，评判标准；三是合格人员的待遇，包括减磨勘、赐出身等等。第三方面的内容无疑就是"恩例"，而这些恩例实际上已经固定成了通行的处理方式，连减磨勘的年数、给予的具体职务都有了明确规定，无须

[1]（清）徐松辑：《宋会要辑稿》第107册《选举二》之一四，影印本，中华书局1957年版，第4252页。

[2]（清）徐松辑：《宋会要辑稿》第107册《选举二》之一，影印本，中华书局1957年版，第4245页。

[3]（清）徐松辑：《宋会要辑稿》第107册《选举二》之一，影印本，中华书局1957年版，第4250页。

[4]（清）徐松辑：《宋会要辑稿》第107册《选举二》之一，中华书局1957年版，第4245页。

[5]（南宋）李心传撰：《建炎以来朝野杂记》甲集卷一三《博学宏词科》，中华书局2000年版，第259页。

皇帝格外的开恩。

同卷中还有一篇《释褐状元恩例》：

> 旧制，太学上舍生积校已优，而舍试又入优等者，就化原堂释褐，号释褐状元，例补承事郎，太学正录。淳熙初郑鉴自明由此选，不四年而为著作郎补郡，自明数言事，上甚喜，久而稍厌之。六年，刘纯叟尧夫复以解褐除国子正，时王仲行为兵部尚书，奏言今两优释褐，初除京秩即授学官，视状元制科恩数过之，事理不当，乞先与外任。时知滁州张商卿亦言，今中上舍为学官，不数年便可作监司郡守，狱讼财赋非所素习，莫能保其不缪，乞先注职官。上然之，十月丙申诏与殿试第二人恩例。[1]

其中也出现了"恩数""恩例"，意思也是制科状元等人的待遇，这些待遇被视为是常规的做法，所以被直接引用到了太学舍试成绩优异者的身上。

当然我们不否认，"恩例"在某些意义上具有法外开恩、特别优待的意义，比如：

> （绍兴）四年四月十五日，诏："学士院有官充待诏人及两任，令吏部与不依名次指射差遣恩例一次。"[2]

由此可见，恩例是皇帝专门下旨针对相应的官员的恩惠，他们不必按照先后顺序等候吏部的铨选差除，而且以一次为限。

又比如：

> （庆历）八年三月制：以殿前副都指挥使、宁武军节度使李昭亮为宣徽北院使。自殿前司迁此，国家恩例也。[3]

虽然上述史料证明，"恩例"具有一定的特恩性质，但是我们认为，在对"恩例"定义时也不必专门以皇帝的一时冲动决断为核心。因为通过以上所举

---

[1]　（南宋）李心传撰：《建炎以来朝野杂记》甲集卷一三《博学宏词科》，中华书局 2000 年版，第 279 页。

[2]　（清）徐松辑：《宋会要辑稿》第 63 册《职官六》之五三，中华书局 1957 年版，第 2523 页。

[3]　（清）徐松辑：《宋会要辑稿》第 63 册《职官六》之四四，中华书局 1957 年版，第 2518 页。

史料可见，即使最初出于皇帝特别恩赐所给的待遇，一旦成为"恩例"，实际上就会被后世反复适用，成为一种固定规则，专断、随机的性质就逐渐淡化，从南宋的相关记录可见，"恩例"已经成为待遇规则的代名词。

## 五、例册

在宋例的相关史料中，还有一个名词经常出现，但对其含义的研究还比较少，这就是"例册"。例册在各类记录中经常出现，但涉及的内容非常广泛。综合判断，例册不是一种专门的法律形式，而是宋人用来称呼记录有例的各种文书、规定的泛称。因此，例册也就涉及方方面面的内容，下面对例册做一大致的归纳：

首先，规定政府财政的开支和接待费用的内容，该部分内容实际是相当于上述的则例。苏东坡在讨论扬州的财政税赋问题时谈道：

> 况今现行例册，元修定日造酒糯米每斗不过五十文足，自元祐四年后来，每斗不下八九十文足，……又难为将例册随米价高下逐年增减，兼复累年接送知州，实为频数，用度不赀，是致积年诸般逋欠，约计七八千贯。若不申明，岁月愈深，积数逾多，隐而不言，则州郡负违法之责，创有陈乞，则朝廷有生例之难。虽天下诸郡比之扬州，实难攀爰。[1]

从中可见扬州的财政负担极重，接待的费用本是按照酒钱折算，但酒钱价格是按照则例规定，不能按照糯米市价的变化过于频繁地修正。这里的则例是规定地方财政用于购米酿酒的价格标准，即财政支出的标准。

还有一种例册也是关于地方政府财政问题的：

> 政和元年三月二十一日，诏："诸路公使支用，随逐处各有已定例册。其监司所在及巡历，或朝省遣官，所至州郡往往多不循例，过有供馈。朝廷察知其弊，遂修立崇宁五年春颁敕，诸与所部监司若朝省所遣使命至本路以香药馈送者徒二年，折计价直以自盗论。虽已行下，而访

---

〔1〕（北宋）苏轼撰：《东坡全集》卷六二《申明扬州公使钱状》，载（清）纪昀等编：《影印文渊阁四库全书》第1108册，我国台湾地区"商务印书馆"1986年版，第41页。

闻其间或不顾廉耻之吏，尚敢巧作名目，或将香药变为饮食之类，折等价钱，贪冒无厌，不知止极。今后监司或朝廷所遣官至本路，虽非以香药馈送，并折计价直，而辄敢巧为别色名目收受者，并依上项崇宁五年敕条施行。"[1]

这里首先提到地方官司的开支是有例册的，由此印证了上一则史料的内容。值得注意的是，遇有上级地方官或朝廷派官巡历，地方是有固定的"例"来馈赠接待的，这些也是在"例册"中予以规定的。但地方官员往往超出例册规定的标准接待送礼，对此中央强调要求按照崇宁五年的敕令内容严加禁止。这里不但展示了"例册"作为地方财政开支标准所涉及的内容，更饶有兴味地告诉我们，早在宋代，各级政府的行政接待费用过高就已经是顽疾了，中央政府甚至不惜直接动用刑事制裁手段来杜绝。

其次，一些记录刑事处罚的规则的法规也被称为例册，实际上就是断例的例册。

> 建中靖国初，陆农师执政。时天下奏案，率不贷命。农师语时相云："罪疑惟轻。所以谦上，一门引领以望其生。今一切从死，所伤多矣。"时相然其言，自是有末减者。乾道初，忽降旨挥云："法令禁奸，理宜画一。比年以来，旁缘出入引例为弊，殊失刑政之中。应今后犯罪者，有司并据情款直引条法定断，更不奏裁。"是时外舅方务德为刑部侍郎，入议云："切详今来旨挥，今后犯罪者，有司并据情款直引条法定断，更不奏裁。切恐其间有情重法轻，情轻法重，情理可悯，刑名疑虑，命官犯罪议亲贵之类，州郡难以一切定断。今来除并不得将例册引用外，其有载在敕律条令明言合奏裁事件，欲乞并依建隆二年二月五日敕文参详到事理施行。"得旨从请。二考皆仁人之言，其利博哉![2]

从中可见，当时存在着地方司法机关作为从轻处罚依据所引用的"例册"，其内容就是关于从轻从重处罚的情节。这和我们一般所说的"断例"含

---

[1] （清）徐松辑：《宋会要辑稿》第165册《刑法二》之五四，影印本，中华书局1957年版，第6522页。
[2] （南宋）王明清撰：《挥麈录》卷一一《陆师农》，上海书店出版社2001年版，第174页。

义相近，实际就是"断例"存在的形式。虽然这里的奏议要求不再引用"例册"的内容进行断案，但反过来也可证明这之前"例册"确实被引用作为刑事审判的依据。

范仲淹也在其名为"灾异后合行四事"的奏折中提出：

> 一天下官吏，明贤者绝少，愚暗者至多，民讼不能辨，吏奸不能防，听断十事差失者五六，转运使提点刑狱但采其虚声，岂能徧阅其实，故刑罚不中，日有枉滥……臣请诏天下按察官，专切体量州县长吏及刑狱法官，有用法枉曲，侵害良善者，具事状奏闻，候到朝廷详其情理，别行降黜。其审刑大理寺乞选辅臣一员，兼领以慎重天下之法令，检寻自来断案及旧例，削其谬误，可存留者著为例册。〔1〕

这里所说的"例册"，由断案及旧例编纂而成，编纂的主体是负责司法审判的审刑院和大理寺官员，而这里编修"例册"的目的是防止地方官员擅引谬例，用法枉曲，侵害良善，实际上就是对于当时司法审判中引用的案例进行编辑整理，削其谬误，由此形成的例册，在本质上就是断例集。

最后，除了上述比较明确的内容，我们认为例册还广泛涉及其他领域，比如《宋朝事实》中有记载：

> 礼部勘当：今欲将本部例册内僧尼等师号，颁降诸路州军等处，照会委所属官司，许于数内选择书填者。〔2〕

从中可见礼部的"例册"记录有天下僧尼的法号，以现代的眼光来看，这应该属于宗教管理事务的内容，而宋人则是以"例"的观念加以界定的。

由上可见，"例册"是宋人对于一系列规范性文件的泛称，涉及国家财政、司法、民政等多个领域，而且应该是经过编辑完成的例，而非散行的零星条例。

---

〔1〕（北宋）范仲淹撰：《范文正奏议》卷一《治体·奏灾异后合行四事》，载（清）纪昀等编：《影印文渊阁四库全书》第427册，我国台湾地区"商务印书馆"1986年版，第36页。

〔2〕（南宋）李攸撰：《宋朝事实》卷七《道释》，载（清）纪昀等编：《影印文渊阁四库全书》第608册，我国台湾地区"商务印书馆"1986年版，第97页。

## 六、指挥

在与宋例相关的概念中，有一个概念虽然本身并不带有"例"字，但绝大部分研究宋例的著作都对其有所提及，这个概念就是"指挥"。首先，对于"指挥"的性质及其与"例"的关系，现有研究成果主要有两种观点：第一种认为指挥包括行政机关的命令和皇帝的命令，《宋代官制辞典》就认为指挥是泛称的命令，是上行下的命令和尚未形成行下文书的命令[1]。持这一观点的学者一般也将"指挥"作为例的一部分，如郭东旭在其《宋代法制研究》中就持这样的观点，他认为尚书省各部要求下级照办的临时性指令，也是指挥。而且这种"指挥"就是"例"；而《中国法制通史》也将"指挥"归纳于"例"的范畴之内，张希清在其《宋朝典章制度》中也认为"指挥"分为两种，一种是皇帝的圣旨，另外一种是尚书省各部的临时解释敕文，而且根据宋人"指挥自是成例"的记载，指挥就是一种例。[2]

第二类观点，认为指挥的来源只有皇帝，并认为"指挥"不属于"例"。《政治制度通史》一书就是将"续降指挥"与"例"分立，其中"指挥"专指宣敕。王侃在其《宋例辨析续》中专门针对"指挥"进行了研究，他认为当时许多学者的研究不够深入全面，结论似是而非，所以详细梳理了史料，提出了自己的观点。他认为指挥不是出自中央机关，而是出于皇帝，史料所见"都堂批状指挥"并非都堂所发布的行政命令。而"指挥"也不是"例"，是皇帝圣旨的一种。

综上所述，针对指挥的争论实际上集中在两点，第一，"指挥"是否仅仅来源于皇帝圣旨？第二，"指挥"是不是"例"？下面将逐一进行分析。

首先，关于"指挥"的来源，许多宋人的史料都显示，"指挥"的种类是很多的。

第一，宋人区分来源于皇帝的"指挥"和来源于行政部门的"指挥"。《庆元条法事类》第二十九卷记载有"淳熙十五年六月十八日枢密院批状指挥……续有绍熙二年二月二十五日圣旨指挥"，在该条记录中直接将"枢密院批状指挥"和"圣旨指挥"并列。圣旨来源于皇帝，自无疑问，区别于它的"枢密

---

［1］　龚延明主编：《宋代官制辞典》，中华书局1997年版，第624页。
［2］　张希清等：《宋朝典章制度》，吉林文史出版社2001年版，第296页。

院批状指挥"要单独列出，说明宋人将二者视为不同的"指挥"。

实际情况是，宋人对于上级的命令一般都可称"指挥"，如《金佗续编》中就有"伏乞朝廷指挥施行，伏候指挥"[1]的记载，可见请求者只是泛言朝廷，并没有明确何处降下指挥。

第二，宋人还进一步区分指挥来源于哪些部门。《庆元条法事类》第八卷记载：

> 诸被受三省、枢密院、省台监寺指挥，相度定夺若会同取索，而违限者，论如官文书稽程。[2]

可见，在皇帝所发布的"指挥"之外，宋人还按照不同的发布机关分别指称各类"指挥"，足见"指挥"不止来源于皇帝。

王侃主张指挥只能来源于皇帝，依据主要是其对"都堂批状指挥"一词的分析。他先对一些著作中引用古籍的断句进行了修正，然后再对"批状指挥"的含义进行了推论，其核心的论点是，"批状"中"状"是上奏给皇帝的一种文书，经"批"之后即为皇帝的旨令，而不是都省的行政命令。

那么"状"的含义是不是限于上述的范围呢？史学界已经有了相应的研究。实际上唐宋的"状"是可以进一步细分为"奏状""申状"两种的，前者是下级机构上奏给皇帝的文书，后者是同时要上报给中书门下、枢密院等中央机构及其长官的。现在我们还能够看到宋人的《申状式》，这是司马光《书仪》卷一中所记录的当时下级机关书写给上级机关的申状的格式。值得注意的是，这篇申状的格式中，在末尾的结语"某司谨状"后有小字"取处分，则云伏候指挥"。[3]可见在申状中，下级机关会直接向上级机关请示裁决，反过来说上级的机构具有直接给下级机关指令的权限。对此，可能反对意见又会质疑，一道"状"既要上奏皇帝，又要上申都堂，那么"批状指挥"是从哪里

---

〔1〕（南宋）岳珂撰：《金佗续编》卷一四《敕建忠烈庙省牒》，载（清）纪昀等编：《影印文渊阁四库全书》第446册，我国台湾地区"商务印书馆"1986年版，第615页。

〔2〕（南宋）谢深甫等纂修：《庆元条法事类》卷八，载《续修四库全书》编委会编：《续修四库全书·史部·政书类》第861册，上海古籍出版社2002年版，第162页。

〔3〕 以上观点和《申状式》均转引自吴丽娱："试论'状'在唐朝中央行政体系中的应用与传递"，载邓小南、曹家齐、平田茂树主编：《文书·政令·信息沟通——以唐宋时期为主》，北京大学出版社2012年版。

来的呢？通过上述所引的《庆元条法事类》中的史料已经可以推断，各个部门均有自己的批状指挥，那么自然应该是各个部门批准决定后下行，下级才会依做出决定的机关进行区分。此外，给我们留下《申状式》的司马光还为我们进一步回答了这个问题。

> （元祐四年）八月五日，三省进呈司马康奏，其父光遗稿二，其一言："请仍旧令中书门下通＿职业，以都堂为政事堂，每有政事差除及台谏官章奏已有朝旨，三省同进呈外，其余并令中书门下同商议，签书施行。事大则进呈取旨降敕札，事小则直批状指挥，一如旧日中书门下故事。并两省十二房吏人为六房，同共点检钞状。"[1]

从中可见，都堂的职权范围中，对于各项政事，除了已经有皇帝指令之外，都要同中书门下共同商议，如果干系重大，需要上奏皇帝取旨裁断，其他的小事则"直批状指挥"，这里的意思无疑就是都堂可以直接批"申状"行下指挥。所以都堂自行批决发出指挥毫无疑问是存在的。

也正是因为这个原因，在宋代史料中很容易找到将"都堂批状指挥"与皇帝所颁"指挥"并称的情况，比如，王侃在其《宋例辨析续》中就引用了如下一段：

> 先是，绍兴二十八年九月十九日，权吏部尚书贺允中言："比年以来，臣寮奏请，取便一时，谓之续降指挥，千章万目，其于成宪不无沿革。舞文之吏依倚生奸，可则附会而从权，否则坚吝而沮格。惟是吏部七司见今所用法令最为急务，若无一定之法，革去久弊，而望铨曹之清，不可得也。愿诏敕令所严立近限，将吏部七司祖宗旧制与续降指挥参定异同，先次条纂，立为定制，庶免用例破条之患。"后详定官黄祖舜言："见修吏部七司条法，欲将旧来条法与今来事体不同者立为参附条参照。"上谓辅臣曰："祖宗成宪不可废也，存之以备用甚当，但令所修法须与祖宗法意不相违背。仍谕诸详定。"既而权吏部尚书周麟之言："吏部诸选引用续降指挥，前后不一，或臣寮建明，或有司申请，皆经取旨，然后

---

[1]　（清）徐松辑：《宋会要辑稿》第 58 册《职官一》之二七，影印本，中华书局 1957 年版，第 2343 页。

施行。今以续降条册观之，乃有顷年都省批状指挥参列其间，亦曰续降，诚未为允。"诏令诸选具绍兴二十五年以前批状指挥，如有类此者，仰敕令所可削则削之。时陈康伯为提举，刑部侍郎黄祖舜为详定，右迪功郎闻人滋、左从政郎徐履、右从政郎陆游为删定官。至是书成进呈。上曰："顷未立法，加以续降太繁，吏部无所遵承。今既有成法，若更精择天官长贰，铨曹其清矣。"宰臣汤思退奏曰："顷未立法，官员到部，有所整会，一求之吏，并缘为奸，金多者与善例，不然则否。"上曰："今既有成法，当令一切以三尺从事，不可更令引例也。"续诏修进官与《刑名断例》成书通推恩赏。[1]

从这一段的字面含义看，有臣僚建议在编修续降指挥时，将一些混杂其间的都省批状指挥予以剔除。所以从意思上来分析，这段史料可以拿来证明都省的批状指挥是区别于皇帝的续降指挥的，这正好与上述司马光遗稿的内容相吻合。但是王侃引用这段，又似乎是为了证明相反的意思，他之所以引用这一段，是为了反驳有些研究中主张都堂有对下级进行批准决定的权力的观点。这些研究多引用《宋史·刑法志》"自秦桧专政，率用都堂批状，指挥行事……"作为依据。王侃认为这段引文的断句有错误，"都堂批状指挥"应该连读。其实，即使是连读，也无法证明这种"批状指挥"不是"都堂"所做。王侃无法从其所引的史料中找到证据，所以接下来就直接利用秦桧作为奸相的恶名，设置了其在本由皇帝裁决的"都堂批状指挥"中夹带"私货"，死后其私货性质的批状指挥又被删除的情节。但在这一论证中，"都堂批状指挥由皇帝做出"这个结论不再是推论的结果，而是推论中预设的前提。实际上史料中反映的删削"都堂批状指挥"的情节，无论是出于秦桧死后高宗对其余孽进行清洗的目的，还是单纯为了对性质不同的混杂法条进行清理，都无法反过来证明"都堂批状指挥"必须出于皇帝。相反上述所引的大量史料则可以证明无论是都堂还是枢密院，中央行政机构完全有权力，也有必要自行决断。

接下来的问题是，既然确定了"都省批状指挥"的来源是行政机构而非皇帝，那么它是否属于"例"呢？持否定观点的王侃并没有直接给出理由，他主

〔1〕（清）徐松辑：《宋会要辑稿》第 168 册《刑法一》之四七，影印本，中华书局 1957 年版，第 6434 页。

要通过文字考证间接做了说明。他先将"指挥"划分为"弊事指挥""专降指挥""便宜指挥"等，在针对"弊事指挥"的分析中专门研究了"措置条例弊事指挥"，指出在《宋史·刑法志》和《文献通考》中都无该名词，前者记载的是"经置条例事指挥"，后者记载的是"经置修例弊事指挥"。王侃经过引用史料中的常见措辞断定，正确的应该是"措置条例弊事指挥"，就论证方法而言，他使用的其实是统计学的方法，也就是以古籍中出现的字例多寡为依据，这样的方法虽然在逻辑上不一定周延，但在史学考证上还是行之有效的。经过考证之后，王侃找到了史料的本源《宋会要辑稿》中《刑法·格令三》的一段：

> 诏："六部除刑部许用乾道所修《刑名断例》，及司勋许用绍兴编类《获盗推赏刑部例》，并乾道元年四月十八日《措置条例弊事指挥》内立定合引例外，其余并依成法，不得引例。"[1]

在引用该段之前，王侃认为这段引文显示《措置条例弊事指挥》与例"挂不上"，不是"例"，但是我们看一看引文内容会发现，其中的意思是除了乾道所修《刑名断例》、绍兴编类《获盗推赏刑部例》、乾道元年四月十八日《措置条例弊事指挥》"内立定合引例"外，其他的"例"不得引用。那么毫无疑问，这里所讨论的《措置条例弊事指挥》必然包含着"例"，而且是可以引用的"有效例"。王侃是如何得到其与例"挂不上"这一结论的，我们完全不得而知。

王侃还在其《宋例辨析续》中总结了"例"和"指挥"的关系。

第一，他认为"例不是司法机关的判例，而是皇帝的特旨断狱"。

第二，除司法机关的"例"之外，其他行政机关也有"例"，这些"例"也是皇帝特旨。

上述的例都不是"法"。

第三，还有"例子"之例，也"多出自皇帝的诏"，这些例"才是法"。

第四，"指挥"不是"例"的一种，不是尚书省等机关的指令，是皇帝圣旨的一种。

上述的结论在逻辑上颇令人费解。首先设置了两种例，一种为上述第一、

---

〔1〕（清）徐松辑：《宋会要辑稿》第118册《刑法一》之四九，影印本，中华书局1957年版，第6486页。

第二条所涉及的例，他称这些"例"来自特旨，不是法；第二种为上述第三条所涉的"例子"，是法，来源是诏书。那么诏书和特旨是什么关系呢，特旨显然都是以诏书形式下发的，如何对两者进行区别呢？

其次，关于例是不是法，王侃在描述法的时候用了一串名词"法""法典""法律形式"，这三个名词含义差异巨大，不能说不是法典的就一定不是法，也不能说不是法典的就不算一种法律形式，王侃到底在哪个层面上使用法的概念，我们没有看到阐述。所以，以三重标准来界定例是不是法，其结论未免模糊。

最后，回到指挥上，王侃认为"指挥不是例的一种"，由于他前面已经设置了两个"例"的概念，那么指挥到底是不是第一条、第二条所称"特旨"之例，还是属于第三条所称皇帝"诏书"之例，这句话对此已经是指向不明了。其实到此为止，王侃已经将皇帝的指令分为三大类："特旨""诏"和"圣旨"，按照他的观点，"特旨"是例不是法；"诏"是"例子"也是法；"圣旨"不是"例"也不是法。但是他对"特旨""诏"和"圣旨"三者的区别未作任何说明，也没有对"例"的概念作明确的界定，更没搞清"法"的概念，就直接把三个名词直接分别塞进"例"与"非例"、"法"与"非法"的名目下。通过上面的分析我们已经可以看出，其关于"指挥"不是"例"的论证，既无史料支撑，也缺乏起码的逻辑。也就是他没有真正有效界定"例"，所以无法区分"例"与"非例"。而他对"法"与"非法"的区分同样混乱。他在论证"指挥"不是法的时候提出"指挥""不只是法律而且还包括国家政治生活的各个方面"，他的意思似乎是一旦涉及政治生活，就不算是法律了，所以指挥不是法。在这里，他划分两种"例"的标准似乎又变成了是否涉及政治生活。但是众所周知，法律与政治生活密切联系，立法活动无疑是政治生活的重要组成部分，对政治生活的规范多是以法律形式实现，古往今来皆是如此。在这里，王侃无论从哪个层面上使用国家政治生活和法律这两个名词，都无法找到"法"与"非法"的界限。

《宋例辨析》和《宋例辨析续》的观点之所以出现上述问题，原因在于作者的核心思路是强调皇权在行政司法立法领域内的权威。按照是否出于皇权的标准，对本来并行通用的各种法规强行进行分类。但是在宋人生活的世界里，皇权是整个社会政治体制运行的必要组成部分，我们今天的专断、独裁观念并不存在于宋人的观念中，法律和政治生活的界限在今天尚有研究讨论的余地,更无法拿来划分宋人的"指挥"和"例子"。硬性区分的结果只能是创设出出于诏书的有效"例"和出于特旨的无效"例"这样的结论。王侃在其文中特意强调"对于史料都须细心揣摩,而不该随意解释"。但我们也要强调,在细心揣摩之后,当然不能随意解释,但按照预设的意识形态和思维定式进行刻意的解释,也无法得到正确的结论。

## 七、故事

在与"例"相关的概念中,还有一个概念本身没有"例"字,但其性质和含义却与"例"有非常紧密的联系,这个概念就是"故事",宋人在史料中往往将"故事"和"例"连称,弄清"故事"的含义对于我们理解宋例有很大的帮助。

在以往针对宋例的研究中,专门针对故事的探讨尚比较有限。这些探讨多集中在王侃《宋例辨析》一文中以"例子之例"为名的一个章节。其内容大致分为以下两方面:首先,宋列与汉代的故事有联系,联系点在于两者都可以前事为今事的依据;其次,两者的区别在于宋例可以今事为后事的标准,而这一点是故事"所不能及"的。

《宋例辨析》中对于汉代"故事"并没有作出阐述,我们无法从中理解为何汉代的"故事"只能以前事用于今事,而不能以今事用于后事。所以我们也就无法理解宋代的例与汉代的故事有什么本质区别。王侃在论述上述两方面观点的时候使用的全部是宋代的史料,所以此处我们也只使用宋人的史料,看其能否反映上述宋例与故事的区别。

首先,相关史料反映,宋人眼中"故事"和"例"是通称的,"故事"就是"例","例"就是"故事"。《建炎以来朝野杂记》记载:

> 故事,臣民投匦上书者,皆从检院押出召保,乃许自便。绍兴三年秋,地震,求直言。太常少卿唐恕应诏上封事,检院官以故例待之。辛阁学炳时为台端,言有亏礼意,请行在职事厘务官上封事者,并实封牒送检鼓院投进,不在召保知在送便之限。从之。[1]

--------

〔1〕 (南宋)李心传撰:《建炎以来朝野杂记》甲集卷八《朝士投匦免知在》,中华书局2000年版,第158页。

从这则史料中可见，臣民投书者后从登闻检院押出，通过召保之后才能离开，这一程序被称为故事。绍兴三年地震后，官员唐恕上书，检院的官员按照"故例"来对待他，辛炳提出这样不符合礼数，要求以后在杭州的有实际职事职务的官员上书的，不需要按照"故事"召保。从这里可以看出，所谓的故事、故例是一回事，宋人不予以区分。

其次，宋人对于将今事适用于后事的"例"，也称为"故事"，并不将"故事"局限于前事针对后事。王侃在证明宋例区别于"故事"的时候引用了一系列宋人的史料，这些史料的共同之处在于结尾都有"以后为例""遂为例""著为例"等字样，王侃的逻辑是，这些记录中都记录了这些字样，所以可以证明"例"的特点是以今事规范后事。但这是不是宋代例与"故事"的区别呢？王侃没有给出说明，这里我们看一则同样有"著为例"字样的史料。唐宋八大家之一的曾巩在一则札子中提到：

> 且本朝著列，御史、中丞、知杂至于省府之长，固得自举其属，而馆阁、监司、牧守之官，亦尝屡诏近位，皆得荐用所知，名臣伟人，往往由此而出。则推而广之，求于故事，实有已试之效。其所荐之士，采用其一，其余书之于籍，以备选择。犹旧阙御史一员，听举二人，其一不中选者，亦以次甄进，则稽诸累朝，亦故事也。[1]

曾巩的意思是，由长官推荐自己的僚属，是已著之例，而且是行之有效的做法，其中的效果，又是可以由"故事"证明的。这里的"例"明显就是之前长期的做法，并且指导着现有的官员选拔任命活动，所谓的"故事"也就是这种长期沿用的做法，"例"和"故事"关于此说基本上是一回事。而且文中末尾又称"稽诸累朝，亦故事也"。可见，身为宋人的曾巩不但不区分本朝已著的例和故事，也不区分本朝所著的例和前朝的故事。

实际上，用是否能够针对后事来划分"例"和"故事"，不但缺乏史料支撑，而且在逻辑上也毫无意义。历史现象总是发生在时间线当中的，其作用的指向与观察时所处的历史位置有关，自用例和用故事的点向前看，则是前事前例用于今，自成例和成故事的时间点向后看，则是今事今例用于后。

---

〔1〕（北宋）曾巩撰：《元丰类稿》卷三〇《请令长贰自举属官札子》，载（清）纪昀等编：《影印文渊阁四库全书》第1098册，我国台湾地区"商务印书馆"1986年版，第616页。

以施用的方向来区分例和故事，等于是在汉人用故事的史实和宋人设置例的史实之间作区分，如果我们用汉人形成故事的史实和宋人适用前例的史实作为划分依据，是不是故事和例的定义就要互换了呢？这种划分依据显然是断章取义，更何况，《宋例辨析》中连汉人用故事的史实也未截来。

最后，我们看一下"例"和"故事"的实际关系。"故事"在汉代就已形成，这时的故事首先来源于历史史实的记载和当时一些政治活动的记录，如汉武帝封公孙弘为平津侯，"其后以为故事，至丞相封自弘始也"[1]，但并不是所有实际发生过的事例都可以成为后事引用的"故事"，只有在日后的实践中通过反复引用被确认其合理性的事例才能成为"故事"，比如《后汉书》记载"宣帝博征群儒，率定五经于石渠，……宜如石渠故事，永为后事则"[2]，宣帝石渠阁定经的活动被认为是正确有效的行为，所以后事要求作为故事。相反，有些做法虽然已经发生，甚至成为故事，但也可能因不当而遭反对，例如《汉书》记载，"孝宣帝时，陛下恶有所言，群臣亦随故事……取女皆大于尺度……是以内多怨女，外多旷夫……皆在大臣循故事之罪也"[3]。故事的这种因合理性而不断被选择调整的性质被后世一直沿用，并逐渐融入了后世的法律体系，《隋书·经籍志》记载：

> 贾充、杜预删定律令，有律，有令，有故事，故事即张苍之章程也，梁时，又取故事之宜于时者为梁科。[4]

从中可见，六朝时期故事已经被囊括在"律令"的大概念之中了，而其效力仍然延续，其取舍的标准仍然还是"宜于时"，符合这一标准的"故事"直接上升为"科"，成为固定的法律形式。根据一些学者的研究，到了隋唐时期，故事逐渐转化为法律和例，有些故事直接修为法律、有些则开始被称为例。[5]所以到了宋代，出现上述故事和例混称并用的情况也就很正常。

---

〔1〕《汉书》卷五八《公孙弘传》，中华书局1962年版，第2621页。

〔2〕《后汉书》卷四八《杨终传》，中华书局1965年版，第1599页。

〔3〕《汉书》卷七二《贡禹传》，中华书局1962年版，第3071页。

〔4〕《隋书》卷三三《经籍志》，中华书局1973年版，第974页。

〔5〕参见杨一凡、刘笃才：《历代例考》，社会科学文献出版社2012年版，第63~67页。

## 八、其他相关概念

在史料中与例有关的内容中，除了上述较为常见并引起学术界一定程度关注和吸引其研究的概念名称外，还有一些散见于史料，尚未引起重视的概念和名词。这里面又可以分为两大类，一类是一些泛称的概念，这些概念不是具体法规文书名称，但可以从史料上下文判断其大致的内容和作用。另一类是一些以"例"为名的具体的法规名称，但是命名方式有别于一般常见的条例、断例等等，也有进一步研究的价值。

（一）与"例"有关的一些泛称概念

第一是"式例"，《宋会要辑稿》记载：

> （元祐元年）十一月十六日，太师文彦博言："尚书省二十四司郎官迁改不定，往往未能周知本案事务。欲令左右司点检勘当，定为式例，左右丞覆视。刑部尚书苏颂熟知台省典故，亦乞委之详定兼尚书省，裁减六曹寺监见在文字，欲令苏颂与左右司同共看详结绝。"并从之。[1]

这里所说的"式例"在史料中比较少见，从上下文判断，文彦博提出尚书省各司的工作人员轮换频繁，新人到岗后对于事务不甚了解，为了解决这个问题，要求编订"式例"。而下文选定的详定官包括熟知"典故"的苏颂，说明这个"式例"的内容是相关机构工作常规的、长久沿袭的惯例。该条史料记录的是元祐元年的史实，是在神宗对敕令格式作界定之后，而此处与"式"连称，说明肯定还包括一些文书格式。可见一名官员要胜任行政机构中的工作，最基本要掌握的就是"式"和"例"两样东西。

第二是"事例"，在已有的研究中有所提及，但一般是作为惯例、例子的同义词来处理的，从下面一则史料中可见，"事例"是比较具有明确针对性的一类例。

> （淳化二年）十一月二十三日，诏定降麻事例。宰臣、枢密使、使相、节度使特恩加官除授学士事例：银百两，衣着百疋，覃恩加食邑。

---

[1]　（清）徐松辑：《宋会要辑稿》第164册《刑法一》之一四，影印本，中华书局1957年版，第6463页。

起复例：起复银五十两，衣着五十疋。亲王以上有宣赐事例，更不复位。公主未出降，依亲王例宣赐。已出降，令驸马都尉管送。〔1〕

"降麻"指的是宋代除授将相等高级官员的程序，这里所说的"降麻事例"，从后面的内容来看，又包括宰臣等特恩加官除授学士事例、起复例、亲王以上有宣赐事例等，但其中的内容都是恩赐财物、增加食邑等，可见事例是针对该类事务的。

第三，"仓例""市例""乡例""户口例"，在《庆元条法事类》中还能看到这几类泛称的例名。

首先是"仓例"。

该书卷三二记载：

其穀愿依仓例折纳，或纳实直上价者，听。〔2〕

可见"仓例"应是关于官仓收纳钱谷数量、折算比例的细则规定。

其次是"市例"，卷四七记彧：

勅受纳苗米所收水脚、市例、靡费等钱每石不得过二百文。〔3〕

水脚、市例、靡费都是在农民缴粮时需要附加交付的杂项费用。

还有"乡例"，卷四九记载：

……刑狱司报转运司依乡例增立水田税额。〔4〕

在其他典籍中曾经见到"乡原体例"的讲法，一般认为是被政府认可的

---

〔1〕 （清）徐松辑：《宋会要辑稿》第63册《职官六》之四七，影印本，中华书局1957年版，第2520页。

〔2〕 （南宋）谢深甫等纂修：《庆元条法事类》卷三二，载《续修四库全书》编委会编：《续修四库全书·史部·政书类》第861册，上海古籍出版社2002年版，第413页。

〔3〕 （南宋）谢深甫等纂修：《庆元条法事类》卷四七，载《续修四库全书》编委会编：《续修四库全书·史部·政书类》第861册，上海古籍出版社2002年版，第490页。

〔4〕 （南宋）谢深甫等纂修：《庆元条法事类》卷四九，载《续修四库全书》编委会编：《续修四库全书·史部·政书类》第861册，上海古籍出版社2002年版，第528页。

民间地方惯例〔1〕，这一观点大体是不错的。而且本则史料中还可见到，民间的惯例也可直接作为政府设定地方税额的参考依据。

（二）具体的例名

史料中还出现了有许多以"例"字命名的特殊法规。

> 治平二年六月十四日，提举在京诸司库务王珪、尚书都官郎中许遵上《新编提举司并三司额例》一百三十册，诏颁行，以《在京诸司库务条式》为名。〔2〕

这里的法条名叫"额例"，与三司相关，应该是与国家财政有关的内容，如做一望文生义的推测，应该明确规定了相关数额，但是最终颁布的时候又以"条式"命名。此事发生于英宗年间，当时对于敕令格式的定性可能尚不如神宗以后严格。

> 十二月六日，审刑院沈立上《新修本院条贯》十卷、《经例》一卷，诏遵行。〔3〕

这里所说的"经例"是作为整部条贯的附属文件存在的，此处的"经"应可作为"经纬"的"经"来理解，内容上很有可能与嘉祐年间所编总例有关。

> 诏中书户房习学公事练亨甫等编定《省府寺监公使例条贯》。〔4〕

这部法规中直接将例和条贯连称，比较少见。

> 哲宗元祐元年三月十二日，枢密院言修定《诸将巡校例物条》〔5〕

---

〔1〕 参见吕志兴：《宋代法律体系与中华法系》，四川大学出版社2009年版，第120页。

〔2〕 （清）徐松辑：《宋会要辑稿》第164册《刑法一》之六，影印本，中华书局1957年版，第6464页。

〔3〕 （清）徐松辑：《宋会要辑稿》第164册《刑法一》之九，影印本，中华书局1957年版，第6466页。

〔4〕 （清）徐松辑：《宋会要辑稿》第164册《刑法一》之九，影印本，中华书局1957年版，第6466页。

〔5〕 （清）徐松辑：《宋会要辑稿》第164册《刑法一》之一三，影印本，中华书局1957年版，第6468页。

此处应理解为规定例物之条，应该是关于军队配给物资的规范。

以上罗列了诸多带有"例"字的名词，其间名称各异，内容不同，但细加分析，也能找到一些规律。首先，有"例"字的名词和法规都和财政收入支出、官员薪酬待遇等内容相关，也就是和资财有关。第二，这些以例为名的法规，内容规定都非常细密，是在实务中直接适用的细则。第三，也是最重要的一点，这些名为例的法规与其他法规之间有着融合渗透的关系，上述的"式例""经例"、原名为例后又称式的《新编提举司并三司额例》，都是这种情况。下面结合史料对这一情况作进一步的探讨：

《宋会要辑稿》记载：

> （元符元年）四月二十九日，《详定删修军马司敕例》成书。先是绍圣元年正月十日诏：《军马司敕例》久不删修，类多讹缺，可差官置局修定。二年正月十八日，诏差知枢密院事韩忠彦提举管勾，刑部侍郎范纯礼、度支员外郎贾种民充详定官。至是上之。降诏奖谕知枢密院事曾布、知定州韩忠彦，余赐银绢有差。[1]

这里将敕和例直接连称，而且从前文可见，绍圣年间已有一部久不删修的《军马司敕例》了。可见"敕例"之名由来已久，但敕、例连称的法规是什么性质呢？这在今人看来十分费解。但看了下面一段史料，即可释然。

> （大观二年）九月十八日，诏："名不正则言不顺，言不顺则事不成，名不可以乱实久矣。比阅《军马司敕例》，有敕令格式之名，而名实混淆，敕中有令，令中有格，甚失先帝设此逆彼、禁于已然未然之训，殆未足以称扬功遵制之意。可令有司重加刊正。"[2]

原来，敕、例连称，不但令今人不解，连宋人自己也觉得名不副实，这部名为"敕例"的法规"敕中有令，令中有格"，全不符合神宗所概括的敕令格式的定义。虽然从史料来看，宋人对这样的法律也不满意，但它确实反

---

[1] （清）徐松辑：《宋会要辑稿》第164册《刑法一》之一七，影印本，中华书局1957年版，第6470页。

[2] （清）徐松辑：《宋会要辑稿》第164册《刑法一》之二三，影印本，中华书局1957年版，第6473页。

映了宋代法律体系的一个客观状况。今人研究宋代法制时，动辄援引神宗之训，以法典、成文法的概念对宋代法规进行归类，法、例非此即彼，实际上且不说在实务中法、例在适用时有诸多灵活性，即使是法规的编纂，取材、命名也随事推移，不凝滞于物。这提醒我们，在研究包括宋例在内的宋代法制时，必须结合实际，切忌望文生义。本节内容中反映出宋人称谓法律时，将例、式、敕、程、条等名词混称并用的现象尤其值得我们重视，这是古人法律观念和中华法系法律体系特点的体现，对于这一点，将在本书最后作进一步探讨。

## 第三节　宋例所涉及的内容

### 一、审案断罪

刑事司法领域是宋例起到规范作用的首要领域，其中既包括案件的处断、量刑，也包括刑事诉讼程序等内容。

第一，是涉及刑事犯罪量刑情节的例，这也是断例的主要内容。宋代地方司法机构遇有疑难案例以及依法须决死罪、但案件又属于情有可原、对于是否裁决有疑问的，可以上奏朝廷裁决，而中央司法机关在复核审查的时候要拿出相应意见，其判断的依据就是以往的断例，这时例就起到了衡量轻重的作用。

（熙宁元年）八月二十一日，中书门下言："下项刑名有义理未妥，欲并送编敕所详议立法。一、天下死刑大抵一岁几及二千人，比之前代，其数殊多。自古杀人者死，以杀止杀也，下当曲减定法，以启凶人侥幸之心。自来奏请贷死之例，颇有未尽理者，致失天下之平。至如强劫盗并有死法，其间情状轻重有绝相远者，使之一例抵死，良亦可哀。若据为从轻之人，特议贷命，别立刑等，如前代斩右趾之比，足以止恶而除害；自余凶盗，杀之无赦。"[1]

---

〔1〕（清）徐松辑：《宋会要辑稿》第164册《刑法一》之七，影印本，中华书局1957年版，第6465页。

这则史料中，中书门下对死刑贷减的断例提出了意见，认为其中有轻重失衡的情况，从反面可以说明，需要根据以往的断例来判断是否给予死刑贷减。

（绍兴元年）六月十四日，诏前知金州秦嵩特贷命，追毁出身以来文字，除名勒停，送潭州编管，仍籍没家财。是日，上御后殿，宰执留正等进呈嵩案，上曰："赃污实迹如此之多，岂可轻恕？"留正等言："嵩罪在不贷，但向来亦有战功，例须薄减，然亦当除名编管。"上曰："如是足矣。"〔1〕

这是一则关于量刑情节的"例"，金州知州秦嵩贪污案发，皇帝一开始认为其贪赃数额太大，处罚过轻，留正解释说，虽然秦嵩本罪严重，但是因其有战功，按例必须从轻，所以最终处罚是除名编管。皇帝听取说明后表示认可同意。

第二，是对罪犯的处罚方式，而现有的史料研究在这方面多针对的是官员犯罪的内容。

（明道二年）十一月十七日，中书门下言："检会先诏，外任臣僚有贪污不公，被转运司体量闻奏者，候得替与降等差遣。欲今后显有不公，即依例施行。若别无显状，不降等差遣。"从之〔2〕

这里是说以往的诏书曾经规定，有贪污而且枉法不公的官员，待到任期届满之后，要给予降等处罚。而这次要求对于那些虽无贪污，但处事明显不公的官员也给予这种处罚，虽有不公，但没有很明显迹象的则不必如此处理。用现代的方式理解，就是将针对徇私舞弊犯罪的处罚用到滥用职权罪和玩忽职守罪上。

（景祐三年）四月七日，河北转运司言："沧州南皮县令朱谷，部民

---

〔1〕（清）徐松辑：《宋会要辑稿》第164册《刑法六》之四一，影印本，中华书局1957年版，第6714页。

〔2〕（清）徐松辑：《宋会要辑稿》第165册《刑法二》之二〇，影印本，中华书局1957年版，第6505页。

论取受不公，惧罪逃走，已行收捉。"诏将来遇赦不原，永不录用。今后命官使臣依此例。[1]

针对被部民论为不公并畏罪潜逃的地方官员，这里直接给予永不录用的处罚，而且规定以后同样的情况都依此处理。

（大中祥符）五年二月，内殿崇班、阁门祗候钱昭厚言："河清卒有惰役者，以镰斧自断足指，例于徙邻州牢城。自有此类，望决讫复隶本军。"从之。[2]

这里的"例"是指针对一类特殊情况的专门处理方式，对于一些为了逃避劳役而自伤自残的人员，按照以往的"例"是将其发配到邻州的牢城，但这样处理正中这些人的下怀，所以这里要求还是留在本处继续服劳役，这样就可以杜绝自残行为。

第三，除了上述实体法的内容之外，刑事诉讼程序也有很多是根据"例"来规范的。

（庆历）七年三月十七日，权御史中丞高若讷言："近年以来，犯罪之人已经断遣却来诉雪者，多下逐处看详定夺，除合别行根勘结绝外，有定夺得显是理诉不实及更有妄论他人或带不干己事者，乃至再三进状，紊烦朝廷；定夺得不合诉雪者，承例多止报罢。以此狂愚之辈侥幸理雪，亦有官司因循为之雪罪者，一成之法，遂可苟免。欲乞今后理雪罪名者，除定夺得合行别勘断遣外，如显然不实及妄论他人或带不干己事者，令逐处分明声说勘罪，依法施行。如经三度虚妄论诉不息者，委执政臣僚量远近取旨安置羁管，所冀稍抑奸妄。"从之。[3]

理雪制度是所有中国法制史教材研究宋代法制必然涉及的内容，但是就

〔1〕（清）徐松辑：《宋会要辑稿》第165册《刑法二》之二二，影印本，中华书局1957年版，第6506页。

〔2〕（清）徐松辑：《宋会要辑稿》第171册《刑法七》之六，影印本，中华书局1957年版，第6736页。

〔3〕（清）徐松辑：《宋会要辑稿》第167册《刑法三》之一八，影印本，中华书局1957年版，第6586页。

其程序却叙述很少。实际上理雪也有着一套程序规范，比如对于诉雪的人员，须由相应机构预先判断是否达到启动理雪程序的标准，对未达标准的案件，予以报罢，这套程序也被称为"例"。权御史中丞高若讷认为这样的处理会鼓励恶意申诉，要求对无理诉雪的人员给予制裁。

> （绍兴）二十八年八月二日，上谕大臣曰："近来州县人户词诉稍多，既经监司，又经台省，又复进状乞送大理寺，比比皆是。无他，其弊有二：其一不治妄状，其二受理官司沿袭旧例，却送元来去处。如此，不唯善良受弊，无所赴愬，而讼牒纷纭，至有一二十年不决者。卿等窃为措置。"于是诏："诸色人进状及诣朝省陈诉州县等处理断不当公事，送所属曹部施行，仰今后不得却送所诉官司，别委官司，立限依公结绝。若所诉虚妄，依条施行。候结绝讫，申尚书省，令本省置籍拘催。如有违戾，三省觉察取旨。"[1]

这一则也是关于处理申诉的，对于申诉的案件，旧的处理方式多是送回原来的机关处理。这里认为如此处理既不利于维护公正，也不利于提高效率，因此要求将案件送往其他机关处理，并且限期处断，实际上是类似翻异别推制度的做法。但原来的做法显然也被称为"例"。

> （淳熙）十六年闰五月七日，大理卿陈倚言："近来人户理诉婚田等事，皆有监司、州县自可理断者。其间有不曾次第经由官司，或虽曾经由，不候与夺，及有已经宪司定夺，自知无理，辄便越经天庭进状妄诉，于帖黄指定乞送大理寺，显是全无忌惮。乞今后应有进状诉事，从自来体例，先次降付尚书省，量度轻重、合与不合送寺，取旨施行。"从之。[2]

这里也是关于申诉理雪的"例"。申诉案件不能直接要求上报大理寺，应当先由尚书省审查确定是否符合送寺条件，符合条件的才能由大理寺复核。

---

〔1〕（清）徐松辑：《宋会要辑稿》第 167 册《刑法三》之三〇，影印本，中华书局 1957 年版，第 6592 页。

〔2〕（清）徐松辑：《宋会要辑稿》第 167 册《刑法三》之三六，影印本，中华书局 1957 年版，第 6595 页。

除了申诉理雪方面的程序，还有主动复核案情的程序要求：

> （皇佑）二年十一月六日，诏知制诰曾公亮、李绚看详诸州军编配罪人元犯情理轻重以闻。自今每降赦后，即命官看详如例。[1]

实际上知制诰本身并不是司法系统官员，而是为皇帝代拟诏书的官职。在此特地任命知制诰审查编配罪人的犯罪情状，虽然是制度以外的做法，但从此以后每当降下赦令都会专门任命官员进行检查。

还有一些特殊区域特殊身份人员的特殊类型案件诉讼程序，是依"例"处理的。

> （天禧）二年十一月，诏环、庆、宁三州禁兵犯罪至死者，委本州岛依条区断讫，申总管司。罪状切害者依旧例。先是，上封者言环、庆、宁三州禁兵犯极刑者，狱既具，先以案牍申总管司以俟裁断，往复近十日，致留滞，故条约之。[2]

从上文可以看出，这里的"依旧例"，是指原来的诉讼程序，这是专门针对环、庆、宁三州中犯有死罪的禁军士兵的程序，要求审理完毕后本州不能处断，要将案件材料上报总管司来裁断。这样做的结果是案件久拖不决，所以这次进行调整，一般死罪案件由本司审断，只有罪状切害的案件才按照上述的程序也就是按照旧例处理。

第四，刑罚方式，这方面的例最著名的要数刺配。宋以前刺配并非法定刑，为了严厉打击犯罪，皇帝特地下旨设置了这一处罚，最早仅用于个案而无法律正条的依据。但随着时间的推移，被广泛适用于相似案件，最后成了宋代的定法。这是以"例"制定刑罚。下面的史料为我们复原了南宋进一步循"例"处断的状况：

> 自祖宗开基，首严赃吏之禁，重者辄弃市。真宗以后稍从宽贷，然

---

〔1〕（清）徐松辑：《宋会要辑稿》第168册《刑法四》之二二，影印本，中华书局1957年版，第6632页。

〔2〕（清）徐松辑：《宋会要辑稿》第171册《刑法七》之八，影印本，中华书局1957年版，第6737页。

亦终身不用。建炎二年春，高宗复诏赃罪明白者不许堂除及亲民差遣，犯枉法自盗，罪至死者籍其赀。（二月辛未）。四年秋，诏自今犯赃免死者，杖脊流配。（八月戊子）。是冬，湖口令孙咸坐赃黥隶连州，上谓辅臣曰："祖宗时，赃吏有杖于朝堂者，黥面特配，尚为宽典。"（十一月壬子）绍兴四年，秀州黄大本遂决刺焉。然高宗性仁厚但行之数人而止。七年秋，永嘉令李处廉贷死，籍其赀，自是为例……〔1〕

第五，司法行政，除了刑事司法审判的程序和实体规范，还有司法行政方面的例。

（天圣五年）九月八日，汀州言："兵帐见管杂犯配军三百五十九人，并是累迹贼盗之辈，人数稍多，望权住配。"奏可。凡诸州有奏配军多，皆如此例。〔2〕

这里，汀州提出本地发配囚犯已经太多，要求不再往本地发配，从此以后各地每遇到配囚过多的情况都依此处理，这实际上相当于现在的狱政方面的事务。

狱政性质内容更明显的是下面一则：

（雍熙三年）四月四日，诏："诸道州府凡禁系之所，并须洒扫牢狱，供给浆饮；械系之具，皆令洁净；疾者为致医药，无家者官给口粮；小罪即决遣，大罪审辩其情，无致淹延。"自是每岁首夏下诏书如此例。〔3〕

这是皇帝下令要求打扫牢狱，保持卫生，并给囚犯必要的饮食医药的诏令，而且每年暑期都会下发诏令，成为惯例，这里其实是皇帝每年督促加强监狱管理，体恤囚徒的狱政管理活动的例。

---

〔1〕（南宋）李心传撰：《建炎以来朝野杂记》甲集卷六《建炎至嘉泰申严赃吏之禁》，中华书局 2000 年版，第 147 页。

〔2〕（清）徐松辑：《宋会要辑稿》第 164 册《刑法四》之一四，影印本，中华书局 1957 年版，第 6628 页。

〔3〕（清）徐松辑：《宋会要辑稿》第 170 册《刑法六》之五一，影印本，中华书局 1957 年版，第 6719 页。

## 二、政务程序

除了适用于司法，例的第二个适用范围就是行政事务，这里指的是一般狭义上的行政程序、分工和事务性工作的相关规定：

> （大中祥符）三年闰二月，学士晁迥言：今月十八日，宰臣召臣等，问所降德音不锁院之故。按本院旧例，赦书德音不曾锁院。臣等商议，除南郊赦书，缘车驾斋宿在外，并是预先进入降付中书，难以锁院外，自余赦书德音，今后并依降麻例锁院。从之。[1]

锁院是为了保证拟定诏书的内容不会提前走漏的制度，实际上是一种行政程序，针对不同的诏书，是否需要锁院是按照不同的例来规定的。

> 近岁翰苑止双员，淳熙五年，学士周洪道为御试详定官，直院范致能除参知政事，本院阙官，得旨：遇有撰述文字，依例权送中书舍人。十四年，学士洪景卢知贡举，直院李献之出使，主待制诏孔目官李植请于朝，遂用五年列云。[2]

这里是关于职务替补的例子，当翰林院负责草拟内制的翰林学士和直院都不在任的时候，由中书舍人负责暂时代拟。

绍兴年间给事中胡交修言：

> 朝廷日逐付下看详文字，旧系两省给、舍分轮看详。近缘旧官多是差出，见今独员，日力不给。乞例差两省给、舍分轮看详。从之。[3]

由此可见，中书省的人员和门下省的人员本来是轮流承担审看朝廷公文的任务的，但是后来又变成了全部由门下省人员负责，作为门下省首长的胡

---

〔1〕（清）徐松辑：《宋会要辑稿》第63册《职官六》之四八，影印本，中华书局1957年版，第2520页。

〔2〕（南宋）李心传撰：《建炎以来朝野杂记》甲集卷九《舍人草内制》，中华书局2000年版，第185页。

〔3〕（清）徐松辑：《宋会要辑稿》第58册《职官一》之七九，影印本，中华书局1957年版，第2369页。

交修提出本部门人员差出，无刀承担，要求恢复旧例，由两省轮流看详的做法，得到了支持。

同样是涉及两省分工的内容，还有下面一条：

> 绍兴二十八年二月二日，门下后省言："近降旨给、舍分书制敕，并依旧例。缘给事中、中书舍人所分房分不同，见令中书舍人一员分书吏房左选及户、兵、工房，一员吏房右选及礼、刑上下房。给事中见今亦有二员，乞依中书舍人例分书房分。"从之。[1]

这里门下省要求按照中书省中书舍人分配各房工作的方法来分配给事中的职务，实际是门下省以中书省为范例。

> （绍圣）元年八月二一六日，三省言："见今比较盐事、看详役法、措置财利之类，名目不一。虽各置局行遣，缘官属多是兼领，于职事未能专一。今已置重修编敕所，除官长可以兼领外，只于删定官内量添员数，令专一看详中外利害文字，并从朝廷选差。"诏从之，仍不拘资序，节次选补，不得过六员。又诏差户部尚书蔡京、大理少卿刘赓重行编修详定，并依熙宁、元丰旧例，权于东西府空闲位置局。[2]

这里是关于编修敕令所办公场所设定的问题，最终也是按照熙丰旧例处理的。

行政事务中还有一类是关于行政文书的规范程序的。

> 五月十一日，诏："诸州凡配隶罪人于邻州者，皆录其犯状移送逐处，置簿誊录，以防照会。"先是，令拣配军外隶上军者，旧例移配第云"贼某配某所"而隐其状犯，难于证验。京西提点刑狱周寔言其事，因请条约之。[3]

---

〔1〕　（清）徐松辑：《宋会要辑稿》第 58 册《职官二》之九，影印本，中华书局 1957 年版，第2357 页。

〔2〕　（清）徐松辑：《宋会要辑稿》第 164 册《刑法一》之一六，影印本，中华书局 1957 年版，第 6469 页。

〔3〕　（清）徐松辑：《宋会要辑稿》第 168 册《刑法四》之七，影印本，中华书局 1957 年版，第6625 页。

从这则史料可见，配决犯人的执行文书内容格式是依例书写，原来的写法只写发配目的地，不写罪名罪状，难以验证罪犯身份，所以这里要求增加其犯状内容。

> 十一月十三日，李柬之等言："应内外臣僚所进文字，不限机密及常程，但系实封者，并须依常下粘实封讫，别用纸折角重封。有印者内外印，无印者于外封皮上臣名花押字，仍须一手书写。所有内外诸司及诸道州府军监并依此例。如违，仰本司不得收进。其外处有不如式样，递到实封文字，仰进奏院于监官前折角重封用印，于本司投下。仍乞依三司开封府条贯，并不得官员及诸色闲杂人辄入本司。"从之。[1]

这则史料显示，宋代对于官员投递文书的封装形式有着非常详细的规定，这些规定都被称为"例"，违反规定的文书是不被接受的。

## 三、组织人事

与行政事务密切相关的是官员的人事制度，包括人事任免和奖惩待遇两方面。宋代官职繁杂是学界共识，职事、寄禄、阶官、勋官、散官、馆职、祠禄名目繁多，体系复杂。而站在当时的角度来看，对全国数量庞大的官僚进行除授升降，也是一项非常复杂的工作，从现有史料来看，宋人就是使用大量的"例"来应付这个问题的。

第一，官职的设定。

> 景德二年九月本院言：孔目官刘尚宾年满，已注宿迁县尉。缘主持书诏切须谙练，欲乞依吏部铨例置主事或录事，以本司勒留充职。诏以尚宾为录事，给孔目官俸。自后不常置。又五代旧制有主事一人，周显德中废。[2]

这里是翰林院要求按照吏部铨选例，来设置一名主事或录事，可见官员

---

〔1〕（清）徐松辑：《宋会要辑稿》第59册《职官二》之二八，影印本，中华书局1957年版，第2385页。

〔2〕（清）徐松辑：《宋会要辑稿》第63册《职官六》之四六，影印本，中华书局1957年版，第2519页。

的设置可以例作为依据。

第二，官员人数。

　　（淳化）三年七月三十日，峡路转运使崔迈言："川峡之民好讼，皆称被本州抑屈。又阙官抽差，乞今后如非疑狱及不关人命，只依元敕行遣，减去同共勘断二人，仍乞县令之中容选清强差使。"诏逐路转运司今后应勘事，只差勘官一人。如公案了当，依旧例请录问官、检法官一员。或有大段刑狱公事，临时取旨。[1]

这里差派录问官、检法官各一人，是按照"例"的内容确定的。

第三，任官的资格。

　　英宗治平元年十二月，以实录院检讨官、集贤校理宋敏求，诸王府记室参军、直集贤院韩维，并同修起居注。初，修注员阙，中书进敏求及集贤校理杨绘。英宗问修起居注选何等人，宰臣对例以制科进士高第与馆职有才望者兼用。[2]

按"例"，只有"制科、进士高第与馆职有才望者"才能修起居注。

第四，选试的方法。

　　（至道）三年四月，以工部郎中、史馆修撰梁周翰为驾部郎中、知制诰。故事，入西阁皆中书召试制诰三篇，二篇各二百字，一篇百字。惟周翰不召试而授焉，其后薛映、梁鼎、杨亿、陈尧佐、欧阳修亦如此例。[3]

这里实际上有两个"例"，一个是按照考试的办法选拔的故事，一个是直接任命的"例"。

---

〔1〕（清）徐松辑：《宋会要辑稿》第 167 册《刑法三》之五一，影印本，中华书局 1957 年版，第 6602 页。

〔2〕（清）徐松辑：《宋会要辑稿》第 58 册《职官二》之一三，影印本，中华书局 1957 年版，第 2378 页。

〔3〕（清）徐松辑：《宋会要辑稿》第 63 册《职官六》之六五，影印本，中华书局 1957 年版，第 2529 页。

第四，官职的除授。

> （熙宁）八年二月三日，司勋员外郎崔台符言："准诏删修《军马司敕》。勘会《嘉祐编敕》，时有枢密使田况提举。今来置局，稽考旧例，即未有枢臣总领。伏缘军政事重，上系国论，顾非臣等浅见寡闻敢颛笔削，欲望检详故事，特命典领。"诏枢密使陈升之提举。[1]

被任命提举的官员感到所修"军马敕例"事干重大，需要枢密使直接提举，但检寻旧例，发现并没有枢密使直接提举的情况，还是恳请皇帝任命枢密使直接负责。

> （淳熙）七年六月十三日，诏监司、郡守："应所属官吏或身有显过而政害于民者，即依公按刺。或才不胜任而民受其弊者，亦详其不能之状，俾依近例，改授祠禄，不得务从姑息，致有民讼，方行按刺。若廉察素明而的知其兴讼不当者，则当为白其是否，以明正其妄诉之罪，不得一例文具举觉。"[2]

宋代从神宗开始除授祠禄官，一般是用来对有过错的官员进行贬责处罚，到了南宋，除授的规则也是要依例施行。

此外，《建炎以来朝野杂记》还收录了两则特殊身份人员除授官职的情况，皆以例称，在此摘录备考：

> 皇子除官例：祖宗故事，皇子初除防御使。太祖第二子及英宗初为皇子并除防御使，太宗以后，或封王，或封国公。……其间亦有封郡王、郡公者……神宗诸子，初除皆节度使，封国公，稍迁郡王，加平章事，平章事，今开府仪同三司。至出阁封王，则始兼两镇，加司空，后皆因之，……今上自安丰军节度使，亦拜少保，封嘉王，盖重长嫡也，视祖宗时，恩数为优云。

---

〔1〕（清）徐松辑：《宋会要辑稿》第 164 册《刑法一》之九，影印本，中华书局 1957 年版，第 6466 页。

〔2〕（清）徐松辑：《宋会要辑稿》第 164 册《刑法三》之三六，影印本，中华书局 1957 年版，第 6595 页。

　　亲王赠官例：旧制，皇子皆赠三师二令，元丰改官制，以侍中、中书、尚书令为三省长官，不为赠典。乾道中，正丞相官名，削侍中、二令之位，……[1]

　　第五，与官员任免有关的还有其荫补的待遇。

　　（嘉祐）八年十月十九日，中书门下言："旧制：堂后官至员外郎依旧供职，至景祐初，令至员外郎与外任。缘堂后官未作提点，皆不愿出，遂以所当转官为子孙求恩泽，至今为例。今欲转至员外郎者令依旧供职，更不许求恩泽。所有五房提点例虽次补，亦合择材。今后如任内职事修举，年满日即依旧推恩任子；如弛慢不职，即不候年满，止与堂除知州出外。"从之。[2]

　　从中可见，堂后官升至员外郎后本可至地方任职，但由于品级不足以称为长官，所以都不愿外补，转而请求将自己的职务转化为子孙的荫补，成为"例"。

　　除了一般官员，皇亲国戚的荫补更是以"例"为准，《龙川略志》记载：

　　上纳后礼毕，三省具景祐元年十二月慈圣入宫故事，章献、章懿、章惠三家近亲李用和、刘从广、杨景宗改官移镇故事，今高氏、向氏、朱氏皆合以故事加恩。……旧例，两宫及太妃合皆当推恩亲族，今若先推恩伯材，恐成重复，乞且留竢。诏可。至是宣谕纳后，既不加恩外家。……皇后诸亲，将来年例恩典，目可渐及也。[3]

　　从中可以看出皇帝纳后完毕，皇后家人授予高官或者升官是历朝的做法，而且两宫及太妃的亲族也可得推恩，公主出嫁也可推恩至母族亲属，逐年推恩，几乎遍及。

　　第六，官员晋升的程序。

---

　　[1]　（南宋）李心传撰：《建炎以来朝野杂记》甲集卷一二《皇子除官例》，中华书局 2000 年版，第 235~236 页。

　　[2]　（清）徐松辑：《宋会要辑稿》第 60 册《职官三》之二五，影印本，中华书局 1957 年版，第 2410 页。

　　[3]　（北宋）苏辙撰：《龙川略志》卷六《皇后外家皆当推恩》，中华书局 1982 年版，第 33 页。

《建炎以来系年要录》中有数篇直接是以"某某例"为名，其内容均是官员迁转程序、晋升途径的规定。

卷一二甲集《减举吏员》记载（题目后小字为《馆学改官例》）：

> 近制选人实历十二考者，减举主一员。先是，绍兴二十九年七月，敕令所删定官嘉兴闻人滋请岁于改官员中差减员数，以待实历十考举主不及格之人，庶抑贪冒而养廉洁。上命给舍议之，洪景严、张安国言此法一开则选人不出十余年坐至京秩，乃止。隆兴初始举行之，旧举主须员足乃以其牍上，若将举物故或罢免则不计，故有得荐牍十余而不克磨勘者。淳熙中始有逐旋放散之令，人皆便之。隆兴元年三月己酉诏选人十二考无赃私罪者减举主。

卷一一乙集《使相以上封国例》，罗列了高级官员封国公的一般惯例。

> 故事，使相以上封国公者，先小国，经恩升次国，又经恩升大国，若孝宗初政，张忠献以特进国公，拜少傅江淮宣抚使，封魏国公，官爵皆进二等，盖殊命也，近岁，史丞相以敕局进书，恩自永国径封鲁国公，亦异数。

卷一四乙集《宗室锁厅出身转官例》：

> 凡宗室锁厅得出身者，京官进一官，选人比类循资，无官应举得出身者，补修职郎，即濮秀二王下子孙中进士举者，特更转一官。

《癸辛杂识》还记录有这样一则事例：

> 沈夏，德清人，寿皇朝为版曹贰卿。一日登对，上问版曹财用几何？合催者几何？所用几何？亏羡几何？夏一一奏对讫，于所佩夹袋中取小册进呈，无毫发差。上大喜，次日问宰臣曰："侍郎有过政府例否？"梁克家奏云："陛下用人，何以例为？"遂特除佥书枢密院事。[1]

---

〔1〕（南宋）周密撰：《癸辛杂识·别集下》，载（清）纪昀等编：《影印文渊阁四库全书》第1040册，我国台湾地区"商务印书馆"1986年版，第154页。

沈夏原是户部侍郎，由于对本部事务了如指掌，皇帝十分赏识欲予提拔，想让他前往枢密院任职，但此时皇帝首先想到的是，让侍郎到枢密院任职是否有先例，虽然最终对其进行了任命，但仍然可见在官员人事任命的问题上，例的作用是不可小觑的。

除了官职的除授迁转升降之外，官员的俸给待遇等也有例。

> （宝元二年）三月二十三日，左司谏、直集贤院韩琦言："在京故将相、两地、戚里、近臣之家，例合占留六军兵士，枉破衣粮，永为私家仆隶，但资冗食，久妨军役，乞定夺省。"诏依奏。[1]

高官依例可以占用六名军人作为仆从，而且资费均由国家承担，韩琦认为不合理，要求废除。

《庆元条法事类》还记载：

> 诸请给粮院审失点检，致误支钱物者，各杖八十，累五百贯，杖一百，命官降半年各例。[2]

从中可见，这里官员的薪酬也被称为"例"。

宋代有以减官员转官、磨勘年数作为奖励的做法，而此种奖励的尺度也可以作为以后的范例被参照施行。

《宋会要辑稿》记载：

> 崇宁四年闰二月六日，诏开封府狱空，王宁特转两官。两经狱空，推官晏几道、何述、李注，推官转管勾使院贾炎，并转一官，仍赐章服；法曹曾谔转一官，减二年磨勘；仓曹杨允、户曹刘浞、兵曹陆偕、士曹张元膺，各减三年磨勘；军巡判官贺项、张华、孙况、张必，检法使臣李宗谨、程谅，各转一官，减二年磨勘。一经狱空，推官曹调赐金紫，工曹王良弼转一官；司录卆士高减二年磨勘，候叙用了日收使；检法使

〔1〕（清）徐松辑：《宋会要辑稿》第165册《刑法二》之二四，影印本，中华书局1957年版，第6507页。

〔2〕（南宋）谢深甫等纂修：《庆元条法事类》卷三二，载《续修四库全书》编委会编：《续修四库全书·史部·政书类》第861册，上海古籍出版社2002年版，第410页。

臣刘禹臣特与转一官，减二年磨勘。〔1〕

随后的记载：

> （大观）元年九月二十九日敕，检会大观元年八月刑部、大理寺断绝狱空，未曾推恩。……诏依崇宁四年例减半推恩，内周泽、商守拙各与减二年磨勘，王依、林渊比类施行，大理寺卿马防、少卿任良弼各转一官。

可见前度推恩的做法被用于规范后事。

此外，前述所引《翰苑遗事》中关于"降麻事例"的内容，其实也是关于官员晋升时的恩赐褒奖的内容。

除了褒奖之外，还有关于处罚官员的"例"。

《春明退朝录》就记载了一种处罚标准：

> 又曰：罚俸例，一品八贯，二品六贯，三品五贯，四品三贯五百，五品三贯，六品二贯，七品一贯七百五十，八品一贯三百，九品一贯五十。〔2〕

这是直接以"例"为名的法条，细致规定了各品级官员罚俸的标准。

除了对于官员的赏赐奖励之外，对于一般军士也会有赏赐之"例"，下面就是一则在检阅军队之后例行奖赏的事例。

> 大阅者，真庙景德初，以契丹将犯塞始行之。高宗建炎中，尝谕吕忠穆、张忠献二公，欲讲其礼。后以避狄不果行。隆兴二年五月，孝宗将阅武于近郊，既涓日矣，会雨作而止。乾道二年十一月始幸白石教场，上登台，亲御甲胄，指授方略，命殿前、马、步三司合教为三阵。戈甲耀日，旌旗蔽野，师众欢呼，坐作击刺无不中节。上大悦。四年十月，又大阅于茅滩。时冬日可爱，士民观者如堵。权主管殿前司公事王逮因

---

〔1〕（清）徐松辑：《宋会要辑稿》第 168 册《刑法四》之八六，影印本，中华书局 1957 年版，第 6664 页。

〔2〕（北宋）宋敏求撰：《春明退朝录》卷下，载（清）纪昀等编：《影印文渊阁四库全书》第 862 册，我国台湾地区"商务印书馆"1986 年版，第 524 页。

奉觞称寿，上嘉奖之，加赐诸军中金四十镒钱，十余万缗。淳熙四年十二月，又大阅于茅滩，十年十一月又大阅于龙山。皆用此例。[1]

## 四、财政税赋

第一，专卖方面的"例"。

宋代对于茶、盐、明矾等特殊物资都有禁榷专卖的规定，一方面是为了增加财政收入，另一方面也是防止物资流入辽、金等敌国。宋代为此设置了繁复的规则，其中就有许多相沿成例的情况：

> （嘉泰四年）五月十六日，臣僚言："牛皮筋角惟两淮荆襄最多者，盖其地空旷，便于水草，其民用之不恤，所以多毙。姑以臣前任安丰一郡言之，每岁官收皮角不下千余件。寻常皆系奸民计会所属估卖，却行转卖与北人。盖缘州解至临安，重有所费，而不解发者，省部未尝稽考。……欲仿铅矾乳香体例，从杂卖场量立数目给官引，随胶鳔翎毛拨付沿边州郡，置历给卖。其无官引者不许过江，沿路觉察，并同贩铅矾之法而加严焉。如此则奸民无所容其计矣。"从之。[2]

这里就是对于牛皮等物资的规定，考虑到产地路途遥远，转运不便，但不加管理又容易流入敌国成为对方的军备物资，所以就参照铅矾乳香等物资的做法，用官引的方法发动当地百姓自行输送到边境用于军备。

第二，在工程营造方面的"例"。

> 诸司造船，吏胥缘为盗，每造七百料船，率破钉四百斤。曾处善为某路转运使，偶见破舰一，阁滩上，乃遣人拽上以焚之，人亦不测其意。既焚，得钉二百斤，于是始知用钉之实。朝廷于是立例，凡造七百料船，给钉二百斤，自处善始。[3]

---

[1]（南宋）李心传撰：《建炎以来朝野杂记》甲集卷三《大阅》，中华书局2000年版，第95页。

[2]（清）徐松辑：《宋会要辑稿》第166册《刑法二》之一三四，影印本，中华书局1957年版，第6562页。

[3]（南宋）施德操撰：《北窗炙輠录》，载（清）纪昀等编：《影印文渊阁四库全书》第1039册，我国台湾地区"商务印书馆"1986年版，376页。

为了防止官员从造船工程中贪污营私，政府不得不直接设例规定造船用钉的数量。

《包孝肃奏议》中也记载：

> 臣伏睹近降勑，命商胡口只候来年秋修塞，合要物料令三司检会天禧年修河体例。[1]

从中可见，修塞所用物料要按照天禧年的体例。

第三，赋役方面的"例"。

《名公书判清明集》记载了一则名为"走弄产钱之弊"的案件：

> 当职昨来定差石才承替第九都周资谋役次，其石才不肯责认入役，致蒙县衙再委勘定。今契勘石才所以不肯责认入役之由，其意盖谓义役关约，都例产钱至一贯者合当充役，本部户税数计一千一百六十二文，昨将原买来陈某土名某处田若干亩，卖与韩伯玉，欲得除豁此项产钱，则户下税数不及都例，庶几可以苟免应役。[2]

其中提到的"都例"，其实是关于认定资财是否应当充役的标准，是惯常适用的规则。

与以上类似的，对于犯罪人员计赃的折算标准也有"例"，《宋会要辑稿》有两则史料记载：

> 大观元年闰十月二十日，诏："计赃之律，以绢论罪，绢价有贵贱，故论罪有重轻。今四方绢价增贵，至两贯以上，而计绢之数独循旧例，以一贯三百足为率。计价既少，抵罪太重，可以一贯五百足定罪。"[3]
>
> 高宗建炎元年六月七日，大理正、权尚书刑部郎中朱端友言："看详见今犯罪计绢定罪者，旧法以一贯三百足准绢一匹，后以四方绢价增贵，遂增至一贯五百足。州县绢价比日前例皆增贵，其直高下不一……。"诏

---

〔1〕（北宋）包拯撰：《包拯集》，黄山书社 1989 年版，第 187 页。

〔2〕（南宋）幔亭曾孙编：《名公书判清明集》卷三《走弄产钱之弊》，中华书局 1987 年版，第 80~81 页。

〔3〕（清）徐松辑：《宋会要辑稿》第 164 册《刑法三》之四，中华书局 1957 年版，第 6579 页。

自今计绢定罪，并以二贯为准。[1]

计绢论价之法是按照"例"来计算的，大观年间有旧例，一匹定为一贯三百足，当时认为不合理，所以调整上涨至一贯五百足。这一规定到了南宋初年，已经是成例了，但当时物价又发生了变化，所以调整为二贯当一匹。

## 五、节庆礼仪

如前所述，"例"与汉以来的故事有着很深的渊源，一些学者认为，汉代的故事涉及面广泛，到了隋唐时期，故事的地位逐渐被"例"所取代，而故事的适用范围逐渐退缩到了礼仪制度方面。[2]我们查看宋人的史料发现，宋代的"例"也适用于礼仪制度领域。

> （熙宁）四年十一月十二日，太子中允、充崇政殿说书王雱言："差押赐父安石生日礼物，勘会自来押赐例，有书送人事，赴阁门缴书，申密院取旨，密院出札子许收，兼下牓子谢恩。缘父子同财，礼无馈遗，取旨谢恩，一皆伪作。窃恐君臣、父子之际，为礼不宜如此。欲乞今后应差子孙弟侄押赐，并不用此列。"从之。[3]

这是关于赏赐过程中押赐流程的规定，其有固定的规程，并有"例"可循。但这次是由王安石的儿子来押送，如果遵循旧例，又于礼有违，不宜施行，但既然有例在前，如不遵行也要专门奏请。

> （淳熙十六年）二月七日，礼、刑部言："将来遇丁卯皇帝本命日，依例合禁屠宰、禁刑。"从之。[4]

这又是关于节庆期间不允许屠宰和行刑的"例"，虽规定在刑法部分，但也属于礼制范畴。

---

[1]（清）徐松辑：《宋会要辑稿》第 167 册《刑法三》之五，中华书局 1957 年版，第 6580 页。
[2] 参见杨一凡、刘笃才：《历代例考》，社会科学文献出版社 2012 年版，第 67 页。
[3]（清）徐松辑：《宋会要辑稿》第 165 册《刑法二》之三四，中华书局 1957 年版，第 6512 页。
[4]（清）徐松辑：《宋会要辑稿》第 166 册《刑法二》之一二三，影印本，中华书局 1957 年版，第 6557 页。

宋人也有引用故事来规范礼仪的：

> 诏凡宰相召自外者，令百官班迎之；自内拜者，听行上事仪。国朝宰相盖有故事，其后多承例辞免。至是，文彦博、富弼入相，御史梁倩请班迎于国门，范师道又请行上事礼，然亦卒辞之。[1]

这里说的是任命宰相之后的百官迎接礼仪，以往的情况都是需要迎接的，但后来又以辞免为例。比较本条中同时出现的例和故事，参照上述的各条史料可见，适用故事和"例"并没有明显的区别，可以说在礼制方面，故事和"例"基本相当。

这些关于礼仪的"例"是以什么形式存在的呢？我们现在能够看到一些以"例册"为名的礼制汇编。另外有史料显示，这些例也可能是以具体事例的形式被记录的。比如《春明退朝录》记载：

> 皇祐二年七月，李侍中用和卒，诏辍视朝。下礼院乃检会李继隆例，院吏用印纸申请，自二十一日至五日辍朝。而二十四日太庙孟飨，在辍朝之内。同知院范侍郎镇引《春秋》仲遂卒犹绎，请罢飨。判寺宋景文以日遽，集议不及，止之。……见大中祥符三年四月敕，石保吉卒，辍四日、五日、七日朝三日，其六日，太庙孟飨，已是大祠，不坐。又二十六日，宣祖忌，行香奉慰，予时同知院，欲请移辍二十七日朝，判寺王原叔言与申请反复，……[2]

宰辅去世，皇帝要停止上朝听政以示悼念，具体的时间期限要依靠查找以往李继隆时的情况作为先例来确定，此处检会所得的必然是具体的事例，而非抽象记录的起止时间，否则不必再引李继隆的名字，由此可见这里的"例"是以具体事例的方式存在的。

在宋人关于礼制的"例"中，还有非常重要的一类，这就是与周边少数民族国家交往过程中的礼制。

---

[1] （清）徐松辑：《宋会要辑稿》第58册《职官一》之七六，影印本，中华书局1957年版，第2367页。

[2] （北宋）宋敏求撰：《春明退朝录》卷中，载（清）纪昀等编：《影印文渊阁四库全书》第862册，我国台湾地区"商务印书馆"1986年版，第519页。

《建炎以来朝野杂记》中详细记载了南宋迎接金国使臣的礼仪的《北使礼节》一文：

> 北使至阙，先遣伴使赐御筵于班荆馆，在赤岸去府十五里。酒七行。翌日登舟至北郭税亭，茶酒毕，上马入余杭门，至都亭驿分位，上赐被褥、纱罗等。……天凡到阙、朝见、燕射、朝辞，密赐，大使共得中金千四百两，副使八百八十两，衣各三袭，金带各三条，都管上节皆银四十两，中、下节皆三十两，衣一袭，涂金带副之。迄今并循此例。[1]

这段记录罗列的大量繁杂的礼仪全部是作为"例"被沿用下来的。其内容实际上类似于我们今天的外交礼仪，这类"例"的特殊性在于它不是宋朝政府自行制定的规则，而是经过双方协调一致认可的实践做法，其作为惯例的性质更强。

从史料来看，金人在接待宋人使节的时候也有相应的礼节，也被称为"例"。

> 思陵之丧，北人来吊，京仲远以中书门下省检正诸房公事充报谢使，步军司计议官刘瑞仁副之。仲远至汴京，北人有例赐宴。[2]

从中可见，当京仲远前往当时已被金人占领的汴京以答谢金人对高宗的吊唁时，金人也有赐宴的例，虽然这则史料没有上一节内容详细，但可以猜测其间的礼节与上述宋人对金人的礼节是相当的，具体内容必然是为两国相互平衡设定的。

这里还有一则与宋金交兵时的事例颇耐人寻味。

靖康之变时，金人派遣张邦昌如汴京。

> 三月初一日，金人告投军中，欲遣张邦昌入城。御史台检准故例，宰相入城，合迓于门。[3]

---

〔1〕　（南宋）李心传撰：《建炎以来朝野杂记》甲集卷三《北使礼节》，中华书局2000年版，第97页。

〔2〕　（南宋）李心传撰：《建炎以来朝野杂记》乙集卷一二《京仲远将命执礼》，中华书局2000年版，第698页。

〔3〕　（南宋）丁特起撰：《靖康纪闻》，载《丛书集成初编》，商务印书馆1939年版，第40页。

当时，金人已经于二月立张邦昌为大楚皇帝，三月一日遣其入城，是要他在汴京称帝。但此时其入城仍然要依照相关的礼仪，到底是作为什么身份入城，需要当时留在汴京的宋朝政府作出决定，最终，御史台搜检了以往的事例，确定其应当按照张邦昌作为宋朝宰相的身份入城，按照以往的惯例，百官至城门迎接，在这种天下大乱、江山风雨飘摇之时，宋人仍要检例而行。

### 六、行伍军备

还有一类"例"的内容是关于军备方面的。

《临汀志》记载：

> 宝祐五年，安抚司备枢密院行下：据邵武军建宁县士庶乞照乾道间例，差拨汀州左翼军五十人、将官一员前来驻扎安抚。[1]

从中可见，建宁县的百姓要求在本地驻军五十人，而来源是汀州，其要求的依据就是在乾道年间有例如此。可见即使在军队部署人数和来源上，都有依例行事的现象。

除军队调动之外，还有军备物资方面的内容，这就涉及"例物"的概念。

> 英宗治平元年二月，枢密院言："请河北、河东、陕西就粮禁军年五十以上者，子孙、弟侄、异姓骨肉年三十以下，虽短本指挥等样一两指，但壮健任征役之人，许以为代。无亲戚，即召外人为代，皆不支例物。即虽年五十以上，无病，乐在军者，射弓七斗、弩两石，听依旧。"从之。[2]

"例物"就是针对军人发放的物资配给，这里是说年老禁军可以找亲属或招外人代替，但朝廷不再另发"例物"。与"例物"相关的史料还有下面一则，从中可窥见"例物"的详情：

---

〔1〕（南宋）胡太初撰：《临汀志》，见马蓉等：《永乐大典方志辑佚》，中华书局2004年版，第1337页。

〔2〕（清）徐松辑：《宋会要辑稿》第171册《刑法七》之一一四，影印本，中华书局1957年版，第6740页。

　　（天圣）七年，审刑院、大理寺言："准敕，定夺军人随身装着衣物与军号法物，立定名目，开坐闻奏。寺司检会前后条贯，并无诸军军号与随身装著名件明文。寻牒殿前、侍卫马步军司，会问到诸军兵士合属军号与随身装着衣物名件。……旧例自初伏班时请到例物银束带各一条，至出职及转班，并随身带去。内有病死者，亦付本家。若正身犯事该决配已上罪，即例纳官。其诸班直锦袄子、背子、银鞍辔，步人御龙四直浑银度金腰带、锦袄子、背子、皂罗真珠头巾及旗号等，并系仪注物色……。"〔1〕

　　这是一条关于军队衣着器物的记录，后半段中提到了"例物"银束带，这里的"例物"就是惯例必须发放作为"仪注物色"的东西，对于这类东西的处理有例规定，不得随意变卖。更加值得注意的是，在该段的开头，审刑院和大理寺希望确定军人衣着器物，但最后发现居然没有任何法条有明确的记录，最后的做法是让各个部队自行上报实际衣着器物情况，然后反过来统计。由此推断，在这之前，宋代军队的衣着器物都是参照既有穿着的情况，并没有成文的规范，实际上就是一种依例处理的情况，反过来这次编修确定的过程是对实践中的惯例固定成文化的过程。

　　军队统辖也可参例实施：

　　（熙宁）三年三月十四日，诏诸厢军指挥兵士依禁军例，分五都管辖。〔2〕

　　众所周知，宋代军队分为厢军和禁军，分五都管辖本是禁军的做法，此处厢军也可以禁军的做法为例，分五都管辖。

　　实际上，不但军队统辖有引例行事的情况，行军路线也有引例为据的情况：

　　（建炎三年）九月十五日，诏诸军擅入川，依军法。（以下原文小字）以利州路转运司言："兴州准辛企宗牒，先得旨发送行在，带领家属

　　〔1〕（清）徐松辑：《宋会要辑稿》第 171 册《刑法七》之九，影印本，中华书局 1957 年版，第 6738 页。

　　〔2〕（清）徐松辑：《宋会要辑稿》第 171 册《刑法七》之一六，影印本，中华书局 1957 年版，第 6741 页。

人马经由本路兴、洋等州前去。缘本司不曾承准关报，本官特带人马已入界前来，窃虑陕西将兵援例入川，不唯侵耗岁计，万一本司应副不前，以致生事。乞立法约束。"有旨，令枢密院立法，至是上言。〔1〕

这里利州路转运司提出，将领辛企宗提出要求通过利州路下辖的兴州、洋州进入四川，转运司担心一旦同意之后，所有的部队都会依此为例，参照这一路线行军，通过利州入川，这样将给当地带来许多麻烦，希望朝廷能够约束。足见行军的路线规划也可以循例行事，且一旦成例，地方官员是无力阻止的。

最后一种是军队参与行政事务时的行动规范。

（绍兴二年）七月二十七日，臣僚言："今来车驾驻跸临安府日，近府城遗火，诸军以救火为名，持刃乘闹，公然抢夺钱物。乞今后遇有火，依京城例，止许马、步军司及临安府兵级救扑。仍预给色号、常切准备外，其余诸军并不许辄离本寨。仍委统兵官钤束，犯人重作行遣。若临时御前处分，差殿前司官或搭财兵级或神武统制下一军同共救扑。"从之。〔2〕

从中可见，军队负有救火职责，但对于哪些部队能够参与，是有限制的，这里的京城例就是汴京时"止许马、步军司及临安府兵级救扑"的做法，到了临安文一做法被引为依据。

## 七、地方民间"私例"

上述的"例"多是国家政府层面和全国范围内的例，下面的则是地方和民间自行生成的"例"：

（庆历）三年七月二十七日，臣僚上言："益州每年旧例，知州已下五次出游江，并山寺排当，从民遨乐，去城稍遥。窃以军资、甲仗、钱

---

〔1〕（清）徐松辑：《宋会要辑稿》第171册《刑法七》之三三，影印本，中华书局1957年版，第6750页。

〔2〕（清）徐松辑：《宋会要辑稿》第171册《刑法七》之三三，影印本，中华书局1957年版，第6750页。

帛、军器、法从以至粮仓、草场等库藏，须藉官员在城管勾，欲乞下本州，今后遇此筵设，更互常轮通判、职官各一员在州照管，及提举监官专防守仓库。"从之。[1]

这里可以看出，益州本地的知州每年要游江五次，这显然是益州一地的做法。但由于其已经成为惯例，因此这次臣僚上言的只是要求在出游时有妥善的制度保管仓库物资。除了地方的惯例之外，还有民间的惯例，这些惯例甚至有时与国家的规定相悖。

> （嘉定）六年十二月六日，臣僚言："陛下尝降御笔，官民户造屋一遵制度，无事华饰。今都城内外多建大第，杰栋崇梁，轮奂相高。至于释老之宫，峻殿邃合，僭拟莫状。此土木奢僭之弊也。陛下亦尝降御笔，销金铺翠不许服用，令有司检照条令，申饬中外，务在必行。今禁防既宽，销金日盛，什物器用、燕羞果核，无一而不施金。此销金奢僭之弊也。……仍风厉中外，率循礼范，以为民则，共革奢僭之俗，助成殷富之风。"从之。[2]

从中可见，国家有敕令禁止滥用金饰和奢靡的风气，但是百姓和官员有"循例过数"的情况，这里的过数显然是超出了法规的限制，而且这个过数还是"循例"的过数，也就是按照某种惯例标准的过数，这种标准显然就是民间的例。

## 八、关于宋例的分类方式

在这一章中，我们分门别类地罗列了宋例涉及的内容，需要说明的是，这些内容并不是对宋例的分类，我们也尽量避免了使用"司法""行政"等字眼来命名这些内容。实际上，如何对宋例进行分类是宋例研究中无法回避的问题，现有的研究大部分直接使用古籍中的断例、条例、则例、格例等名称对其分门别类地予以叙述。同时，学者们仍然试图在这些古人的概念之间寻

---

[1]（清）徐松辑：《宋会要辑稿》第165册《刑法二》之二六，影印本，中华书局1957年版，第6508页。

[2]（清）徐松辑：《宋会要辑稿》第166册《刑法二》之一三八，影印本，中华书局1957年版，第6564页。

找共生和差异，以进行归类和区分。比较常见的做法就是将宋例划分为行政例和司法例两大类[1]，一般将条例、则例、格例等归为行政例，而将断例归类为司法例。

诚然，分类是学术研究的重要方法，而分类的主要目的是对研究对象的特性、构造有一个更加细致明确的认识，所以分类是研究的手段，而非目的。一种分类法是否正确有效，要看其是否有助于我们正确认识研究对象。回到对于宋例的研究中，行政、司法例的两分法对于我们正确认识宋例是否有帮助呢？这个问题需要细致分析。

首先一点，要用行政、司法的两分法对宋例分类，就要明确区分一个问题，何为行政？何为司法？实际上这一问题已经大大超出了法史学这门学科的研究范围，涉及了宪政和法理等相关学科的内容。法史学科使用这两个概念时往往并不深究，区分的标准也比较模糊，一般以适用的对象、涉及事务的内容、适用的官司性质等为标准进行区分，但是在标准模糊的情况下所作的分类，其结果也会产生问题。

第一，以适用对象来划分。比较常见的一种观点认为，针对官吏的事务就属于行政管理事务，所以相关的"例"就是行政例。比如有的论文中，提到了秦代"廷行事"，将其作为宋例的前身。对《睡虎地秦墓竹简》考古资料进行梳理后，提出其中所见处理官员的数条都是"行政例"，而其他一些民刑事案件的处理，就相当于"司法例"。这实际上就是以处理官员的特定身份为标准进行的划分。那么我们就将处理官员的条文和一般民刑事的条文进行对比。比如"实官户关不致，容指若抉，廷行事赀一甲"，"实官户扇不致，禾稼能出，廷行事赀一甲"。[2]是处理仓库官吏失职的规定；而"告人盗百一十，问盗百，告者可（何）论？当赀二甲。盗百，即端盗驾（加）十钱，问告者可（何）论？当赀一盾。赀一盾应律，虽然，廷行事以不审论，赀二甲"。[3]则是针对控告不实者的处罚。从二者的处罚方式来看，都是"赀二甲"，从后者的对象来看，显然包括所有实施该行为的人，按我国的现代刑法

---

[1] 杨一凡、刘笃才所著《历代例考》对于宋例中条例的描述，就基本将其界定为"行政领域诸方面的规范"（参见该书第110页），上海师范大学李云龙的硕士学位论文《宋例研究》则完全按照司法例和行政例类别对宋例进行了分类，并以此分别论述。

[2] 睡虎地秦墓竹简整理小组：《睡虎地秦墓竹简》，文物出版社1990年版，第128页。

[3] 睡虎地秦墓竹简整理小组：《睡虎地秦墓竹简》，文物出版社1990年版，第102页。

理论，被称为"一般主体"；前者则是负有管理职责的人员，被称为"特殊主体"。那么能不能因为前者是特殊主体，而后者是一般主体，就影响了条文的性质呢？按照现代法制的逻辑当然是不行的。就如同诬告陷害要根据刑法处罚，同时贪污贿赂和渎职犯罪在刑法中也设有专章，都是司法审判的对象，性质上没有区别。将廷行事中涉及官员的内容划为行政例的论者还提出，针对官员与一般司法案件无涉，仅仅出于上级指示[1]，所以区别于司法例。对此观点，第一，廷行事是记录在"法律答问"部分，而这部分只是对处理结果的实体问题的记录，从中看不出两类廷行事的适用的程序。第二，从常见的史料来看，也无法断定秦代对官员的处罚是独立于司法审判，全由上司断定。以堪称秦朝第一大案的李斯案来说，在位系昏君二世，当朝系奸佞赵高，且案件本质完全是政治倾轧，但仍然需要先将李斯"属郎中令"，再由赵高"案丞相狱"，"榜掠千余"迫其"自诬服"，最后还有"御史、谒者、侍中，更往覆讯"。[2]我们从中是看不出针对官员的处罚全是由上级一口断定的，所以，按照处理对象来划分司法、行政的标准是有问题的。

第二，以处理事务的内容来划分。有些观点认为应从处理事务的内容角度来区分司法与行政，但古代本身就行政司法不分，称"政"的未必不涉"法"，言"法"的大多及于"政"，如果单从字面区分，很可能犯错。比如，有的研究在谈到"故事"的时候，认为"故事"基本属于行政例，并引用了《魏书·郭祚传》的内容："祚达于政事。凡所经履，咸为称职。每有决断，多为故事"。[3]这里是以郭祚"达"的是"政事"，所以，推论他所留的故事就是行政例，但是我们细看《魏书·郭祚传》，其中唯一详细记录的他的一件"政"绩是：

> 世宗诏以奸吏逃刑，悬配远戍，若永避不出，兄弟代之。祚奏曰："慎狱审刑，道焕先古；垂纪设禁，义纂惟今。……若法猛而奸不息，禁过不可永传，将何以载之刑书，垂之百代？若以奸吏逃窜，徒其兄弟；罪人妻子，复应徒之。此则一人之罪，祸倾二室。愚谓罪人既逃，止徒妻子，走者之身，悬名永配，于昚不免，奸途自塞。"诏从之。

---

[1]　李云龙："宋例研究"　上海师范大学 2014 年硕士学位论文，第 7 页。
[2]　《史记》卷八七《李斯列传》，中华书局 1959 年版，第 2561 页。
[3]　《魏书》卷六四《郭祚传》，中华书局 1974 年版，第 1423 页。

可见郭祚的建言是犯罪官员逃逸之后，不应当由其兄弟代为服刑。如果单从内容来看，这完全是关于刑罚执行的方法，属于现代司法事务的范畴。

实际上，对于按照内容标准来区分古代司法、行政事务的困难，相关研究已经注意到了。美国学者马伯良在研究宋代法律时使用了"判例"一词，但其意义不像现在这样限于刑事司法甚至司法，其谈及的内容包括民事诉讼、一般行政管理、礼仪制度、邮政管理、刑法。[1]马伯良之所以没有按照行政司法的类别进行分类，就是因为史料中反映出，一般常用来指称司法例的判例其实包含多重内容，其中很多会涉及现代意义上的行政事务，以及超出一般行政事务范围之外的礼仪制度、邮政管理制度。马伯良在这里的讨论还没有涉及财政和经济事务，按照现代的概念，这类事务归于经济法领域，而不并入行政范畴，这样一来又出现经济财税例。这样一来，行政司法两分法显然都不够用了。

第三，按照适用的官署来划分，即是司法机关适用的就是司法例、行政机关适用的则是行政例。对于这一标准，且不说古代政府结构中是否能区分行政机关和司法机关，即使从最常规和机械的角度去认定大理寺、刑部等属于司法机构，也不能简单认为他们所使用的例就是司法例，实际情况要复杂得多。

比如《宋会要辑稿》有记载：

> 左通直郎唐恕言："江湖之上强盗虏劫舟船，间有举船尽遭屠戮，踪迹灭绝，官司无由得知。盖缘刑部久例有获贼盗不知被主姓名，无人照对，则不该推恩。捕盗官司既知无激劝之方，又欲逃捕限之责，为盗者窥知此意，往往杀人，唯恐类之不尽。乞下有司，若强盗案据分明，已经论决，虽无被主照对，其捕盗官司特与依获盗之法推赏。"

> 吏部看详："欲将贼人行劫到财物，无被主照证，不曾经结断，依刑部定例，不许收使酬奖外，有强盗伤人或不曾伤人，赃满各罪至死，如曾经提刑司详覆或朝廷定夺所断，刑名允当，及徒流罪虽不曾经提刑司详覆，如内所招情犯明白，已经论决，欲并许依条推赏。"[2]

---

〔1〕 参见［美］马伯良：《宋代的法律与秩序》，杨昂、胡雯姬译，中国政法大学出版社2010年版，第317页。

〔2〕 （清）徐松辑：《宋会要辑稿》第178册《兵一三》之一四，影印本，中华书局1957年版，第6974页。

有的研究将其中的"刑部久例"作为司法例——断例的一种〔1〕。其中就存在两点问题，第一，"刑部久例"的内容是关于抓获盗贼后，由于不知道受害者姓名，无法核实查验，所以对于执行抓捕的官员也不再奖励。这个内容按照古今的标准，都是官员奖惩规则，属于人事管理的规则，不属于刑事司法甚至司法范畴的事务。就好比现代的检察院虽然主要履行刑事司法职能，但管理检察官所适用的《中华人民共和国检察官法》不属于刑事法律。可见这里名为"刑部久例"的"例"并不是司法例。第二，第二节引用的内容虽然是"刑部定例"，但对其进行讨论和改正的机构变成了吏部。由此说明，在宋代，一方面官署本身的职能分工并不像现代这样界限明确，刑部不但负责司法职能，也负有决定官员奖惩的职责，编敕等法规的编纂工作也多由刑部参与负责，实际上是司法行政立法三方面职能的兼具。另一方面，针对同一事务，许多官署都有参与权，所以引文中出现了吏部对"刑部定例"的讨论。在这样的情况下想要以官署为标准去划分例的性质也就不可能了。

既然上述三方面的标准都存在问题，那么以此划分的司法行政例当然就不够准确了，尤其是将条例、格例等归为行政例的做法，与实际情况不符合。下面试举两例：

一是条例。条例是相对而言最复杂的概念之一，但大部分的研究都习惯于将条例归于行政方面，但是史料中很容易找到反例：

> 真宗咸平元年十二月二十三日，给事中柴成务上《删定编敕》、《仪制敕》、《赦书德音》十三卷，诏镂版颁行。……旧条持杖行劫，得财不得财并处死，张齐贤以为太重，议贷不得财者。齐贤坚执，乃诏尚书省集议，卒用。成务等言："强窃盗刑名比例文用一年半法，及《配军条例》品官犯五流不得减赎，涂名配流如法。臣等详定，并可行用，欲编入敕文。诏诸司使臣至三班吏臣所犯情重者奏裁，余并从之。"〔2〕

这段史料中谈到了《配军条例》，其中的内容涉及品官犯五流不得减赎，这里涉及的是刑罚执行，应当作为司法事务的内容，显然这里的"条例"变

---

〔1〕 李云龙："宋例研究"，上海师范大学 2014 年硕士学位论文，第 59 页。
〔2〕 （清）徐松辑：《宋会要辑稿》第 164 册《刑法一》之二，影印本，中华书局 1957 年版，第 6462 页。

成了司法例。但是如要按照涉及的人员标准划分,认为涉及官吏的规范即行政法的话,那么行政和司法的划分就变成了硬币的正反面,条例的性质也就永远不可能确定了。

二是格例。将格例归类为行政例的学者曾引用了《宋会要辑稿》中的记录:

> 大中祥符五年闰十月三日,户部判官刘锴言:欲乞今后为告敕差敕历子家状点检,除落停殿丁忧假故外,实及年限历子差敕不全少者,便会问审官院,依州县官去失文书格例,召清资官同罪委保以闻。[1]

这里的格例是指什么呢?官员丢失文书在宋代属于什么性质的事务呢?《宋刑统》卷二七《杂律》中的"停留不输军器条"下记载有:

> 诸弃毁亡失及误毁官私器物者,各备偿,谓非在仓库而别持守者,若被强盗者,各不坐不偿,即虽在仓库故弃毁者,征偿如法,其非可偿者,坐而不备,谓符印门钥官文书之类。[2]

可见亡失符印门钥官文书一类的行为也是规定在刑律中的,是作为犯罪处理的。因此,刘锴的奏疏中提到"同罪委保",也就是说,这条格例涉及的是针对犯罪的官员如何处罚的规定,这个格例也是司法例。

综合上面的讨论可见,按照行政司法的类别对宋例进行分类,其结论不能令人满意,实际上所谓的行政例和司法例在很多方面存在着共性。

比如在编修的程序上,宋人并不区分作为"司法例"的断例和作为"行政例"的条例等,其适用的方法都是一致。哲宗元祐元年四月乙未:

> 门下、中书外省言:取到户部左右曹、度支、仓部官制条例,并诸处关到及旧三司续降并奉行官制后案卷、宣敕,共一万五千六百余件。除海行敕令所该载者已行删去,他司置局见编修者各牒送外,其事理未便顺,并系属别曹合归有司者,皆厘析改正,删除重复,补缀阙遗。修到敕令格式一千六百一十二件,并删去一时指挥,共六百六十二册,并

---

〔1〕 参见李云龙:"宋例研究",上海师范大学 2014 年硕士学位论文,第 85 页。

〔2〕 (北宋)窦仪等:《宋刑统》卷二七《杂律》,中华书局 1984 年版,第 442 页。

申明画一一册，乞先次颁行，以元丰尚书户部度支金部仓部敕令格式为
名。〔1〕

这条是关于针对户部施行的相关条例的编修工作的说明，其中值得注意
的是这些条例的编修和"续降""宣敕"等一并进行，适用的编修的方法都是
"厘析改正，删除重复，补缀阙遗"。最终形成的也是合为一部的《元丰尚书
户部度支金部仓部敕令格式》，这些条例的编修程序和方法与"续降"等
无异。

再看断例：

> 臣僚言："伏见近日将绍兴续降重行删修，缘四十年间，前后申请无
> 虑数千，重复抵牾，难以考据。乞且委大理寺官同共看详，先经正、丞，
> 次至卿、少，一如狱案详准，定其可否，类申刑部。"……十一月二十九
> 日，秘书少监、兼权刑部侍郎汪大猷言："切见绍兴以来续降几至二万余
> 条，间见层出，前后舛牾者不可一二数。比因臣僚所请，命刑寺官如断
> 案例以次删修……"〔2〕

这条说的是绍兴年间对于续降的专门编修，其编修的方法是"如断案例
以次删修"，反过来说，断例的编修法和续降是一样的。那么结合上面的三条
史料，条例的编修程序方法同于续降、编敕，而续降、编敕编纂体例是仿照
断例，可见条例、断例的编修程序方法是一致的。对于宋例的编修程序，本
书后面还有专章予以说明，这里只是通过这两条史料举例，说明"行政例"
和"司法例"在编修程序上的一致性。

再比如适用程序上，"行政例"和"司法例"的界限也非常模糊。《长
编》记载：

> 丁卯，光禄寺丞杜纯为枢密院宣敕库检用条例官。先是，诏可专差
> 官一员检用条例，其逐房所呈判检文字，并先送宣敕库贴写条例呈覆，

---

〔1〕 （南宋）李焘：《续资治通鉴长编》卷三七四，中华书局1995年版，第9079页。
〔2〕 （清）徐松辑：《宋会要辑稿》第164册《刑法一》之四九，影印本，中华书局1957年版，第6486页。

故用纯为之。[1]

可见在运用条例处理事务的时候，首先有专人检用条例，各机构对于待处事务作出拟判拟断之后，需要附加依据，这时就需要将检出的条例贴写在处断之后以证明拟作的处断有法可据，有例可循。这里的条例作为行政例，适用时就是遵循"贴例拟断"的程序。

而在断例适用的程序中，"贴例拟进"也是最重要的程序之一，本书在后面也会有专章讨论，在此仅以史料简要说明：

> （淳熙四年）五月二十五日，诏："敕令所参酌到适中断例四百二十件，以《淳熙新编特旨断例》为名，并旧《断例》并令左右司拘收掌管。今后刑寺断案别无疑虑，依条申省取旨裁断外，如有情犯可疑，合引例拟断事件，具申尚书省参照施行。"[2]

可见，刑寺断案时，对于情犯可疑案件的"拟断"是需要"引例"的，也就是将断例作为依据，附在拟断决定之后，这里的做法和前面的行政例没有区别。实际上这种适用程序的相似性是基于唐宋以来形成的一整套政务决策程序，这里虽然表述为政务，实际上是唐宋时期包括皇帝在内的整个中央政府体系处理重要事务的程序，一旦需要上级尤其是皇帝进行决策，下级都需要拟定可能的处断，并附上依据，以奏钞等形式上呈，供上级选择决定。这里的重要事务包括现代意义上的行政和司法事务，所引依据当然也不区分司法例和行政例了。

综上所述，无论按照何种标准将宋例划分为行政例和司法例，结果都可能出现交错和模糊的状况，按照此标准被划分为行政例的宋例，按照彼标准衡量又成了司法例。同时，如果仅从生成编纂的方式和适用的程序来看，所谓司法例和行政例又没有什么区别，那么司法、行政两分的分类法对于研究宋例的意义到底何在呢？

实际上之所以出现上述情况，其根源是对于"行政""司法"的理解问

---

〔1〕（南宋）李焘：《续资治通鉴长编》卷二三〇，中华书局1995年版，第5602页。
〔2〕（清）徐松辑：《宋会要辑稿》第164册《刑法一》之五一，影印本，中华书局1957年版，第6487页。

题。我们现在所沿用的司法、行政等字眼，最根本的来源无疑是西方立法、司法、行政三权分立的观念，这一观念在西方就经历了长期的演进变化。亚里士多德最早提出的模型是将城邦政府的职权划分为议事机能、行政机能、审判机能三部分。〔1〕这就是西方三权分立理论的渊源。经过中世纪的黑暗时期，文艺复兴之后，三权分立的理论在洛克那里成型，洛克首先将政府权力划分为立法权、行政权和对外权。〔2〕而最终完整提出三权分立理论的是孟德斯鸠，他第一次明确将国家权力分为立法、司法和行政三种权力，三种权力授予不同的机关，三种权力彼此独立，相互制衡。〔3〕继孟德斯鸠确立了三权分立理论之后，汉密尔顿将这一理论实践化，他较早地认识到司法权相对另外两权的弱势地位，因为司法部门既无强制力又无意志，只有判断，将判断付诸实行须借助行政部门〔4〕。以上仅对三权分立理论的形成过程进行了最粗线条的描述，但从中就可以发现，所谓的司法、行政界限，本质上是在政府机构中进行的职权划分。正如维尔所说："西方制度史直到 19 世纪末就是政府逐渐演化成三个重大分支或部门的历史。"〔5〕如果说政府职能的划分最终使得三权的界限得以确定的话，那么如果要反过来明确"行政"和"司法"的界限，就只能以行使相应职权的政府机构作为区分的标志，换一个更加直白而机械的方式来表述就是：由司法机关行使司法权所处理的事务，就是司法；由行政机关依行政权处理的事务，就是行政。它看上去就是一个鸡生蛋、蛋生鸡的问题，必须依靠宪法或类似作用的规范性文件明确界定司法机关、司法权、行政机关、行政权，才能真正做出区分。仅仅就事务本身的内容而言，无法判断其具有司法属性还是行政属性。比如上述针对官吏处罚的问题，秦代的廷行事记录了对失职官员的处理方式，本身谈不到属于行政事务还是司法事务，官员作为处理对象虽然属于行政官员队伍，但即使在今天，对于失职的国家机关工作人员的处罚——包括行政人事上的处罚和刑事处罚，前者属于行政事务，后者属于司法事务。区别仅在于前者是由官员所任职的行政机

〔1〕　参见［古希腊］亚里士多德：《政治学》（二），高书文译，九州出版社 2007 年版，第 449 页。

〔2〕　参见［英］洛克：《政府论》（下编），瞿菊农、叶启芳译，商务印书馆 2005 年版，第 47～48 页。

〔3〕　参见［法］孟德斯鸠：《论法的精神》（上册），张雁深译，商务印书馆 2005 年版，第 185～186 页。

〔4〕　参见《联邦党人文集》，程逢如译，商务印书馆 1980 年版，第 444～445 页。

〔5〕　［英］M.J.C. 维尔：《宪政与分权》，苏力译，生活·读书·新知三联书店 1997 年版，第 321 页。

关按照行政处罚的程序做出，后者由司法机关按照司法程序经审判做出。而我们能区分一个失职的国家机关工作人员受到的是行政处罚还是刑事处罚，是因为目前我国法律制度明确区分行政机关、行政处罚程序、行政处罚措施和司法机关、司法审判程序、刑事处罚措施。回到秦代的廷行事，当时的法律制度和思想观念中并无上述泾渭分明的界限，对于官员失职行为的处罚措施和对一般百姓实施诬告等行为的处罚措施一样，而处理程序和经办机关也未见有显著区别。那么如何确定其中的司法、行政的区别呢？

实际上，行政和司法的区分，和政府职能的划分密不可分。有学者就指出，三权分立是政府职能不断归类和抽象化的发展结果。[1]从马西利乌斯所处的 14 世纪到洛克所处的 17 世纪，对于司法和行政都没有做出明确区分，只是将立法与执行法律的职权作了区分，"事实上，分立的行政职能这种观念是一个比较现代的概念，直到 18 世纪末才比较完全地发展起来"。[2]更重要的是，行政权和司法权的分立是在英国逐渐确认法官独立地位的过程中实现的。[3]这进一步说明，行政和司法的界限并非天然体现在事务性质中，而是体现在司法机构与行政机构各自独立后所显现的政府结构变化中。这种变化和区别所体现的是西方三权分立相互制约的"分权"，而并非是中国古代政府机构中本质上融为一体的"分工"。具体而言，"分权"的本质并非是简单划分出哪些事情由法院管辖，哪些事情由行政机关管辖；而是从根本上规定处断方式、运行程序的区别。从理论上来说，司法事务的处断中，每个法官作为一个个体独立判断，不受干涉，如《美国法律词典》对"司法独立"所做出的定义"法官免受政治压力和控制的范围"[4]，马克思更指出"独立的法官既不属于我，也不属于政府"。[5]而行政事务的处断中，经办的行政官吏是层级制度中受上级行政长官管理辖制，无条件服从上级命令的经办人。这种理论上的区别其实也并不仅限于三权分立的西方国家，我国虽然并不实行三

〔1〕 刘守刚："西方宪政中'三权分立'的历史解释"，载《南京师大学报》（社会科学版）2005年第 4 期，第 70 页。

〔2〕 ［英］M. J. C. 维尔：《宪政与分权》，苏力译，生活·读书·新知三联书店 1997 年版，第 26 页。

〔3〕 参见 ［英］M. J. C. 维尔：《宪政与分权》，苏力译，生活·读书·新知三联书店 1997 年版，第 28 页。

〔4〕 ［美］彼得·G. 伦斯特洛姆编：《美国法律辞典》，贺卫方等译，中国政法大学出版社 1998年版，第 103 页。

〔5〕 《马克思恩格斯全集》第一卷，人民出版社 1956 年版，第 76 页。

权分立，但对于司法和行政的区分也是通过不同机关适用不同程序、行使不同权限的构造来实现的，这点可以通过下面的实际例子来说明。同样是甲殴打乙致伤的案件，如果不考虑乙要求甲承担侵权责任的民事法律关系，而仅在公法领域中讨论，从行为性质和国家要甲承担责任这一点上，本身并无所谓行政事务和司法事务的区别。在我国法律体制之下，造成乙轻伤以上结果的，甲就构成刑事犯罪，否则就是行政治安案件，前者进入司法的范畴，而后者则是行政事务，这里的分水岭首先是法律所规定轻伤与否的界限；而更重要的则是，进入司法领域的案件将有检察官、法官按照司法程序，通过独立审查，对证据进行独立判断，作出是否起诉和判决是否有罪的决断，结果只能通过二审和再审程序进行复核；而进入行政领域的案件，则将由承办的警官按照行政治安法规，作出处罚决定，但这一决定是在行政机构内部经过逐级上报审批最终决定的。这种决断程序的不同体现了我国现有法制框架内司法和行政的区别。回到宋代，在不区分处断程序，所有事务是通过逐层拟断、贴例、上报、批复的程序进行处理的情况下，实际上是无法单单从内容上判断一起伤害案件到底是属于行政事务还是司法事务的。这就是为什么上述很多看似可以划入行政或者司法范畴的"例"，对其稍加推敲就会发现并非如此。所谓司法和行政的划分，从宏观上讲是宪政分权理论的结果，从微观上讲是操作程序、判断主体和依据的区别。而在古代中国，宏观上的划分全然不存在，微观的操作程序基本混同，以此区分的行政例和司法例也就没有了依据。

以上是我们对宋例分类的问题进行的简要探讨。本章要说明宋例的概念，而准确的分类是界定概念的有效手段和途径，但是古代的法律体系很难直接套用现代的法理概念进行分类，如果要强行划分，最后可能造成概念的混淆和偏差，反而不利于研究的展开，以上论述正是为了说明这样一种困局。所以本书只是按照宋例所涉及事务的内容分门别类进行叙述。实际上，即使是对于内容的分类和命名，本书也是根据现代观念进行的区分，如将礼仪从政务中划出就未必完全符合宋人的观念，现代研究所能做到的只能是，也应该是尽量还原贴近古人的事实和用意。

第二章

# 宋例的形式

　　本书所谓宋例的形式是指宋例作为一种古代法律形式，其内容文本是以什么样的方式形成和存在的。包括其渊源、编纂的方式、文本的形式与其他宋代法律形式的关系等方面的问题。如果对照上一章中提及的宋人眼中三个层面的例的概念，无疑属于形式层面的例。

## 第一节　宋例的渊源

### 一、法寺断例

　　关于宋例的渊源，被提及最多的当然是来源于法寺机关审判的断例，对于例的这一类渊源，相关学者已经做了相当程度的研究，所收集到的史料也比较充分，一般都认为法寺机关所判决的案例会在日后作为审判的依据，所以这些案例自然就成为了"例"的重要渊源。对于这部分的宋例，学术界存在争议。有的学者认为，断例不是法律，理由就是被编纂的断例都是皇帝独断裁决，是皇权专制干涉司法的结果，并非正常的判例。针对这一观点，且不说将皇帝裁决排除在司法判决之外这样一种价值判断是否符合中国古代的历史事实；仅仅从还原史实的角度来说，认为断例都是出于皇帝专断，无疑是简单粗暴的，因为史料反映，很多司法裁判并非出于皇帝独断，它们也是可以用于编修断例的。

　　曾旼编纂刑房断例时提到：

　　　　取索到元丰四年至八年、绍圣元年、二年断草，并刑部举驳诸路所斳差错刑名文字共一万余件，并旧编成刑部大理寺断例。将所犯情款看详，除情法分明，不须立例外，其情法可疑，法所不能该者，共编到四百九件。许依元丰指挥，将诸色人断例内可以令内外通知，非临时移情就法之事，及诸处引用差互，曾被刑部等处举驳者，编为刑名断例，共一百四十一件，颁之天下．刑部雕印颁行。其命官将校依条须合奏案，不须颁降天下，并诸色人断例内不可颁降者，并编为刑名断例共二百六十八件，颁降刑部大理寺捡用施行。勘会申明，颁降断例系以款案编修刑名行下检断，其罪人情重法轻，情轻法重，有荫人情不可赎之类，大辟情理可悯并疑虑，及依法应奏裁者自合引用奏裁，虑恐诸处疑惑，欲乞候颁降日令刑部具此因依申明，遍牒施行。从之。[1]

从上述史料可见，收集整理的断例中只有一部分是"命官将校依条须合奏案"，也就是说只有这部分是经皇帝裁夺的案例，这部分案例因性质特殊而不被公开印行颁降到各地使用，只是留在刑寺备用。而在这部分之前所提到"非临时移情就法之事""被刑部等处举驳者"等，并没有提及是经过皇帝决断的，这些案例已经单独被编纂成册，而且公开在全国下发使用，其适用范围甚至比经皇帝裁夺的案例更广。

上面的史料是从编修的角度来说明非经皇帝裁决的断例的效力，而下面两则史料则是直接从刑、寺两个中央审判机构的审判复核程序的角度来说明了这个问题：

元丰五年七月壬辰……，诏："刑部贴例拟公案并用奏钞，其大理寺进呈公案，更不上殿，并断讫送刑部。贴例不可比用，及罪不应法，轻重当取裁者，上中书省。"[2]

可见，要求大理寺自行断讫后送刑部，不需上殿奏裁，需要取裁的案件仅限于无例可以比用，以及定罪和轻重情节存在疑问的案件，反过来说明，对这些情况之外的案件，大理寺是可以自行决断后直接上交刑部复核的。那么刑部拿到这些案件复核后是不是一定要上报皇帝裁决呢？下面的史料给出了答案：

〔1〕（南宋）李焘：《续资治通鉴长编》卷五〇八，中华书局 1995 年版，第 12106 页。

〔2〕（南宋）李焘：《续资治通鉴长编》卷三二八，中华书局 1995 年版，第 7897 页。

> 诏刑部："今后官员犯公罪杖已下，依赦文及有正例别无违碍者，关吏部施行。"[1]

这里刑部复核之后的案件，也不需要上报经过皇帝允许。而且从中可以看到，处理这些案件也是有"正例"可依的，所以，只要有例可依就不一定通过皇帝裁决，而这些刑部依"正例"自行决断处理的案件本身也就是"例"的体现，也可以被以后的司法实践参考。

实际上，《郡斋读书志》中记载的"断例"就被直接标记为"法寺所断例"，这应该指的就是上述这种刑部自行决断、刑部自行复核后直接执行案件，而这些案件也可以成为编纂断例的来源。

## 二、有司先例

除了法寺机关的判决成例之外，其他机关在处理一些按照今天的标准被归入行政事务的工作时，也会直接制定例，比如：

> 远方寒士预乡荐，欲试礼部，假丐不可得，则宁寄举不试，良为可念。谨按开宝二年十月丁亥，诏西川、山南、荆湖等道，所荐举人并给来往公券，令枢密院定例施行。盖自初起程以至还乡费皆给于公家，如是而挟商旅于关节，绳之以法，彼亦何辞。今不复闻举此法矣。[2]

这条史料是说有些偏远地方的读书人因路途遥远，无力承担路费而无法参加考试，开宝年间为了解决这一问题，下诏针对一些偏远地方的读书人，由国家给他们"来往公券"，以便其能够到达京城参与考试，具体实施的方式，就是根据由枢密院制定的"例"来执行。

## 三、其他法律形式

以上两个来源，都是在处理具体事务过程中，或由法寺断决，或由有司立制。但是在此之外，宋人还将另外一些稳定性更强的，已经是固定法律形

---

〔1〕（南宋）李焘：《续资治通鉴长编》卷四二二，中华书局 1995 年版，第 10772 页。

〔2〕（宋）王栐撰：《燕翼诒谋录》卷一，载（清）纪昀等编：《影印文渊阁四库全书》第 407 册，我国台湾地区"商务印书馆"1986 年版，第 718 页。

式的法条内容也作为"例"的一部分。

首先，普遍被认为是成文法的内容，会被作为"例"来引用。

> （绍圣二年）五月十四日，详定编修国信条例所言：欲依《元丰海行敕》体例分修为敕令格式，其冗不可入者即著为例。从之。[1]

如上所述，"条例"在宋代有多重含义，有时是作为一般法规的泛称，有时是作为某部具体法规的名称。在很多情况下，指的是一条条单行规定。像本条这样，上奏的机关是"详定编修国信条例所"，其编修的当然是"国信条例"。而根据后文"分修为敕令格式"的建议，可见"国信条例"是有待编纂的散颁法条。针对这样的散颁法条，拟作出不同的处理。一部分是修为正式的"敕令格式"；剩下来的内容细碎的部分，就"著为例"。可见从来源上，"例"和常见的几类宋代法律并没有本质的区别。这里需要说明的是，"冗不可入者即著为例"的意义，不但涉及"例"的形式来源，也涉及其效力。这里不可入的是"敕令格式"，那么不可入是不是就意味着无效呢？显然不是的，否则就无须"著"了，因为相关史料显示，对于"令"等被通常认为是正式的法律，也使用"著"的字眼，所以一旦著了，就应当有效。那么"不可入"如何理解呢？众所周知，宋人对于"敕令格式"的最经典定义，是神宗的表述，他从适用方式的角度对四种法律形式进行规定，参考现有史料中的敕令格式的具体内容，应该说神宗作为一代明君，其对敕令格式的定义是非常精确的。但一国的政务纷繁复杂，需要解决的问题各式各样，并非是上述四种规定就能够完全涵盖的，所以肯定有不适于上述四类定义，但又需要在实务中使用的规定，就要"著为例"，所以"冗不可入"并不影响"例"作为正式法律渊源的性质和效力。

除了上述来源相同，单列于"敕令格式"之外的"例"，还有与敕令格式内容一致的"例"。

《宋会要辑稿》记载：

> （太平兴国）九年三月三日，诏："自今天下系囚，依旧例十日一具

---

[1]　（清）徐松辑：《宋会要辑稿》第164册《刑法一》之一六，影印本，中华书局1957年版，第6469页。

所犯事因、收禁月日申奏。其间留寄禁店户将养、保明出外知在，并同见禁人数，仍委刑部纠举。如事理可断及事有小虚，有禁系者，本处官吏重行朝典，人吏仍勒停，配重处色役。奏禁人数不以实及淹延日月，当密行察访，许人告。"[1]

这条记录出于太平兴国年间，说的是为了防止狱囚稽留、刑案拖延，要求每十天汇总记录在押囚犯的案由、羁押时间等情况，并对故意拖延办案的官员作出了处罚。而史料中用了"旧例"一词，足见在此之前，实务中已经有了这样的规定。如果进一步查找史料可以发现，相同的规定出现在《天圣令》中。

> 诸在京及诸州见禁囚每月逐旬录囚姓名，略注犯状及禁时日月、断处刑名……[2]

《天圣令》形成的时间晚于上述太平兴国的记录，加上太平兴国的记录中已经使用了"旧例"这个词，说明这个做法在太平兴国之前已经被沿用了一段时间。另外，唐代《开元令》对于相同事务的规定，与上述太平兴国的记载及《天圣令》规定的内容是不一样的，说明《天圣令》的内容并不是照搬唐令而来，可能是宋代在实务中通过对前代的做法进行改进，将之作为一项长久合理的做法逐渐固定下来，到太平兴国年间已经成为"旧例"，最终被修入《天圣令》。这样看来，成文形式的法条，其内容来源于"例"，而"例"又获得了成文法的形式和效力。

> （绍圣）三年正月十九日，刑部言："权提点湖北路刑狱周鼎言：按例，鞠狱必据告者本章，非本章所指而蔓求他罪，以故入人罪坐之。比有司劾囚，囚茫然莫知所以被劾者，或自疏他过，奏请穷治，滋长奸狱，绝无爱利之风，与律意不合。"诏鞠狱请治状外事者，论如求他罪律。[3]

---

〔1〕（清）徐松辑：《宋会要辑稿》第170册《刑法六》之五一，影印本，中华书局1957年版，第6719页。

〔2〕天一阁博物馆，中国社会科学院历史研究所天圣令整理课题组校证：《天一阁藏明钞本天圣令校证》卷二七《狱官令》下册，中华书局2006年版，第327页。

〔3〕（清）徐松辑：《宋会要辑稿》第167册《刑法三》之六八，影印本，中华书局1957年版，第6611页。

这条史料中，地方司法官扃鼎要求禁止司法官在审案的过程中超出原来告诉指控的内容，随意追查审问其他罪名，他认为这样会让被告人在没有准备的情况下没有必要地陈述其他罪过，长此以往会使刑狱案件越发膨胀，纠治无极，违反律意。周鼎最先提出作为首要依据的是一条"例"，而这条所谓的"例"，其内容是什么呢？它其实是《唐律疏议》断狱律中的原条文。而且这一条在《宋刑统》之中又恰恰是没有的。这样的现象发人深思。在宋代，唐律是前代的法制经典，并被宋刑统大量沿用。但它毕竟是前朝法制，而且这里引用的内容，又恰恰不在当朝的刑统当中，无法作为现行法条直接被引用。作为法官的周鼎，深知这一条款在实践中的正面意义，为了加强说服力，在直接引用唐律作为依据的时候，他借用了"例"的概念。这样做的目的显然是避开唐律不是现行法的障碍，但从另外一个角度理解，在条文效力的问题上，"例"这一概念具有特殊的效用，虽然是唐律的条文，但只要其内容与现实问题有联系，符合引例处理的原则，就可以作为依据。这样一来就大大拓宽了处断依据的来源。通过将唐律引为例的手段，宋代诉讼制度也能在一定程度上实现我们今天司法制度中法院"不告不理"原则的效果，不得不说既是宋人的智慧也是"例"的"功劳"。

### 四、皇帝诏书

上述几类"例"的来源，要么是判决处断，要么是成文法的内容，渊源形式都比较明显，但史料中还有一大类的"例"，其渊源没有说明，需要进行分析之后才能发现，这类就是直接来源于皇帝日常颁布的诏书敕令的"例"。

所谓没有说明，就是指史料中没有明说是根据几月几日某诏形成的"例"，往往简称为"某某例"。这时就需要我们结合史料进行分析，探究其真正渊源。

第一类情况是最模糊地称为"近例""旧例"。

比如：

（绍圣元年）十一月一日，刑部言："被旨：六曹、寺、监检例必参取熙宁、元丰以前，勿专月元祐近例；旧例所无者取旨。按□降元祐六年门下中书后省修进《拟持旨依断例册》，并用熙宁元年至元丰七年旧例，本省复用黄贴增损轻重。本部欲一遵例册，勿复据引黄贴。"诏：黄贴与原断同，即不用；内有增损者，具例取旨。[1]

这里可见"近例""旧例"都是相对而言，于绍圣而言，熙丰年间的就为"旧例"，而元祐年间的则是"近例"。这条记录中很可能反映了绍圣年间恢复熙丰旧制，去除元祐更化遗迹的情况。

关于"旧例""近例"的含义，我们可以通过一组奖励狱空官员的记录来探究：

> 绍熙元年十二月二十二日，大理寺丞周晖言："旧例奏狱空，犒赏胥吏，凡所经由，等第支给，至数千缗。寺库既不能办，狱虽无系囚，但畏省部，不敢陈奏，遂至赊作狱空，常欠利债。且屡空屡奏，尽善尽美，岂可以犒吏之故有隐于君父乎？臣又见狱空有奉表称贺之礼，有降诏奖谕之文。陛下谦冲，抑称贺而不许；人臣何德，受奖谕而不辞！且职事无旷，分所当然。乞明诏寺臣，凡遇狱空，悉以闻奏，无用犒吏，降诏奖谕亦乞特免。"从之。[2]

可见，前述北宋徽宗年间因狱空而奖励官员的做法，到了南宋光宗绍熙年间就被称为"旧例"了。而同时我们还注意到这种"旧例"在适用当中是存在变化的，原来是狱空之后臣僚上表奏贺，皇帝降诏奖谕，但由于财政困难，朝廷无财力奖赏，所以改成只上表奏贺，朝廷不再嘉奖。但这一情况随后又发生了改变，到了开禧元年二月二十五日大理寺官员上奏：

> 本寺数月之间，狱凡再空。昨尝陈请，欲循故事上表，未蒙朝廷赐报。照得顷年特以犒吏薄费乞行请免，因此成例，恐非所以彰圣世无穷之休。欲望许令上表称贺，宣付史馆，以明帝王错刑之极功。所有依例合支犒设，本寺自于见追赃罚籍没钱内那融支遣，取自朝廷指挥施行。[3]

---

〔1〕（清）徐松辑：《宋会要辑稿》第 164 册《刑法一》之一六，影印本，中华书局 1957 年版，第 6469 页。

〔2〕（清）徐松辑：《宋会要辑稿》第 168 册《刑法四》之九〇，影印本，中华书局 1957 年版，第 6666 页。

〔3〕（清）徐松辑：《宋会要辑稿》第 168 册《刑法四》之九一，影印本，中华书局 1957 年版，第 6667 页。

首先，上述绍熙年间的做法，在开禧年间已经"成例"，其次，针对这个"例"，绍熙年间官员提出恢复狱空之后奖赏官员的真正"旧例"，但区别在于，奖赏款额不再由朝廷拨款，而是由大理寺从其追缴罚没所得款项内支出。一来彰显皇帝刑错之功；二来鼓励法寺官员；三来不增加朝廷负担，一举三得。这样的做法在后世又成了被效仿的"旧例"：

> 嘉定九年五月十二日，大理卿钱仲彪言："本寺狱空实及一年，即与时暂狱空不同，欲遵典故。乞令上表称贺，宣付史馆。所有犒设吏人，即照旧例于本寺赃罚钱内减半支给。"诏依，令学士院降诏奖谕。[1]

可见，开禧年间大理寺"自筹资金"奖励狱空的做法，在嘉定年间被引为"旧例"。而上述这个变化的过程，都是通过臣僚建议，皇帝下诏批准的方式订立和变化的。

"旧例"与诏书之间存在的关系，在"近例"中也有所体现，比如：

> 九月十三日，大理寺札子："勘会本寺今月七日狱空，已具奏闻去讫，伏观开封府第一次狱空，申乞支破杂供库钱管设官吏，依立春祈神例，用衙前乐祗应。二狱空，蒙下户部支降钱二百贯文。欲望朝伏廷特依近例，支赐钱下寺排设。"诏依例支赐钱二百贯文。[2]

可见，所谓的"近例"，也就是近期对狱空官员奖励的做法，其方式也必然是下诏奖励。

除"旧例""近例"之外，单称的"例"实际上也具备上述性质，比如：

> （明道二年）一一月十七日，中书门下言："检会先诏，外任臣僚有贪污不公，被转运司体量闻奏者，候得替与降等差遣。欲今后显有不公，即依例施行。若别无显状，不降等差遣。"从之。[3]

---

〔1〕（清）徐松辑：《宋会要辑稿》第168册《刑法四》之九一，影印本，中华书局1957年版，第6667页。

〔2〕（清）徐松辑：《宋会要辑稿》第168册《刑法四》之八六，影印本，中华书局1957年版，第6664页。

〔3〕（清）徐松辑：《宋会要辑稿》第165册《刑法二》之二〇，影印本，中华书局1957年版，第6505页。

此处所依之"例",明显是检会先诏所得,也就是以往诏书中的规定,只是本次使用的时候将条件从"贪污不公"改为"显有不公",也就是不必以贪取赃款为条件。

第二类情况是以时间称"例",如:

> 大观元年九月二十九日敕,检会大观元年八月刑部、大理寺断绝狱空,未曾推恩。取到大理寺状,勘会七月二十五日起首称办,到二十九日终断罪尽绝,八月一日申奏。今具到断绝官职位、姓名,数内王侬、周泽、商守拙、林渊并自七月二十六日中书差。诏依崇宁四年例减半推恩,内周泽、商守拙各与减二年磨勘,王侬、林渊比类施行,大理寺卿马防、少卿任良弼各转一官。[1]

这里是说徽宗大观元年大理寺、刑部两狱空,需要对官员嘉奖,标准是按崇宁四年例减半。那么"崇宁四年例"是什么呢?《宋会要辑稿》中就有直接的答案:

> 徽宗崇宁四年闰二月六日,诏开封府狱空,王宁特转两官。两经狱空,推官晏几道、何述、李注,推官转管勾使院贾炎,并转一官,仍赐章服;……司录李士高减二年磨勘,候叙用了日收使;检法使臣刘禹臣特与转一官,减二年磨勘。[2]

可见"崇宁四年例"就是崇宁四年徽宗因为开封府狱空,对相关官员进行奖赏的诏书,这里大观元年之所以依照崇宁四年的标准减半,很可能是因为崇宁时开封府"两经狱空",而大观时是一次。

实际上,徽宗年间因为狱空而奖赏相关官员的情况非常多,《宋会要辑稿》中保留了大量的例子:

> 重和元年十二月五日,诏开封府狱空,已降指挥等第推恩,并依政

---

〔1〕(清)徐松辑:《宋会要辑稿》第168册《刑法四》之八六,影印本,中华书局1957年版,第6564页。

〔2〕(清)徐松辑:《宋会要辑稿》第168册《刑法四》之八六,影印本,中华书局1957年版,第6564页。

和六年九月例施行。盛章转一官；张徽言、王吉甫、李中正、梁立、戚廉、庞思转一官，并回授本宗有官有服亲；孟彦弼、范榛依条减四年磨勘；秦焘更不推恩。〔1〕

此处所依的"政和六年九月例"在《宋会要辑稿》中也有记录：

（大观六年）九月十七日，开封尹王革等奏："契勘七月初十日，本府六曹两狱、四厢十六县狱空，已具表称贺讫。今保明到合推恩官吏下项……"诏："第一等宫员各转一官，人吏有官资人各转一官资，无官资人各支赐绢一十匹。第二等官并有官人吏减三年磨勘，无官人吏各支赐绢七匹。……提刑钱归善等转一官，属官减三年磨勘。内王序、钱归善转行，余碍止法人依条回授，年限不同人依条施行。"〔2〕

所以"政和六年九月例"也是一条奖励官员的诏书。通过上述两个例子可见，后面诏书所称的某某年其某月的例都是这个时间所颁布的诏书。

第三类情况是以地名称"例"。

景德二年八月十八日，左巡使艾仲儒言："在京勘公事，乞依外处例，许指射推司姓名，抽差一两人祗应。"〔3〕

这里所称的"外处"，还只是区别于京城的模糊范围。

（政和）七年二月十一日，诏："怀、卫二州界于太行、大河之间，奸宄凭恃险阻，倚为渊薮。访闻诸处间将犯强盗之人配填逐州，至则逋逃，难于缉捕。可依商、虢二州例，更不配填。立法行下。"〔4〕

---

〔1〕（清）徐松辑：《宋会要辑稿》第 168 册《刑法四》之八九，影印本，中华书局 1957 年版，第 6666 页。

〔2〕（清）徐松辑：《宋会要辑稿》第 168 册《刑法四》之八八，影印本，中华书局 1957 年版，第 6665 页。

〔3〕（清）徐松辑：《宋会要辑稿》第 167 册《刑法三》之五五，影印本，中华书局 1957 年版，第 6605 页。

〔4〕（清）徐松辑：《宋会要辑稿》第 168 册《刑法四》之三六，影印本，中华书局 1957 年版，第 6639 页。

这一条则直接使用了商州、虢州两处地名。用地名来规定某例是以该地范围内的做法作为范例处理他地的相应问题，那么这种被参照的做法是如何出现的呢？下面的记录给我们提供了答案：

> （天圣六年）七月四日，知滑州季若谷言："河清军士盗伐堤埔榆柳，准条凡盗及卖、知情者，赃不满千钱以违制失论，军士刺配西京开山军，诸色人决讫纵之；千钱已上系狱裁如持杖斗敌，以持杖窃盗论。臣所部州多此辈，盖堤埔重役，故图徒配。欲望自今河清军士盗不满千钱者，决讫仍旧充役；千钱以上及三犯者，决讫刺配广南远恶州牢城；诸色人准旧条施行。"事下法寺，请如所奏，凡京东西、河北、淮南濒河之所，悉如滑州例。从之。[1]

这条的意思是说滑州的军士故意违法砍伐河堤树木，受到处罚后就被配往他处，借此逃避了本来在滑州的重役，当地官员要求针对这类人员改变原来处罚，使其仍服旧役。该奏请经过法寺审议，表示应准许，而且京东西、河北、淮南等地凡是濒临江河之处也按照这一做法实施。实际就是在皇帝下诏同意滑州一带的做法的基础上，再下诏要求其他地方参照实行，这里所谓的"滑州例"实际上就皇帝对滑州地方官员奏请表示许可的诏书。

第四类情况是以适用的对象称"例"。

其中有的是适用这一例的"官司"名，比如元丰年间多次禁止官员接受拜见：

> （元丰）二年二月十五日，诏："大理寺官属可依御史台例，禁出谒及见宾客。"[2]

> 元丰五年五月十三日，诏："州郡禁谒，并依在京百司例，仍令详定重修编敕所立法。"从前知湖州唐淑问请也。[3]

---

〔1〕（清）徐松辑：《宋会要辑稿》第168册《刑法四》之一七，影印本，中华书局1957年版，第6530页。

〔2〕（清）徐松辑：《宋会要辑稿》第165册《刑法二》之三五，影印本，中华书局1957年版，第6513页。

〔3〕（清）徐松辑：《宋会要辑稿》第165册《刑法二》之三六，影印本，中华书局1957年版，第6513页。

还有一种是适用这一例的人员，如：

> 绍兴二十三年十二月十三日，知临安府曹泳札子："契勘本府近缘贼
> 盗稍多，虽不住缉捉根勘，断配往远恶州军，其配军多是不旋踵复到本
> 府作过。缘本府系车驾驻跸去处，理宜措置禁止。今相度，今后凡遇断
> 配贼人，欲望许依海贼例，应有合配之人，量远近分配池州、建康府、
> 镇江府、鄂州、太平州驻札军分重役。"[1]

曹泳要求将杭州附近盗贼按照海贼的方法处理，防止他们潜回本地继续
作恶。

那么上述这些"某某官司例""某某人员例"本身都是什么呢？我们尝
试从《宋会要辑稿》和相关古籍中寻找答案。首先：

> （天禧三年）八月十八日，诏："谋杀、故杀、劫杀人罪至死，用今
> 月三日赦原者，诸州并依强劫贼例配本城，情重不可宥者部送京师，自
> 今用为定式。"[2]

此处提到了"强劫贼例"，对于强劫贼的处理是"配本城"，那么这种规
定来源于何处呢？《续资治通鉴长编》中有相关的记载：

> 大中祥符九年七月辛酉，诏："强劫贼人，罪当死以赦降从流者，决
> 讫，仍隶本城。"[3]

可见，在大中祥符年间就有规定将强劫贼人配隶本城的诏书，这种诏书
在天禧年间被引以为例，这就是"强劫贼例"的来源。

第五类，是以文书名称例，这种情况中，诏书与例的关系就比较明显了：

> 景祐二年八月五日，淮南转运使言："准诏往辖下州军疏理见禁罪

〔1〕（清）徐松辑：《宋会要辑稿》第168册《刑法四》之四八，影印本，中华书局1957年版，
第6645页。

〔2〕（清）徐松辑：《宋会要辑稿》第168册《刑法四》之九，影印本，中华书局1957年版，第
6626页。

〔3〕（南宋）李焘：《续资治通鉴长编》卷八七，中华书局1995年版，第2001页。

人，其加役流已下徒役人，乞许依德音例疏放。"诏："应系今年五月二十五日以前配到者，并放逐便。"〔1〕

《续资治通鉴长编》卷一一七中也有相应的记录：

八月丙辰，诏："天下配役人，在今年五月戊申诏书前者，并释之。"

《续资治通鉴长编》中的八月丙辰就是《宋会要辑稿》中的八月五日，五月戊申就是《宋会要辑稿》的五月二十五日。虽然没有查找到五月二十五日"德音"的内容，但根据《宋史·刑法志》的解释，"凡德音，则死及流罪降等，余皆释之……所被广狭无常"，一般认为，"德音"属于皇帝的命令〔2〕。从两条史料的文意判断，五月二十五日皇帝曾经颁布过"德音"对在押犯人进行减释，随后在八月，根据淮南官员的建议，下诏全国范围内在五月二十五日之前在押犯人均可依照德音减免刑罚。至于为什么淮南地方官员要在八月申请适用五月的"德音"，其原因可能在于德音"所被广狭无常"，五月份的"德音"可能只适用于部分地区，如《续资治通鉴长编》卷一百六记载："天圣六年三月庚寅，德音，以星变，斋居不视事五日，降畿内囚死罪，流以下释之，罢诸土木功，赈河北流民过京师者。"这就是只针对京畿之内囚犯的"德音"，如果景祐二年五月的"德音"也是如此，那么八月份通过诏书，要求天下均参照五月的德音为范例，也就顺理成章了。但无论如何，"德音例"是来源于皇帝的命令、诏书，这一点是可以肯定的。

除了上述通过推断得到的结论之外，还有一些史料直接将诏书与"例"联系起来：

（绍兴）二十八年四月二十七日，三省言："每岁三伏内，圣恩疏决虑囚，其外路委官旨挥同时行下，缘川广等路去朝廷遥远，旨挥到日已过盛暑，窃虑未称矜恤之意。伏观政和六年五月十四日圣旨，盛暑点检囚禁，外路限四月下旬预行检会。欲乞依政和例，预于四月检会行

〔1〕（清）徐松辑：《宋会要辑稿》第169册《刑法五》之二二，影印本，中华书局1957年版，第6680页。

〔2〕参见吕志兴：《宋代法律体系与中华法系》，四川大学出版社2009年版，第104页。

下。"〔1〕

这里直接将以前的圣旨诏书称为"例"。而这里政和六年五月十四日的诏书也确实是一条在四月开始要求各地点检囚禁的诏书。

同样的情况还可以通过比较《宋会要辑稿》和《续资治通鉴长编》来发现，《宋会要辑稿》中有这样的记录：

（大中祥符）八年八月十九日，知密州孙奭言："本州累有强劫贼，结案遇赦或赦后捉获，准诏配本城。据官吏众称，准例配本城者，并配牢城。朝廷以本城、牢城分为轻重，今若一概处断，虑失诏意，请下法官参议。"诏自今准诏刺配牢城者，并止配本城，有军额指挥，不得例配牢城。〔2〕

《续资治通鉴长编》中相应的记录为：

甲申，知密州孙奭上言："本州屡有强盗结案遇赦或赦后捕获，准诏配本城者并配牢城。臣愚窃谓朝廷盖以本城、牢城分为轻重，今若一概取断，虑失诏意，请下法官参议。"诏自今诸州军准诏刺配本城者，止配本城有军额指挥，不得例配牢城。〔3〕

两条记录内容大致相同，但有一点值得注意的是，《宋会要辑稿》称"准例配本城者，并配牢城"；《续资治通鉴长编》则称"准诏配本城者，并配牢城"。针对一事，可称"准例"，也可称"准诏"，可见两者几乎是通用的。

通过上述分析可见，宋例一般来源于皇帝圣旨诏书，又由于皇帝颁布诏令的频率、随意性相对其他形式都高，所以诏书也是"例"最重要的来源之一，甚至可能是金口一开便成例，有时皇帝本人都不得不注意。史书中就有这样的记载：

---

〔1〕（清）徐松辑：《宋会要辑稿》第169册《刑法五》之三八，影印本，中华书局1957年版，第6688页。

〔2〕（清）徐松辑：《宋会要辑稿》第168册《刑法四》之七，影印本，中华书局1957年版，第6625页。

〔3〕（南宋）李焘：《续资治通鉴长编》卷八五，中华书局1995年版，第1944页。

宋例与宋代法律体系研究

仁宗圣性仁恕，尤恶深文，狱官有失入人罪者，终身不复进用。至于仁民爱物，孜孜惟恐不及。一日晨兴，语近臣曰："昨夕因不寐而甚饥，思食烧羊。"侍臣曰："何不降旨取索？"仁宗曰："朕闻禁中每有取索，外面遂以为例。诚恐自此逐夜宰杀，以备非时供应，则岁月之久，害物多矣。岂可不忍一夕之馁，而启无穷之杀也？"时左右皆呼万岁，至有感泣者。[1]

这条记录本来是为了赞颂仁宗体仁爱物的，但从侧面让我们了解了圣旨称"例"的史实，即使是一时兴起的口腹之欲，一经颁旨，"变"很可能成为惯例。通过对宋例的研究，我们对自古以来所谓的天子"金口玉言"有了更加深入的了解。

**五、渊源成例的机制**

**（一）随事生例**

"例"的形成一开始是为了处理某些具体事务，一时作出了决定。正如宋末的名臣许应龙所说："或出于一时之特恩，或出于一时之权宜，有循亲故而开是例者，有迫于势要而创事例者。"[2]无论是特恩，还是权宜，都是针对一时一事的具体问题而发。循亲故、授特恩固然有封建王朝君主专断、坏法用情的嫌疑，但权宜之计，一时应急，这在古今中外都会碰到，这也是"例"不断出现并能存在下去的根本原因。如下面的一条：

国朝承五季之旧，置三司使以掌天下利权，宰相不与，王荆公为政，始取财利之柄归于中书，……由是版曹但能经画中都百官诸军廪给而止，……然所取大率出于经制之外焉，自罢总制司，版曹但掌经费，岁入仅五千缗，出亦称是，一有不足即告于朝，或遇军兴则除禁帑应付外，版曹但能预借民间坊场净利……，乾道初孝宗尝计户部岁入之数较之岁用但阙三百万缗，时会子初行，李侍郎若川因请增印二百万缗，然上半年尚阙

---

〔1〕（北宋）魏泰撰：《东轩笔录》卷三，载（清）纪昀等编：《影印文渊阁四库全书》第1037册，我国台湾地区"商务印书馆"1986年版，第430页。
〔2〕（明）杨士奇等编：《历代名臣奏议》卷二一四《法令》，载（清）纪昀等编：《影印文渊阁四库全书》第439册，我国台湾地区"商务印书馆"1986年版，第156页。

五十万，上命左藏南库以银会中半与之，自是版曹岁借南库钱百余万缗，因以为例，淳熙中韩子师为户书，始免例借，自后皆守其规约焉，先是上以诸路财赋收支浩繁，令两侍郎分路管认。淳熙十年，王宣子为户部尚书，始请于次年四月，将诸道监司、守倅所起上供钱比较，以定赏罚。许之。其后减展磨勘年有差，由是罕有遗欠者，迄今遂为定制。[1]

这则史料不但展示了三司的权限变更的过程，更显示出宋代中央财政的一些情况。孝宗年间户部出现财政赤字，即使增印纸钞会子也不能补足，最后只能动用皇帝的私库。这虽然是为了应一时之需，但由于户部财政紧张的情况始终存在，所以这种应急的办法逐渐成为惯例，一直沿用到淳熙年间。

绍兴二十七年七月十三日，中书舍人周麟之言："国朝稽古建官，分三省以厘天下之务，凡有令命，则中书省取旨，门下省审驳，尚书省颁行，三省相参……当军兴时，则有事干机速，不可少缓。及休兵之后，因仍不改。用事者又私意自任，废弃成法，故有所谓报者，有所谓中入报者，有所谓尚先行者，有所谓入己者，往往皆成定例。"[2]

按照规则，中书、门下、尚书三省有明确的分工，遇有政务并须经过取旨、审驳、执行三道程序，但是有时遇到战时紧急状态，为了尽快决策，就减少中间环节，出现了"中入报""尚先行""入己"这些例外做法，仅从字面上就可看出，这些做法要么是不按程序直接奏报，要么是不经奏报或审驳直接执行。当然，战局瞬息万变，一时应急、从速处断本是正理，但是这些做法一经出现，随后就变成了定例，一直被后来的人拿来当作行政程序适用。可见因实务需要逐渐固定的"例"甚至可以直接改变中央决策程序。

而下面一条史料涉及的事务虽然不如上则来得重大，但却更充分体现了上述做法由一时应急到成为定例的变化过程。

纳粟补官，国初无。天禧元年四月，登州牟平县学究郑河，出粟五

---

〔1〕（南宋）李心传撰：《建炎以来朝野杂记》甲集卷一七《三司户部沿革》，中华书局 2000 年版，第 380 页。

〔2〕（清）徐松辑：《宋会要辑稿》第 58 册《职官一》之五二，影印本，中华书局 1957 年版，第 2355 页。

千六百石振饥，乞补弟巽。不从。晁迥、李维上言，乞特从之，以劝来者，丰稔即止。诏补三班借职。自后援巽例以请者，皆从之。然州县官不许接坐，止令庭参。熙宁元年八月，诏给将作监主簿、斋郎、助教牒，募民实粟于边。此古人募民实粟塞下遗意也。因记淳熙间，诏以旱故募出粟拯民，二千石补初品官，而龙舒一郡应格者数人，郡以姓名来上，孝宗皇帝疑而不与，仲父轩山先生力谏，以为失信于人，恐自后歉岁无应募者，孝宗亟从之，已而应募者众。[1]

从这则记录可见，宋初并没有纳粮补官的做法，这一做法最早出现在天禧年间，登州地方的郑河拿出大量的粮食帮助朝廷赈济饥民，他提出的奖励条件是让他的弟弟郑巽享受补官待遇。史料反映，正因为以往没有过这种情况，所以一开始他的要求被否决了，但在其他大臣的建议下皇帝最终同意了他的要求，其初衷是同意郑河的要求可以鼓励其他人也捐粮赈灾，救一时之弊，灾荒一结束就停止补官。但结果是"自后援巽例以请者，皆从之"，本来是一时应急的措施，后来却变成了惯常的做法，沿用于北宋熙宁年间。到了南宋，孝宗皇帝因为一地上奏补官人数太多而有疑虑，这时就有大臣提出，如不同意就是"失信于人"。这样一来原来应急的一时之举，经过时间的累计和实际的检验，最终成了连皇帝都不能轻易违反的规则。

（二）沿用成例

上述这些"例"一开始是针对一件事务单次作出的决定，而要想被固定下来成为定例，需要在日后的使用中被反复引用，所以从"生例"到"成例"是有一个过程的。

原来是针对一件事务的决策处理之所以能够在以后被反复适用，是因为宋代在处理各类事务的过程中，其对以往事务的处理方式和结果对于日后同类事务的处理都有天然的参考和指导意义。可以说在观念上，任何既定的决策都是"例"。比如：

臣近准阁门告报，蒙恩授臣给事中。臣寻曾沥恩，乞赐停寝。今准中书札子，奉圣旨，不许辞让，便令授告敕者。臣本庸材，蒙陛下擢在

〔1〕（北宋）王栐撰：《燕翼诒谋录》卷二，载（清）纪昀等编：《影印文渊阁四库全书》第407册，我国台湾地区"商务印书馆"1986年版，第723页。

翰苑。言语侍从，既无所纳，以申报效；任以烦使，又自陈疲病，诉以不能。然则如臣久冒宠荣，果堪何用？上赖圣君优容，未加黜责。岂可授命之日，已蒙加职，不久罢去，又复转官？此臣所以惭惧徊徨，不敢即受也。臣窃见前知府吕公弼差知益州，授枢密直学士，及公弼辞免不行，徙领郡牧，遂却只依旧充龙图阁直学士。王素、蔡襄，并因方面之寄乃迁职。是则罢府供职京师者，不当别有迁转，此近例也。臣非敢饰伪，上烦圣聪，直以恩宠频并，理当辞避。欲望圣慈，察臣无所堪用，矜臣能自揣量，俾寝新恩，免贻群议。今取进止。〔1〕

　　在这则札子中，欧阳修第二次推辞了给事中的任命。给事中本是门下省长官的名称，但在宋代早期已经是虚职，完全作为荣誉头衔，且品位极高，朝廷极少授除，所以欧阳修极力推辞。在第一次推辞被否决之后，为了加强其理由，他引用了和自己地位相近的吕公弼、王素、蔡襄等人的情况，这些人除授官职的情况被欧阳修引为"近例"。实际上朝廷对于欧阳修这类高级官员的任职除授和荣誉褒奖并没有绝对的禁止和规范，基本以皇帝的恩宠程度为准，所以欧阳修只能用类似的情况来说明授职的不合理。但我们从中可以看出，欧阳修引用这些"近例"的行为本身就说明他认为以往授除高官的事例对于皇帝是有说服力的。

　　可以证明先前决策对以后事务具有先天指导意义的，还有以下两则反面的例子：

　　　　元丰三年三月二十六日，景灵宫使、开府仪同三司、检校太尉、兼侍中曹佾为检校太师、守司徒、兼中书令，充景灵宫使。仍诏出入如二府仪，公使半给见钱，后毋得为例。又给宣借人兵五十人。〔2〕

　　　　（淳熙）四年八月十六日，诏："除授太尉，自今止与初除恩数。其数迁除，止依转厅减半。如无特旨许依执政之人，不得援例。"〔3〕

〔1〕（北宋）欧阳修撰：《欧阳修集》卷九一《再辞转给事中札子》，载（清）纪昀等编：《影印文渊阁四库全书》第1102册，我国台湾地区"商务印书馆"1986年版，第730页。

〔2〕（清）徐松辑：《宋会要辑稿》第58册《职官一》之一，影印本，中华书局1957年版，第2330页。

〔3〕（清）徐松辑：《宋会要辑稿》第58册《职官一》之一四，影印本，中华书局1957年版，第2336页。

这两则都是对于高级官员恩遇优待的诏令，且这两则诏令的后面都有专门的说明，一为"后毋得为例"，一为"不得援例"。从这种特地禁止援例的文字我们可以推断：如果不作禁止，这些做法天然地就会在以后的其他类似事务中被引用作为依据，为了防止到时有人引此为例，而干脆直接规定这次的做法以后不得被援引为例，这恰好反过来证明了前例先天可以被引用作为后事的参考和依据。

实际上，不但政务人事如此，审判事务也有类似的情况。

> （嘉定）八年十二月三日，臣僚言："迩者毕再遇、周虎、庄松辈盗请钱米银两，罪状显著，圣心宽（怒）［恕］，以其守御微劳，止从镌秩，略行追索，仅移所居，旋令自便。昔汉魏尚为云中守，厥功茂矣，上功首虏差六级，文帝下之吏，削其爵，不少贷。夫再遇等区区之功，何足比魏尚，而尚以私钱飨士，视再遇辈劾士卒钱以自私，万万不侔。文帝用法则如彼，陛下用法止如此，臣知陛下措心积虑，拳拳念功，过文帝远甚。乞下此章，播告天下，继今如有赃败，自从本条，更不为例。庶几中外知宽恩不可幸得，成法所宜遵守。"从之。[1]

对于罪臣的判决处罚，如果不特加说明，也可能成为日后被引用的依据，所以要专门指出"更不为例"。

上述内容都是对宋人沿用前例的简单说明，实际上，从诏书作为"例"的来源这一点我们就可以看出，以前作出的各类诏书所成的先例都被反复沿用，有些从宋初被沿用到南宋。所以说，只要没有明确的禁止，前例即可为后世反复沿用，引为依据。

（三）著以定例

除了上述在实践中被反复沿用从而固定成例的情况，有些事务处理后，宋人会特意强调其对今后指导意义和参考价值，通过某种程序将其固定下来。

同样是出于欧阳修的札子，前面引用过的一则史料是欧阳修引用他例为己用，而下面一则记载中，欧阳修在希望自己的意见得到采纳的基础上，还希望它今后能够成为其他类似事务的参考依据：

---

〔1〕（清）徐松辑：《宋会要辑稿》第 170 册《刑法六》之五〇，影印本，中华书局 1957 年版，第 6718 页。

臣今欲乞凡王伦所过州县夺却衣甲处官吏，并与追官勒停。其巡检仍先除名，令白身从军自效，俟贼破日，却议叙用。仍今后用此为例。[1]

在这里，欧阳修建议对那些应对盗贼王伦集团不利的地方官员，不只是追夺他们的官职，还应让他们从军参与剿匪，将功补过，待到肃清匪患之后，再行叙复使用。一般而言，宋代对于有过错的官员给予处分之后，会将其停职一段时间，之后再叙复使用，这是有法条规定的。让受处分官员参军补过，且叙复时间以剿匪完成的时间为准的规定无疑异于常法，欧阳修也认识到了这点。但他认为这样做一方面可以激励已经受罚的官员在战场上立功，另一方面也可以鼓励其他官员为避免受罚而努力剿匪，所以特地要求以后都依此为例，作为后事参照使用。

实际上，除了上述这些由臣子提出将某项做法立为例的情况，一些诏书也直接要求以后以本诏为依据参照适用，比如：太宗太平兴国七年八月，诏曰：

朕以刑法之官重难其选，如闻自来月给随例折支，宜令三司自今后少卿、郎中已上料钱，于三分中二分特支见钱；员外郎已下并全支见钱。如他官任刑法官者，亦依此例。[2]

再比如：

（景祐三年）四月七日河北转运司言："沧州南皮县令朱谷，部民论取受不公，惧罪逃走，已行收捉。"诏将来遇赦不原，永不录用。今后命官使臣依此例。[3]

在以上两条史料中，皇帝都在诏书中直接规定，以后处理某一类问题时

---

[1]（北宋）欧阳修撰：《欧阳修集》卷九八《再论王伦事宜札子》，载（清）纪昀等编：《影印文渊阁四库全书》第 1103 册，我国台湾地区"商务印书馆"1986 年版，第 31 页。

[2]（清）徐松辑：《宋会要辑稿》第 164 册《刑法一》之六二，影印本，中华书局 1957 年版，第 6492 页。

[3]（清）徐松辑：《宋会要辑稿》第 165 册《刑法二》之二二，影印本，中华书局 1957 年版，第 6506 页。

都按照自己这次诏书的规定来处理。

此外，以下史料中还有更加明确的关于"著为例"的记载，完全可以作为固定例的程序来理解：

> （皇祐）三年十月十三日，翰林学士曾公亮言：昨奉敕，以明堂赦后看详诸道编管配军人罪犯轻重，逐时具状贴黄奏讫。伏思自前南郊赦令，虽与今一体，及其奏到罪人犯状，久不蒙移放。不惟赦令失信，其间甚有州军妄行编配，遂致一二十年羁囚至死，伤害和气，众所共闻。欲乞特降恩旨，今后依此，永为著例。[1]

这里值得注意的是"永为著例"一说，曾公亮不但要求皇帝下诏解决他提出的赦令贯彻不利、囚犯羁縻不得释放的问题，还希望这种解决是根本性的，以后的同类情况须依本次为范例解决，要求本次的范例成为"永为著例"。所谓"著"，无疑是记录、固定的意思，也就是要求将本次的诏书规范内容专门记录下来，成为今后可以固定参照的范例。那么曾公亮的这种要求在当时能否得到满足呢？从史料来看，宋代"著例"的情况确实是很多的。如：

> （神宗熙宁）九年五月十六日，中书门下言，在京左右军巡院、司录司、开封府祥符县，当此暑月，应有刑狱淹延。诏遣检正中书刑房公事张安国计会当职官，疾速结绝以闻。自是岁著为例。[2]

南宋孝宗隆兴元年四月二十三日，诏：

> 每岁盛暑，合虑囚徒，诸路州郡委提刑于六月内遍诣所部，将见禁公事催促结绝。事理轻者，先次决放。内僻远州县，即州委守臣，县委通判、职官，各具已施行事件申尚书省。自是岁著为例。[3]

---

〔1〕 （清）徐松辑：《宋会要辑稿》第165册《刑法四》之二三，影印本，中华书局1957年版，第6633页。

〔2〕 （清）徐松辑：《宋会要辑稿》第169册《刑法五》之二六，影印本，中华书局1957年版，第6682页。

〔3〕 （清）徐松辑：《宋会要辑稿》第169册《刑法五》之三九，影印本，中华书局1957年版，第6689页。

六月十九日，诏：

> 以时当盛暑，深虑囹圄淹延，追逮枝蔓，行在所委刑部郎官及御史各一员，临安府委提点刑狱，前往催促结绝。事理轻者，先次决断。临安府属县徒已下罪，一面断遣。自今岁著为例。〔1〕

上述三段史料提到的诏书后，都有"著为例"的字样，这说明曾公亮所要求的将诏书"永为著例"的做法是存在的。值得注意的是，熙宁年间诏书后面的"自是岁著为例"原文中是小字，应是后来编纂时增加的注文；而孝宗隆兴年间的两条诏书，在原文中都是大字〔2〕。众所周知，现存的《宋会要辑稿》系从《永乐大典》中辑出，而根据研究宋会要辑稿的权威学者王云海先生的考证，《永乐大典》所依据的《宋会要》是南宋李心传编纂的《十三朝会要》，而这部《十三朝会要》中孝宗乾道九年之前的内容来源于张从祖所编《总类国朝会要》〔3〕。张从祖在编纂这部会要时是将《元丰增修五朝会要》《续会要》《中兴会要》《淳熙会要》等四部会要整理后形成的。熙宁的记录应出自《元丰增修五朝会要》，隆兴年间的记录应出自《淳熙会要》。可见《淳熙会要》的编录者直接记录了当时"著为例"的做法，而张从祖在编辑时，遇到熙宁九年五月十六日的记录，补充了这条诏书也被著为例的做法。张从祖和李心传都是学术造诣极高的学者，又都是宋代本朝人，张从祖如此补注，李心传如此沿用，一定有其依据。而且，从张从祖特意补注"著为例"这一点来看，著例的活动在宋人眼中是有一定意义的，所以他才特地补充注明。从隆兴两条同一年的记录来看，第一条末尾是"自是岁著为例"，第二条末尾是"自今岁著为例"，两条记录的语气明显不同：前一条似是编纂记录者站在第三方的角度在事后记录诏书内容被"著为例"的情况；而后一条则是发于当事人之口，似是诏书原文的一部分。那么按照这样解读，某些诏书内容本身可能就直接规定将该诏书"著为例"。

既然有将诏书"著为例"的现象，那么这种著成的"例"的效力又如何呢？

---

〔1〕　（清）徐松辑：《宋会要辑稿》第 169 册《刑法五》之三九，影印本，中华书局 1957 年版，第 6689 页。

〔2〕　根据版本为中华书局 1957 年版，该版本系采用原北平图书馆影印本复制重印。

〔3〕　参见王云海：《宋会要辑稿考校》，河南大学出版社 2008 年版，第 137 页。

首先从"著"字的含义入手。《天圣令·狱官令》中记载：

> 诸奉敕处分，令著律、令及式者，虽未附入，其有违者，即依违律、令、式法科。

一般认为，宋人编修敕令格式作为正式法典，但这难免造成只有编修完成的敕令格式才是法律，才有规范约束力的错觉，但上述史料给了我们否定的答案。敕令格式中很多也是来自于日常的圣旨诏令，一些圣旨也会像上述宋人要求"著为例"一样被要求著为律令格式。而这里的规定告诉我们，一旦被打上了"著为某"的标记，即使还没有真正经过编修，编入正式的律敕令格式，也具有了强制的约束力，人们一旦违反也要承担法律责任。那么相对而言，针对例所特地标记的"著为例"，即使不能确认其具有与律令同等的效力，也不能否认其作为规范具有的约束力。

此外，从相关史料中也能看出"著为例"的效力，《宋会要辑稿》中记载了徽宗初年的一条诏书"著为例"的情况：

> 徽宗建中靖国元年四月二十九日，中书省勘会，正当时暑，窃虑刑狱淹延枝蔓，诏：在京委刑部郎官及御史一员，开封府界令提点，诸路州军令监司，分头点检催促，结绝见禁罪人。内干照人及事理轻者，先次断决讫奏。内府界徒以下罪人，罪状分明、不该编配及申奏公事，或虽小节不圆，不碍大情，并许一面决断讫奏。其府界及诸路监司如委有事故，亲去未得，即选官前去，仍具每到处月日、事故因依径申尚书省讫。自是岁著为例。[1]

该条诏书命令中央地方官员在暑期迅速结决在押囚犯，如果长官自己不能去，就要选派属员前往，这一诏书内容被"著为例"。到了十年之后的政和二年：

> 政和二年七月二十二日，臣僚言："诸路监司岁奉诏旨分部决狱，而承例差官，吏或不虔，徒为文具。乞令监司每被旨决狱，皆依当日亲行，

---

〔1〕（清）徐松辑：《宋会要辑稿》第 169 册《刑法五》之二九，影印本，中华书局 1957 年版，第 6684 页。

若计程旬日未周，方听差官。"从之。[1]

首先，该条记录应当是与上条建中靖国的记录有关的，两条都是暑期前后颁布的，都是关于地方官限期结决案件的内容。而且政和年间的记录是"诸路监司岁奉诏旨分部决狱，而承例差官"，所"承"的就是建中靖国诏书所说的"诸路监司如委有事故，亲去未得，即选官前去"的"例"。可见，建中靖国所著之例确实在十年后仍然为各地所"承"。其次，政和年间的记录紧接着又称"吏或不虔，徒为文具"，也就是地方官所选派的官吏不能尽心尽责，使得建中靖国所"著"之'例'没有产生实效。所谓"文具"，也就是"具文"，就是不起作用的制度规范。这样一方面说明这个"例"在当时的实际适用情况不尽如人意；但反过来却又说明，经"著"之"例"本来应该具有正式的规范效力，不要说违反其中的规定，即使像记录中所说的那样，在形式上遵守规定派遣属吏，但属吏没有尽责而使例没有达到应有的效力，都是不能接受的。所以徽宗最终接受建议，要求地方监司官员必须亲自决狱，不得再委派属史前往。

最后要谈一下"著为例"的形式。

首先，当然有可能是对其专门进行记录整理，如编排法令一样将要"著"的"例"以专门的序列记录成文档，这种方式其实更符合我们今天对于立法活动的理解。但也不排除宋人是用另一种方式来"著例"的。

（雍熙）三年四月四日，诏："诸道州府凡禁系之所，并须洒扫牢狱，供给浆饮；械系之具，皆令洁净；疾者为致医药，无家者官给口粮；小罪即决遣，大罪审鞫其情，无致淹延。"自是每岁首夏下诏书如此例。[2]

还有：

（大中祥符）三年二月十九日，诏："诸州应粘竿、弹弓、置网、猎

---

[1]（清）徐松辑：《宋会要辑稿》第 169 册《刑法五》之三一，影印本，中华书局 1957 年版，第 6685 页。

[2]（清）徐松辑：《宋会要辑稿》第 170 册《刑法六》之五二，影印本，中华书局 1957 年版，第 6719 页。

捕之物，于春夏依前诏禁断，犯者委长吏严行决罚。"自后每岁降诏申戒。[1]

可见，宋代存在针对同一事务每年定时颁布相关诏书的做法，这种做法和上述"著为例"之间的关系是不能忽视的。比如上述建中靖国元年四月的诏书规定了暑期各地差官虑囚的做法，并"著为例"，随后在政和六年五月十四日：

> 诏："每岁大暑，差官虑囚，外路限四月，在京限六月行下。"以川广路远，受命多后时，故有是诏。[2]

也就是说，皇帝针对上述"著为例"的状况，又作了进一步的规定，要求川、广诸路比东京早两个月开始进行虑囚。这个内容应该看作"著为例"的一部分。

到了孝宗隆兴二年：

> 三月十四日，中书门下省言："外路州军每岁盛暑虑囚，四月下旬方检会行下，窃虑二广、四川道路遥远，指挥到日亦已过时。"诏二广、四川乞令提刑于六月初亲诣所部点检结绝。内僻远州县，即州委守臣，县委通判、职官，各具已施行事件申尚书省。自是岁著为例。[3]

也就是说，北宋徽宗年间规定川广地区从四月开始虑囚，这一做法到南宋还在施行。又有臣僚认为，即使是四月开始，也还是来不及，所以地方官员不必等候指令，可直接以六月为限直接处理虑囚事宜，这也被著为例。

到了开禧二年：

> 九月十七日，诏："四川、二广州军，令逐路监司依每岁所降盛暑虑

---

[1] （清）徐松辑：《宋会要辑稿》第166册《刑法二》之一五九，影印本，中华书局1957年版，第6575页。

[2] （清）徐松辑：《宋会要辑稿》第169册《刑法五》之三一，影印本，中华书局1957年版，第6685页。

[3] （清）徐松辑：《宋会要辑稿》第169册《刑法五》之三九，影印本，中华书局1957年版，第6689页。

囚指挥，各随置司去处地里远近，分诣所部州军，限十一月下旬起发……"余路州军亦同此制。每岁如之。[1]

可见针对盛暑虑囚事务，每年都有指挥降下给川广两地的地方官司，也就是说朝廷针对这件被"著为例"的事务，会每年以诏书指挥的形式反复发布命令。这种情况在史料中并非特例。所以说，所谓的"著为例"，并非将做法抽象为规定，而是每年针对同一事务反复下达相同内容的诏令，让这一做法反复发生，一直在实务之中存在下去。

（四）例定成则

一旦例成，就有了约束的效力。

> 臣伏闻新除右正言陈祐与中书侍郎许将有亲嫌乞避免不蒙俞允者，窃以朝廷之事行之乎宰执，差除或有未当，法度或有未安，台谏皆得论列以闻，若以亲而不言，则负国舍亲，而言之则伤恩，故祖宗以来每除台谏官，若系执政之亲，不以有无服纪，并不除授，将以防微杜渐为万世之法也，今若不许祐之避免，此例一开，异日缘执政之亲而除授台谏者举以此为例，恐台谏官亲附执政而蔽陛下之聪明，伏望圣慈特许祐之避免，以全祖宗之良法以慰万世之远虑，不胜幸甚，取进止。[2]

该则史料是关于官员任职回避的制度。有亲嫌关系的陈祐和许将分别担任言官和中书官员的职务，陈祐提出回避，但朝廷并未允许。陈次升就指出，本次如果不应允陈祐的请求，允许有亲嫌关系的人分别担任言官和执政，那么以后会被引为先例，将使得言官监督宰执的作用被完全架空，后患无穷。我们发现，这次的除授只是单独发生的事件，但却引起了陈次升的担忧。陈次升的担忧并不是个案，史料中有大量记录提到，官员因某件决策而上奏称"此例一开，后果不堪设想"的情形。以下再举一例：

> （绍兴三年）三月一九日，左司员外郎王庭秀言："近见尚书省户部额外都事郑宪合该盐赏转资，情愿更不收使，亦不比换支赐，乞于见今

---

[1]　（清）徐松辑：《宋会要辑稿》第169册《刑法五》之四六，影印本，中华书局1957年版，第6692页。

[2]　（北宋）陈次升撰：《谠论集》卷四《弹奏陈祐》，载（清）纪昀等编：《影印文渊阁四库全书》第427册，我国台湾地区"商务印书馆"1986年版，第368页。

名目上降一等支破请受。缘额外都事与正额都事不同，宪系额外，依条合破书令史请受。今所乞乃请正额主事俸禄，优厚太甚。此例一开，则凡该赏者皆援此以进。欲乞合该盐赏者止依已降指挥推恩，其前降支破请受旨挥更不施行。"从之。[1]

此处，王庭秀的担忧与陈次升相同，一旦郑宪所提的要求被采纳，那么今后所有类似的人员都有可能引用他的事例作为依据，日积月累，便成定制，那么原来的迁转规定就会成为具文。当然，这里要讨论的并不是以例代法的合理性，只是想以陈次升、王庭秀的事例来说明：在宋代单独发生的事例先天具有对后事的参考借鉴价值，一旦在实践中重复，其效力就会逐渐固化，最终无法改变，成为实际上的法规。

## 第二节  宋例的编纂

### 一、编纂的机构

明确宋例编纂史实的首要问题，是明确宋例由哪些机构编修。如上所述，作为一个大的概念，宋例涵盖的范围非常广泛，所以史料反映出的参与编例的机构很多，主要有三类：

（一）审判机关

宋代的审判机关主要是刑部及大理寺，它们也当然地承担了断例的编修工作。

> 审刑院详议官贾士彦，乞差官以熙宁以来得旨改例为断，或自定夺，或因比附，办定结断公案，堪为典刑者编为例。又乞委官以诸州奏狱格式及敕律令文断狱之事，裁损编载，立为案式，颁之天下。诏刑部编定。[2]

---

〔1〕（清）徐松辑：《宋会要辑稿》第 60 册《职官三》之三七，影印本，中华书局 1957 年版，第 2416 页。

〔2〕（南宋）李焘：《续资治通鉴长编》卷二五四，中华书局 1995 年版，第 6217 页。

除刑部之外，大理寺也会编修断例：

> 绍兴九年三月六日，臣寮言，请以建炎以来断过刑名近例分类门目编修，亦得旨限一月。是年十一月一日，臣僚复建言："前后所降指挥非无限期。取到大理寺状，吕曾编修审复，即未上朝廷。……"遂诏刑部委员官张柄、晏孝纯，大理寺委评事何彦猷、赵子籭，依限一月。
>
> 时编集止绍兴十年。其后汤鹏举奏："敕令所且言：照得《绍兴断例》，大理寺元止编到绍兴十五年以前，所有以后至二十六年终即未曾编类，理合一就编集。"[1]

## (二) 政务机关

一般认为，宋代的核心政务机关有一个变迁的过程，前期是效仿唐代，以中书门下为核心决策机构。神宗年间改制，将中书、门下、尚书三省并立。但总的来说，中书省始终是拟定政令、进行决策的核心要害部门。所以史料反映出中书省也是编例的重要部门。

### 1. 中书各房编例

根据史料记载，中书作为政务中枢，内设诸房。由于每房负责一个方面的政务工作，因此其对本房在实务过程中所形成的"例"自然最为了解，所以中书的编例活动实际是中书各房的编例活动，而其中以中书刑房编例最为突出。

> 中书省掌承天子之诏旨及中外取旨之事，……凡分房八……曰刑房，主行赦宥、契勘刑狱、除受官贬降叙复。《大观格》：刑房主行赦宥、德音、制勘推官及命官诸色人公案、催促刑狱，差官编排罪人、灾伤降下司敕、创修条法。本省差除之官贬降责授牵复、应尚书刑部、都官、比部、司门所上并特旨若起请、台谏章奏、内外臣僚官司申请无法式应取旨之事。[2]
>
> 刑房：一、诸官司申乞展限文字，及候取会圆备日勘当，约法看详

---

[1] （清）徐松辑：《宋会要辑稿》第 164 册《刑法一》之四七，影印本，中华书局 1957 年版，第 6485 页。

[2] （清）徐松辑：《宋会要辑稿》第 60 册《职官三》之五，影印本，中华书局 1957 年版，第 2400 页。

定夺等文字。一、诸州申奏到无吃菜事魔及无平反刑狱。一、刑部、大理寺具到已未断事因状案。一、刑部旬具到已未结绝公事。一、御史台察、刑寺等处行遣文字违法灭裂，迂枉留滞，失错不当。一、应陈乞给使减年与官司私名补副尉。一、应官司申到已依旨挥施行事。一、大理寺自申因由。一、诸处缴到依旨挥合毁抹文字。……刑上房：一、诸处送到先经呈覆及书押，宰相互关照应，无可施行，合呈知并已行文字，呈知请知尚书省奏知，并尚关照会文字，已行奏状，已降指挥，申状又到，合请已行文字。欲望宰执厅轮日请笔。未经宰相呈押者，如谓刑部大理寺申。断绝之类，并类聚，每月单具事目，呈宰相请笔。一、诸路申奏百姓等合取旨公案，如有一般体例，并令刑部依条具抄上省。如体例大同小异，欲令参酌增损具钞。……一、应合检具文字，欲于宰执厅轮日请笔取索，候圆备，赴宰相厅呈覆。刑下房：一、百姓犯罪，情法与例一同者，自来合坐例具钞。今却有似此狱案，尚有坐例上中取旨。欲令刑部比例拟抄施行。一、应官司申到奏无平反过刑狱文字，欲更不送中。一、应官员已得旨转官，吏部拟申，乞给付身，除合命词送中外，余给付身人欲更不送中，一面勘验，出给付身。一、应合呈知文字，欲于宰执厅轮日请笔。一、应使臣重迭效用八资上所得资级，比例合作减年者，欲乞行下吏部，开坐前后所得旨挥因依，合得若干减年具抄。[1]

以现在的观点来看，中书刑房分别负有政务和审判两个方面的职责。如"应合呈知文字，欲于宰执厅轮日请笔"是一般的行政性事务；而"诸路申奏百姓等合取旨公案，如有一般体例，并令刑部依条具抄上省。如体例大同小异，欲令参酌增损具钞"，则明显是判断以往断例是否适用的职责，应当属于司法范畴。而相应的史料也证实，中书省负责编修包括中书刑房例和中书刑房断例两种。

> 诏中书省编修刑房断例，候编定付本省舍人看详讫，三省执政官详定，取旨颁行。[2]

〔1〕（清）徐松辑：《宋会要辑稿》第 60 册《职官三》之三六，影印本，中华书局 1957 年版，第 2415 页。

〔2〕（南宋）李焘：《续资治通鉴长编》卷三九二，中华书局 1995 年版，第 9542 页。

这是关于中书刑房断例情况无疑。

还有：

> 中书习旧弊，每事必用例，五房吏操例在手，……公令删取五房例及刑房断例，除其冗缪不可用者，……每用例必自阅，自是人知赏罚可否出宰相，五房吏不得高下于其间。[1]

这里将中书五房例与刑房断例相区别。而中书五房是包括刑房的，也就是说，刑房断例区别于一般的中书刑房例。从中可见，中书五房各房均有例，既然刑房负责本房例的编纂，那么其余各房也是各编其例。

还需要说明的是，在宋人眼中，中书刑房断例与一般的断例也是有区别的。

> 中书省言："刑房断例，嘉祐中宰臣富弼、韩琦编修，今二十余年。内有该载不尽者，欲委官将续断例及旧例策一处看详情理轻重，去取编修成策，取旨施行。"从之。[2]

上述史料出自哲宗元祐元年，其中称韩琦、富弼修中书刑房断例"至今二十余年"，因为现有史料反映，宋人在元祐之前的熙丰年间实际上编纂过多部断例。可见宋人认为之间修撰的熙宁、元丰断例都是与刑房断例不同的东西。《续资治通鉴长编》卷三十七元丰三年八月丁巳条也记载"刑房并法寺断例，送详定编敕所"。这里直接将刑房和法寺的断例并称，足见两者的区别。而且明代的《国史经籍志》卷三也有元祐法寺断例的条目。鉴于上述史料反映出元祐元年宋人对刑房断例进行过编纂，可见元祐年间的断例确实按照编纂部门被分为了法寺断例和刑房断例。

2. 刑房编例中负责编修的人员

与中书刑房断例编纂相关的一个问题是：具体由什么人员进行该项工作？有观点认为是由"中书刑房检例官"来进行编纂的[3]。我们认为这一观点是错误的，理由在于：

---

〔1〕 （南宋）朱熹：《宋名臣言行录》后集卷一《丞相魏国韩忠献王行状》，顺治辛丑林云铭刊本。

〔2〕 （南宋）李焘：《续资治通鉴长编》卷三九一，中华书局 1995 年版，第 9509 页。

〔3〕 赵旭："论北宋法律制度中'例'的发展"，载《北方论丛》2004 年第 1 期，第 127~130 页。

第一，早在中书刑房检例官设立之前就有编纂中书刑房断例的情况发生。从上述提及的《续资治通鉴长编》中元祐元年十一月戊午的记录中可见，最早的刑房断例是由富弼、韩琦等一代名臣编纂的，而决定再编刑房断例的时间是元祐元年底。

而关于刑房检例官设立的时间，史料记载：

> 三省言："古者道揆在上，法守在下。今既责有司以守法，又委之以引例，则为职不专，而奉法有二。如此，则乱上下之分，长出入之弊。欲例之在有司者，收还中书。缘修例于法外别作轻重，尤难于创法，非深识义理善揣情法者，不能精也。今修例专委吏人，恐未能充此任。欲择烛理明审者二人，充中书刑房检例官，使议去取类例，因令阅大理、刑部所上奏案，签贴差失，以告于执政。古者，狱疑则司寇以告于王，王命三公参听之。今大理、刑部所上奏案，必先经尚书省，次上中书，中书贴例取裁，乃过门下。门下职在省审，见其差误，理须驳正。不惟事涉迂滞，稽留犴狱，亦有逐省退下有司，其间轻重相反，有司缘此益增眩惑。欲刑部、大理奏案，两司所议皆同，即令具指疑虑可悯、情法轻重之状；若两司所见异同，则各为一状，并上中书三省参听；若州郡元作疑虑可悯及情法轻重奏上，而有司以为罪不当谳，却行改断，依例具钞奏上，内尚书、门下省点检，尚有可疑，亦委三省同议。"从之。[1]

此外，还有一条记录：

> 范百禄新传：奏狱，门下省多驳正，当贷者皆欲杀。百禄屡以告执政，执政言于上，有诏："例在有司者，悉收还中书。置检例官二人，使议去取，阅刑部，大理所奏疑虑若可悯，情法轻重之状有异同，各以上。"百禄请去，且上疏论之，悉如所请。自是例复归刑部矣。
>
> 附注：百禄旧传同此，当附二年三月，或元年九月，仍辨其误。[2]

虽然第二条记录中对于范百禄建议设官的时间有两种讲法，但结合第一

---

〔1〕（南宋）李焘：《续资治通鉴长编》卷三九六，中华书局 1995 年版，第 9659 页。
〔2〕（南宋）李焘：《续资治通鉴长编》卷三五八，中华书局 1995 年版，第 8571 页。

条，认定该时间为元祐二年应当不错。所以，编纂刑房断例的时间早于设立中书刑房检例官的时间，我们可以推测刑房检例官并不执行编纂工作。

第二，检例官存在时间很短，甚至可能没有真正设立过。虽然是先编刑房断例，后设检例官，但两者时间相距不远，存在先决定立法，后设任官员的可能。但有史料显示，宋代是否真正设立了刑房检例官是存在疑问的。

> 元祐元年，三省言：中书置刑房检例官，从之，独刑部员外郎刘赓上疏，言元丰官制以例藏刑部，可比则取钞，不可则取旨，今非故事，诏如所言请，而例复藏刑部，自是中外奏谳无所避矣。[1]

这一段记录中，设立中书刑房检例官的时间相对提前了，但和上面所记载的范百禄的事迹一样，也有人对此提出反对意见，无论其中具体的情况如何，综合各方面的记录可以断定，检例官刚刚设置就因刑部官员的反对旋即废止。这里反映的不仅仅是一个官职的存废，更是中书省和刑部对于审判权的争夺。

第三，中书刑房例的实际编纂人员。

> 左司员外郎兼提举编修刑房断例曾旼等奏："准尚书省札子编修刑房断例……"[2]

这里是由"提举编修刑房断例"的曾旼等人负责编修，再结合上述韩琦、富弼最早编纂刑房断例的情况可见：韩琦、富弼是一代名臣，当然不可能屈就于"刑房检例官"的职位。实际上按照宋代的常规做法，编修各类法规时一般都是由朝廷专门差除高级官员担任"提举官"，兼任修纂的工作。所以刑房例的编纂也是按照这一程序完成的。虽然具体工作不可能由这些提举官一人完成，但修例人员都是临时专门调派的，而非设立"检例官"作为常设的编纂人员。

---

[1]（元）富大用编：《古今事文类聚·新集》卷一五《例藏刑部》，载（清）纪昀等编：《影印文渊阁四库全书》第928册，我国台湾地区"商务印书馆"1986年版，第252页。

[2]（宋）李焘：《续资治通鉴长编》卷五八，中华书局1995年版，第12016页。

## （三）编敕所修编断例

（建炎）四年夏，诏敕令所将嘉祐、政和条制对修成书。大理卿兼同详定一司敕令王衣乃乞召人言编敕利害，仍以详定重修敕令所为名，令寺官、局官同共对修，……后三日始命宰臣范宗尹提举重修敕令，参知政事张守同提举。其秋，言者乞令省部百司吏人将所省记条攒类成册闻奏，……至绍兴元年秋，守等始以绍兴重修敕令格式及申明、看详等总七百六卷上之，……自是迄于三十年之秋，敕局所修之书又一千八百六十三卷，……（三十年八月陈康伯上参附吏部敕令格式申明等共七十二卷，又上刑名疑难断例二十一卷。）……三十一年遂罢之……三十二年夏，有旨裒集上皇圣政，吏部侍郎徐度乞复置敕令所，从之，……乾道四年冬……乃以重修敕令所为名。六年冬又以详定一司敕令所为名……新修之书又为三千一百二十五卷……刑部侍郎方滋上特旨断例七十卷，……四年五月，上淳熙新编特旨断例四百二十件。[1]

从中可以看出编敕所呈上的法规中包括断例，无疑该类机构也承担着编例责任。

### （四）私人编例的情况

日本学者川村康在其《宋代断例考》一文中引用了另一位著名日本学者宫崎市定的观点，认为韩琦、富弼的编例活动是以私人身份进行的编纂，与国家统一编纂的断例没有关系[2]。从史料来看，这一观点的依据是上述韩琦行状以及其他一些史料中谈到韩琦将编成的断例放在手边，每遇到疑问就翻阅查找，似乎这是韩琦自己编辑的工作手册，作为个人书籍使用。但是根据《续资治通鉴长编》卷三九二"元祐元年十一月戊午"中提到的"中书省言：刑房断例，嘉祐中宰臣富弼、韩琦编修，今二十余年……"可见，这里是将韩琦等人的刑房断例作为国家法律的一部分，并以此为依据对例进行修改增修。所以认为韩琦、富弼等人所编例为私人所编的依据是不足的。

---

〔1〕（宋）李心传撰：《建炎以来朝野杂记》乙集卷五《炎兴以来敕局置废》，中华书局 2000 年版，第 592 页。

〔2〕参见〔日〕川村康：《宋代断例考》，吴海航译，载中国政法大学法律史学研究院编：《日本学者中国法论著选译》，中国政法大学出版社 2012 年版。

**二、编纂的程序：以断例编纂为例**

（一）编纂程序的总体情况

1. 宋人对编例的态度

宋人对于编例必要性的态度可以从以下一则史料中看出：

> 臣僚言："臣闻自昔天下之所通行者法也，不闻有所谓例也。今乃于法之外，又有所谓例。法之所无有者，则援例以当法……今朝廷既已复置详定敕令一司，臣以为凡有陈乞申请，傥于法诚有所不及，于例诚有所不可废者，乞下敕令所详酌审订，参照前后，委无抵牾，则着为定法，然后施行。如有不可，即与画断，自后更不许引用。如是，则所行者皆法也，非例也，彼为吏者虽欲任情以出入，弄智而重轻，有不可得，奸弊自然寝消。举天下一之于通行之法，岂不明白坦易而可守也？"从之。[1]

臣僚在上述的建言中提到，"例"是为了补充法所没有规定的内容而设立的。虽然在实务中存在用"例"为奸的情况，各方面声音也希望废除"例"，但由于其具有"法所不及"的作用，始终没有被废除。所以将合理有价值的"例"固定下来成为通行之法，是宋人修例的初心。

2. 编例的基本程序

先来看一则记录编修"条件"的史料：

> 七月一日，臣僚上言："今朝廷名为看详元符增重及创立条件，其实将熙宁、元丰以来条制一概率意增损。欲乞置局重修敕令，委详定官举辟刑部、大理寺官或历任为曾任法寺及外任检法者充属官。其已行增损条制，并乞付本局再行修完。"诏差郭知章、周鼎看详，王吉甫、钱盖同看详。应合删改增损条例事件，并依累降指挥施行。仍令看详所逐旋具删修到条件申仆射厅点检，详正取旨。其梁士能等依旧于仆射厅看详祗

---

[1]　（清）徐松辑：《宋会要辑稿》第164册《刑法一》之五六，影印本，中华书局1957年版，第6489页。

应，左右司更不详定。〔1〕

从文中可见"条件"是"条例事件"的简称。例、事、件这几个名词的字面意思应该都是指单独发生的个别事务，所以本条所称的"增重及创立条件"实际就是熙丰之后，在熙丰法制之外改变和增加条件的一些临时做法。这些做法经过一段时间之后成了惯常的规则，但尚未及编定成文。所以本次就要对这些"条件"进行筛选修订。那么具体如何操作呢？下一则史料给出了答案：

> （元祐）八年六月十六日，门下中书后省言："准朝旨编修在京通用条贯，取到在京诸司条件，收为一书。除系海行一路一州一县及省曹寺监库务法，皆析出关送所属，内一时指挥不可为永法者，且合存留依旧外，共修成敕令格式若干册。所有元祐三年十月终以前条贯已经删修收藏者，更不施行。其十一月一日以后续降，自为后敕；及虽在上件月日以前，若不经本省去取并已行关送者，并合依旧施行。仍乞随敕令格式，各冠以元祐为名。"从之。〔2〕

这段史料是说，宋人为了编修"条贯"，收集在京诸司的"条件"。其中又出现了与"条件"相区别的另一个概念："条贯"。"条件"是单独的一件件事例，而"贯"是指经过汇编、贯通，将单独的条件进行综合整理的事例。而综合整理的程序首先是对"条件"进行分门别类。将"条件"分门整合为"条贯"仅仅是编纂的一道工序，接下来对于"条贯"还可做进一步的处理：其中可以为永法的，会直接被修成敕令格式，成为一般意义上的成文法；其中不可为永法的，也不会被完全抛弃，依旧以"条贯"的形式继续保存。

我们认为，上述过程反映了实务中形成的一件件"条件""事例"经过整合成为"条贯"，一部分经编修成为敕令格式，另一部分留存作为故事和事例继续存在。

我们推测的这一过程，也得到了下面两条记录的印证。

---

〔1〕（清）徐松辑：《宋会要辑稿》第164册《刑法一》之二，影印本，中华书局1957年版，第6471页。

〔2〕（清）徐松辑：《宋会要辑稿》第164册《刑法一》之一五，影印本，中华书局1957年版，第6469页。

（绍兴二十六年）闰十月一日，臣寮言："文昌，政事之本。今户部之婚、田，礼部之科举，云部之御军，工部之营缮，以至诸寺监一司专法之外，窃意无条而用例者尚多有之。欲望深诏大臣董正治官，悉令有司子细编类，条具合用之例，修入见行之法。一有隐匿之弊，重寘典宪。"从之。[1]

（大观二年）十一月二十九日御笔："批阅近奏，以六曹事修例为条。且法有一定之制，而事有无穷之变，苟事一为之法，则法不胜事。又其轻其重、其予其夺，或出于一时处断，概为定法，则事归有司，而人主操柄失矣。宜令详定一司敕令所，应于六曹已施行事为永制者，修为敕令格式外，其出自特旨，或轻或重，非有司所决，可以垂宪者，编为定例，以备稽考，余悉删去。庶使官吏不得高下其手。"[2]

绍兴二年的记录中，"条具合用之例，修入见行之法"，就是将具备合理性，便于使用的例固定下来，逐条列明，成为"条""法"，修入法规；如不适用，则予以废止。而这一过程又是下面大观二年记录的法律编纂过程中的一个部分。从中可以看出：上述南宋绍兴年间的做法在北宋后期的大观年间已经存在，当时也有"以六曹事修例为条"的做法，而且，"条"这一概括性的称谓，实际上指的就是"敕令格式"。但是这条记录反映出，对于事例的编纂处理还有另外一种情况，也就是编为"定例"，这种"定例"不属于敕令格式，其作用是"以备稽考"，也就是作为日后决策的参考依据。相对于作为正式法典的敕令格式，效力较为薄弱。

上述两组四条史料都证明，对于事例的编纂，总的是一个甄别和分类的过程，总体上可以概括为将实务中的惯常做法进行筛选，具有普适价值的，有资格作为"永制"，则被固定化、成文化，修入敕令格式等一般意义上的法典，确认其作为正式法律规范的效力；而对于那些不具备被立为永制资格的事例，也不会被完全抛弃，而是通过统一汇编，留备日后参考。

[1]（清）徐松辑：《宋会要辑稿》第164册《刑法一》之四三，影印本，中华书局1957年版，第6482页。

[2]（清）徐松辑：《宋会要辑稿》第164册《刑法一》之二三，影印本，中华书局1957年版，第6473页。

3. 例的形成过程

综合上述关于宋例的渊源、形成以及编纂的讨论，我们尝试使用下表来描述整个过程。首先，是针对具体事务的处断，其形式可能是皇帝诏令、有司政令、法寺判例。这些处断，有些会直接被打上不得为例的标签，从此以后禁止被引用，有些则因自身情况特殊，日后再未被引用，这两种情况下，处断都会自然消失，无法成例。其他的处断，有些被"著为例"，要求日后参照实行，有些则因为本身的合理性而被后世反复引用。这些处断都因其适用性而成为定例，因为是通过日积月累逐条成立的，所以被宋人称为"条件"。宋人会对"条件"进行进一步的编纂，这一步类似于现代意义上的立法活动，"条件"经过进一步鉴别分类，一部分被编入"敕令格式"等法律形式，另一部分因其繁杂细碎或价值不高而被另行编订，以备稽考。我们试用下图来呈现整个流程：

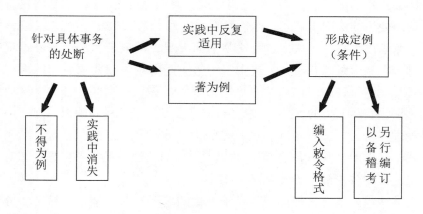

下面我们还可以结合一则史料来理解上述流程：

> 哲宗元祐元年十二月十七日，尚书省言："左司状，失入死罪未决并流徒罪已决，虽经去官及赦降原减，旧中书例各有特旨。昨于熙宁中，始将失入死罪修入海行敕，其失入流徒罪例为比死罪稍轻，以此不曾入敕，只系朝廷行使。近准朝旨，于敕内删去死罪例一项，其徒、流罪例在刑房者依旧不废，即是重者不降特旨反异于轻者，于理未便。本房再详，徒罪已决例既不可废，即死罪未决例仍合存留，乞依旧存留元丰编

敕全条。"从之。[1]

元祐元年,尚书省提出:以往对于官员断案时误判造成"失入死罪未决"以及"失入流徒罪已决"两种情况的赦免和减轻,都有专门的特旨,并被记录在"中书例"当中。在熙宁年间,将"失入死罪未决"的条文修入了"海行敕",而"失入流徒罪已决"的条文因为所涉及的错误没有那么严重,所以没有修入。近来根据圣旨将"失入死罪未决"的内容从敕文中删除了,这就造成了处罚相对较轻的罪过时有例可循,而处罚相对较重的罪过时,因为已不在敕内,反而必须每次颁降特旨。对于这种不合理的情况,尚书省认为,"失入流徒罪已决"的规定是有必要保存的,而"失入死罪未决"不应当删去,建议在编敕中保留这条内容。

这条史料为我们清晰地展示了"特旨""敕""例"这几种法律形式的关系。

第一,针对失入官员的原减赦免,最初始要颁布特旨,而且从"各有"一词来看,特旨都是针对一事一例的具体规定。

第二,结合文中"旧中书例各有特旨"与"其徒、流罪例在刑房者依旧不废"两句可见,这就是前面提到过的中书刑房例,而且应该是区别于"中书刑房断例"的一般"中书刑房例"。而上述针对"失入死罪"和"失入流徒罪"的特旨都成了"中书刑房例"的一部分。

第三,已经在"中书刑房例"中记录下来的上述规定,又经过筛选,其中针对失入死罪的规定又被编入了"海行敕","海行敕"一般被认为是向全国颁布的公开法典。而剩下针对失入流徒的规定也并不会被废除,而是继续作为中书刑房例的一部分适用。

（二）断例编纂的具体流程

以上描述的是宋例形成和编纂的一个大致情况。实际上,宋例编纂的过程有着更为细致的规定和步骤,限于史料,现在尚难以将其完全复原。目前,学术界研究相对较多的是断例的编纂,但是对于一些具体的标准和程序还有进一步明确和厘清的必要。以下将借助史料,从选择的范围、标准、编纂的

---

[1] （清）徐松辑:《宋会要辑稿》第168册《刑法四》之七七,影印本,中华书局1957年版,第6660页。

程序、方法、技术等方面来说明断例编纂的过程。

1. 断例选择的标准

断例选择的标准为情实可悯、轻重相当。编例的首要问题就是按照什么样的标准进行筛选，哪些断例值得留存下来作为以后司法实践的指导和依据。很多史料反映，宋代的司法判决存在一定的随意性，即使排除贪赃枉法、徇私舞弊的极端情况，不同的审判人员对于同一类案件也可能有不同的认识和判断，造成判决前后抵牾，矛盾纷出的现象，比如：

> 刑部郎中潘景珪言："朝廷钦恤用刑，以条令编类成册，目曰《断例》，可谓曲尽。昨有司删订，止存留九百五十余件，与见断案状，其间情犯多有不同，难以比拟。乞下刑部将隆兴以来断过案状编类成册，许行参用，庶几刑罚适中，无轻重之弊。"[1]

可见，即使在已经有了编定断例的情况下，仍然会出现断例情节事实差异很大，无法借助已有案例相互参照比拟的困难，所以，潘景珪建议重新编纂案例。

这些情节错出，纷繁复杂的案例，哪些才能够作为今后参照的依据呢？这就要求人们在选择断例的时候作出恰当的取舍。关于断例取舍的标准，学界并无太多争议，这方面的史料也比较充分，在选择断例时，基本上有两个方面的要求：

第一个方面的要求是，断例与成文法规差异不大，符合法律的基本原则。完全背离一般法律原则的判例只能作为一时的特例，这些案例可能出于皇帝决断，可能由于罪犯身份特殊，都不具备作为其他案件参考依据的资格。真正能被其他案件引为范例的，必须是那些具有普遍指导意义，符合人情法理的案子。所以上述史料中，潘景珪提出的意见被皇帝接受之后，"诏刑部长贰选择元犯与所断条法相当体例，方许参酌编类；其有轻重未适中者，不许一概修入"。这其中反映了两方面的要求：第一是"与所断条法体例相当"，"条法"应当指的是与案件相关的法规，也就是说在断案时适用的相关法条比较恰当；第二是从反面规定"轻重未适中者，不许一概修入"，也就是说，必

---

〔1〕 （清）徐松辑：《宋会要辑稿》第 164 册《刑法一》之五一，影印本，中华书局 1957 年版，第 6487 页。

须是判决轻重适当的案子才能够修入。换成今天的法律术语也就是量刑情节的认定和刑种、刑期的裁量必须恰当。不符合这些标准的案件就不能被选为断例。

第二个方面的要求是，"情实可悯"。现有史料反映，需要借助断例进行判断的多是关于是否可以对罪犯予以从轻处罚的案件。而判断的标准则是案件的具体情节是否属于事出有因或者情有可原，值得同情。比如：

> 乾道元年七月二十日，权刑部侍郎方滋言："乞将绍兴元年正月一日以后至目今刑寺断过狱案，于内选取情实可悯之类，应得祖宗条法奏裁名件，即编类成书；及将敕令所修进《断例》更加参酌。"从之。[1]

### 2. 编纂的程序和方法

就具体的编纂程序和方法而言，由于宋代不像我们今天有国家直接颁布的立法法，对于法律的制定颁布程序有明确的规定，所以，包括断例在内的各种法律的制定编纂过程都是散见于一条条史料之中，而且是以对具体编纂事务的记录的形式存在，所以要重现编纂程序和方法，只能综合这些史料，对其进行拼接复原，庶几管中窥豹、一探原貌。此外，这里所研究的断例编纂过程实际上是作为整个宋例编纂研究的一个缩影，其编纂的程序方法与其他宋例甚至其他宋代法律形式都有共性，所以在复原断例编纂过程的时候我们也可以借鉴史料中其他相关法律形式的编纂过程，互为参照。

首先，从编纂的基础来看，如上所述，一般例的编纂中存在一个"条件"到"条贯"的过程，我们认为断例的编纂中也有"条件"这一类基础原料。

如《续资治通鉴长编》卷五〇八中元符二年四月辛巳条记录，负责编纂《元符断例》的曾旼在上奏编纂情况的时候提到：

> 元丰四年至八年、绍圣元年二年断草，并刑部举驳诸路所断差错刑名文字共一万余件，并旧编成刑部大理寺断例……

所谓的"断草"应该指的就是有待进一步甄别取舍的既判案例。

---

〔1〕（清）徐松辑：《宋会要辑稿》第 164 册《刑法一》之四七，影印本，中华书局 1957 年版，第 6485 页。

接下来针对断草如何处理，我们需要借助其他相关史料来判断。

> 臣僚言："伏见近日将绍兴续降重行删修，缘四十年间，前后申请无虑数千，重复抵牾，难以考据。乞且委大理寺官同共看详，先经正、丞，次至卿、少，一如狱案详难，定其可否，类申刑部。"……十一月二十九日，秘书少监、兼权刑部侍郎汪大猷言："切见绍兴以来续降几至二万余条，间见层出，前后舛牾者不可一二数。比因臣僚所请，命刑寺官如断案例以次删修。……"〔1〕

上面这段史料是针对续降敕的编修。臣僚发现由于需要编修的续降太多，而且纷繁复杂、矛盾抵牾，必须对其进行筛选，所以要求刑寺官员参与续降的共同审核，按照案件的标准，判断是否应当予以采用。也就是说编修续降时，借用了断例编修的程序方法，甚至参与编修的人员都是同一批司法机关人员。这提示我们，在今天研究断例编修程序时可以反过来参照续降编修的程序和方法，由此可以尽量还原史实。下面我们就通过一组"续降"的编修程序来复原"断例"的编修程序。

第一步，是收集汇总，这在续降的编纂过程中有所体现。

> （绍熙）二年正月二十七日，臣僚言："淳熙新修《新书》止乾道四年，自乾道五年至今二十二年之间，申明、续降，未经修纂。比因臣僚有请，令诸处各条具修书以后，凡经引用续降指挥，并行置册编类，供申刑部，候齐足日缴申朝廷，委官参订。经涉二年之久，诸处供申未足。乞行下刑部，立限催督，蚤与参订颁行。"从之。〔2〕

从上述史料可见，对于续降，在编修之前是由各处申报曾经引用的申明续降，汇总后编订。这是因为续降数量太多，朝廷对于曾经颁布的续降在实务中的适用情况并不了解。如果涉及事务少见或处理显为特例，实务中从没有被适用过，这就说明这类续降并没有实务价值，所以要求汇总上报的程序，

〔1〕（清）徐松辑：《宋会要辑稿》第164册《刑法一》之四八，影印本，中华书局1957年版，第6485页。

〔2〕（清）徐松辑：《宋会要辑稿》第164册《刑法一》之五五，影印本，中华书局1957年版，第6489页。

本身就起到了一种筛选的作用，汇总上报的至少都是曾经在实践中发挥过作用，具有实务价值的续降。

我们认为断例可能在数量上不及续降，但二者在适用原理等方面有着共通之处，因此必然存在着各地审判机关引用既有断例的情况，比如范仲淹在其奏章中就提到：

> 一天下官吏，明贤者绝少，愚暗者至多，民讼不能辨，吏奸不能防，听断十事差失者五六，转运使提点刑狱但采其虚声，岂能徧阅其实，故刑罚不中，日有枉滥，其奏按于朝廷者千百事中一二事耳，其奏到案牍，下审刑大理寺，又只据案文不察情实，惟务尽法，岂恤非辜，或无正条则引谬例，一断之后，虽冤莫伸，或能理雪，百无一二，其间死生荣辱，伤人之情，实损和气者多矣。[1]

从中可见，各地在进行审判时，也需要引用断例进行裁决，在引例时就会取舍，取之不当，就形成了引文中所称的引用“谬例”。客观上，这就是基层审判机关选择用例的过程。而那些在实务中从未被引用的断例，必然不具备指导意义，编纂时应当予以删除。所以断例的编纂过程中先经汇总，在此基础上筛选出在实践中被实际引用、经过检验有效的案例，作为备选案例。

需要附带说明的是，这样一种筛选过程在操作中会不可避免地遇到这样一个问题——耗时过长，这一现象在续降的编纂中已经出现。

> （绍熙二年）五月六日，臣僚言：“淳熙所修《新书》止乾道四年而已，自乾道五年至书成之日凡十有余年，自书成以迄于今又十有余年矣，则是二十二年之间，申明、续降未经修纂也。比因臣僚有请，令诸处各条具修书以后，凡经引用续降指挥，并行置册编录，供申刑部，候齐足日，缴申朝廷，委官参讠丁。此淳熙十六年八月所降指挥也。今诸路州军抄录到部者才五十余处。且朝廷法令不可一日而不齐，诸处编录不过数日而可办，顾乃经涉二年之久，而供申有未足乎……”从之。[2]

---

〔1〕（北宋）范仲淹：《奏灾异后合行四事》，见李勇先、王蓉贵校点，《范仲淹全集》中册《范文正公政府奏议》卷上，四川大学出版社2002年版，第580页。

〔2〕（清）徐松辑：《宋会要辑稿》第164册《刑法一》之五六，影印本，中华书局1957年版，第6489页。

从这段史料可见，从淳熙十六年到绍熙二年的两年间，编纂人员始终无法完成全面收集各路续降使用情况的工作，续降编纂的工作迁延日久。

第二步，在汇总了案例之后，就是对收集到的断例进行编纂，去芜存菁。上述范仲淹的奏章中就提到：

> 臣请诏天下按察官，专切体量州县长吏及刑狱法官，有用法枉曲，侵害良善者，具事状奏闻，候到朝廷详其情理，别行降黜，其审刑大理寺乞选辅臣一员，兼领以慎重天下之法令，检寻自来断案及旧例，削其谬误，可存留者著为例册。

从中可见，断例的编纂，是由刑寺的副官检寻所有案例，进行编纂。而编纂的具体方法，因为上述史料中明确反映，续降的编纂是刑寺官员按照断例编纂方法进行的，所以编纂续降的方法就是编纂断例的方法。上述史料中汪大猷等臣僚在要求法寺官员参与编修续降的同时，也提到了具体的编纂方法：

> 然后以所隶事目分送六部，六部长贰、郎官更加参详，委得允当，即著为定令。庶几敕令之颁，可以经久。……然至今数月，未知所裁。欲望明诏有司，亟赐编集。有旧法不能尽而续降可以参用者，即分类编次之；有旧法文不分明而续降因事重出，即参酌损益之；有旧法所无而后不因事立制者，即修立以为法；有一时权宜处分不可著为成制者，即存留以照用；有旧法本自可用而续降不必行者，即皆删去。庶几一代法令，粲然备具。[1]

首先，大理寺官员看详完毕之后，由长官判断取舍，然后编为法令。随后针对不同的续降做不同的处理：第一种是以往规定没有，而且后来的续降内容合理，适于使用，那就直接进行分类编辑，也就是"著为定令"；第二种是旧法规定不够明确，造成后来不得不用续降对同样的事情重新作出规定，针对这种情况，要比较前后规定哪个更加明确合理，相互参照修改，确立恰

---

〔1〕（清）徐松辑：《宋会要辑稿》第164册《刑法一》之四八，影印本，中华书局1957年版，第6485页。

当的规定；第三种是旧法未作出规定，而后来颁布的续降具有一定的普遍性，并非针对专门事由作出的规定，可以推广，这种就要立为定法；第四种情况与第三种相对应，如果续降只是临时应急处置，不具备广泛的效用，那么就以一般的记录保存，以备日后特殊情况时参照使用；最后一种就是旧法已经明确规定了，那么续降就要删除。

从上述内容可见，编纂工作将续降分为三类，一类是编次使用，或者著为令或者立为法，或者是与旧有法条相互参照修改，确定合理的内容；第二类是不立为定制，作为一般留存，记录下来以备参考使用；第三类是彻底删除。

以下史料也印证了上述内容：

> 臣僚言："近者朝廷复置敕令删修官，盖将会粹续降，编缉无遗，使章程条目昭然可见，诚为中外之利。然则法贵乎简，不贵乎繁。今敕令格式既勒成书，余外建请冲改，不知其几，皆百姓所未闻。庀官其间者虽欲检伺欺弊，未必尽究，猾吏黠胥，掩藏玩弄，得以容奸。民庶冒昧，陷于非辜；郡县奉行，乖于定令。若斯之类，为害实多。靖循其原，盖蠹立法以病法，革弊而滋弊，文书猥冗，非所以明邦典而定民志也。乞诏攸司，将前后续降指挥非已编成书者，精加审订，冗并者省之，异同者析之，可久者著之，难行者削之。搜剔汇萃，各有伦要，使中外共观，无或瞀乱，是为一代之良法。"从之。[1]

可见删修编纂的方式就是"省之""析之""著之""削之"。

实际上，上述这和编纂方法是宋代立法活动的通例，即使是公认的作为正式成文法的"律、令、格、式"的编纂也无非是上述程序产生的结果。从上述的史料我们已经可以看到，一些续降被筛选之后，或者直接记录，或者参酌修改，最终都成为"令"的一部分。所以"令"就是这种编纂工作的结果。而下一条史料则显示，"格"也是这么形成的。

> 《御史台弹奏格》，旧无有。淳熙初，柴叔怀瑾为殿中侍御史，奏言：

---

[1]　（清）徐松辑：《宋会要辑稿》第 164 册《刑法一》之五六，影印本，中华书局 1957 年版，第 6489 页。

"本台觉察弹劾事件，前后累降指挥，经今岁久，名件数多，文辞繁冗，又有止存事目，别无可考，恐奉行致有抵牾，乞下敕令所逐一删修成法，各随事宜，以六察所掌，分门别类，缴申朝廷取旨，降下本台遵守。仍令刑部镂板颁降中外。"单夔时以户部侍郎兼敕局详定，被旨编写成册，送台审覆。会谢廓然新除殿中侍御史，与其寮审覆，凡三百五条具奏，乞以弹奏格为名行下。从之。四年七月丙午也。绍熙元年二月，刘德修为御史，又摘其有关于中外臣寮、握兵将帅、后戚、内侍与夫礼乐讹杂、风俗奢僭之事，凡二十余条以奏，乞付下报行，令知谨恪，上从之。[1]

从上述史料可见，所谓《御史台弹奏格》这样一部以"格"命名的法律，其来源也是实务中的"弹劾事件""累降指挥"，为了减少实务中积累的这类法条相互抵牾矛盾的问题，所以要对其进行编修。具体的程序是先经筛选（所以最终形成的文本只有三百余条）；其次再按照御史台内设的机构六察进行分门别类的工作。其在实质上与上述的续降和断例编纂方法是完全一样的。

所以，宋代包括断例、编敕甚至令、格、式在内的各种法律形式，其编制形成的方式与现代成文法国家的立法方式迥然不同。现代成文法国家的立法模式是，由立法机关对某一行政司法领域的事务统一订立法规，正式颁布生效后，司法机关才能依照施行。而宋代法律编纂，都是因为长期积累的各项敕令、事例相互抵牾矛盾，所以需要编纂整理。这意味着，在宋代未经编纂整理的单件的断例、敕令、指挥等在实践中都是具有法律效力的。实际上"法律效力"一词也仍然是现代法律概念，如果站在宋人的角度上来讲，应该理解为有效的法律并不局限于"律令格式"或"敕令格式"，也并不是只有经过编纂固定成册的法规才是宋人处理政务、案件的依据。对于宋人来说，已经颁布的单行命令或者案件判决，都可以拿来作为处理政务审判案件的依据。

3. 断例经编纂后的形式

以上大致复原了包括断例在内的宋例编纂的程序。接下来的问题是：经

---

[1] （南宋）李心传撰：《建炎以来朝野杂记》乙集卷一一《御史台弹奏格》，中华书局2000年版，第675页。

过编纂之后的断例到底是什么样的？现在的史料中尚未发现断例的原貌，我们只能进行推测。虽然古今中外的法律形式千差万别，但是司法审判工作的本质却是古今一理，既然宋代的断例是审判实践中形成的真实案例，并且会被用来指导其他案件的审判实践，那么我们不妨借鉴我们现代司法实践中运用的判例来合理地推测宋代断例的形式。

司法实践中所谓的"案件"，其存在的形式其实是能够反映案件实体和程序事实的证据和法律文书。以现在常见的刑事案件为例，一起案件就是承办人员案头的一摞卷宗。卷宗中包含着反映案件诉讼程序的文书、相关人员的言词证据笔录、书证、照片、鉴定结论等等。而承办人审查案件之后除了制作正式的起诉书、判决书，还会有分析案件事实、研判证据、讨论法理的结案报告。所以所谓的案件，其实就是上述所有的证据、文书组成的整体。这样的案件就是案例的初始状态。脱胎于案件的案例并不需要保留案件的所有内容，因为案例是用来指导以后案件审判的，而一起案件中，并不是其所有的事实、证据或者涉及的法律问题都有参考指导价值，有些案件可能是犯罪手法罕见，有些案件可能是法律适用有争议，有些案件可能是采信证据的标准特殊。所谓案例，就是要在相对完整记录案件基本事实的前提下，将这些有价值的内容凸显出来。

以我们今天的情况为例，最高人民法院刑庭定期编纂出版的《刑事审判参考》中所记录的案例大致就是这样的情况。一个案例的内容一般由事实和分析两部分组成，其中事实部分包括被告人的身份，简要的案件诉讼过程、控辩双方意见、审判结果和案件事实；而更加重要的分析部分则将案件中存在争议的问题和最终的结论逐一列出，说明理由。法官和检察官在办案时所借鉴参考的主要就是分析部分的理由和结论，而参考的基础当然是案例的事实与本人所办案件具有相似性。美国联邦最高法院的案例，实际上也大致如此，一方面记录有案件的事实，另一方面还记录有最终判决及其理由，还包括持反对意见的法官的理由。

实际上，只要是为了服务于审判实务，无论是现代的"案例"还是宋代的"断例"，都必须包括上述内容。考虑到古代印刷抄录复制技术相对落后，在保存案卷记录的时候应当更加倾向于精简化，所以我们完全有理由认为，宋代"断例"的形式应该也是对案件事实、处理结果、法律适用分析的归纳和记录。

对宋代"断例"的形式,学界也进行过探讨,其中戴建国在《宋代刑法史研究》一书中所提出的观点比较鲜明,他认为"断例"在编纂过程中是经过删节的。其理由是:《郡斋读书志》卷八中《元丰断例》下的注文"右元丰中法寺所断罪比节文也"。随后他又根据《二程文集》中引用的"律节文"一词来证明,"节文"在宋代就是对于某些法律规范的摘录,《元丰断例》既然被描述为"节文",那么"断例"就"并非原案的全文,是经过整理删节的"[1]。

针对上述观点,第一,认为"断例"并非"原案全文"的观点是值得肯定的。如上所述,"原案全文"这种东西在实务中并不存在,"原案"本身不可能只是一篇"全文"。就算是在宋代,所谓的"原案"也必然表现为一组司法文书和证据材料。所以来源于"原案"的"案例""断例"都必然是对司法文书和证据记录的归纳和摘要。

第二,认为在"断例"之前存在着更加详细的"原案全文",并以《郡斋读书志》的记录作为依据来证明"断例"是对"原案全文"的删节,在引用史料上存在错误。根据杨鸿烈先生所著《中国法律发达史》一书中针对《郡斋读书志》的同一段引文,其内容应该是"右元丰中法寺所断罪,此节文也"[2];翻找《郡斋读书志》可以进一步确定,原文是"此节文也"。实际上如果将"此"作为"比",则原句中间不断开,文义也不通顺。

第三,在《郡斋读书志》中不光记录了一部《元丰断例》,该书第一卷中还记录了《断例》四卷,其后注文为"熙丰绍圣中,法寺决狱比",可以发现,这部《断例》在时间跨度上涵盖了上述《元丰断例》,但这里却没有使用"节文"一词。如果说所有的"断例"都是"原案全文"的"节文"的话,作为当朝人的晁公武在记录和说明时,要么就一律注释为"此节文也",要么就认为理所当然、没有必要专门说明而不加任何关于"节文"的注释。而同一部书中既有标为"节文"的,又有不作标注的。这样一来断例是不是所谓"节文"就存在疑问了。

第四,正如戴建国先生在《宋代刑法研究》中引用的一样,关于宋代法律的文献中经常见到"节文"一词,比如《庆元条法事类》卷三〇中有"检

---

〔1〕 戴建国:《宋代刑法史研究》,上海人民出版社 2008 年版,第 110 页。

〔2〕 杨鸿烈:《中国法律发达史》,上海书店出版社影印《民国丛书》1992 年版,第 566 页。

会今年六月二十七日赦节文"、《宋大诏令集·刑法》中有"依重详定刑统节文"[1]、《续资治通鉴长编》中"哲宗元祐元年二月丙戌，右司谏苏辙言：'臣伏见二月七日三省、枢密院札子节文'"，"哲宗元祐元年九月癸未，臣窃见今年九月九日朝旨节文""哲宗元祐元年十二月乙巳，刑部言：'赦书节文：应赦书该载不尽事件，所属看详，比类条析闻奏'"，可见在宋代，引称某部法律赦令的"节文"是很多见的，赦、刑统、札子、朝旨、赦书都有节文，所以"节文"只是一般性地截取某部法律中的一部分，并非是用于"断例"的删选编辑方法。

### 三、断例编纂相关问题

（一）断例编纂数量

在宋代"断例"编纂问题的相关研究中，宋代编纂"断例"的数量也是一个重要问题。对此，各家均给出了相应的数字，如郭东旭提到了七部、日本学者川村康罗列了十部、戴建国则找到了十四部。从这些研究成果来看，这些学者都是在史料中查询关于某部"断例"的名称，找到一个名称则确定有一部。如以数量最多的戴建国所列的十四部为例，它们分别为《庆历断例》《嘉祐中书刑房断例》《熙宁法寺断列》《元丰断例》《元祐法寺断例》《绍圣断例》《元符刑名断例》《崇宁申明断例》《崇宁刑名例》《宣和断例》《绍兴编修刑名疑难断例》《乾道新编特旨断例》《淳熙新编特旨断例》《开禧刑名断例》。

由于"断例"编纂的史料散见各处，要完全统计当然很困难，按照史料所见的名称进行统计不失为一种权宜之计，但在此基础上也应该注意到宋人编纂"断例"的复杂性。

以上述的《绍兴编修刑名疑难断例》为例，《玉海》卷六七和《宋会要·刑法一》一之四七中都记录了这部"断例"的编纂过程。其中《玉海》的记载为：

> 绍兴四年，命大理刊定现行例，刑部乞将现行断例并臣僚缴进元符断例汇集为一，如特旨则别为一书……九年十月戊寅，命评事何彦猷等

〔1〕（北宋）宋敏求编：《宋大诏令集》卷二〇〇《刑法上》，中华书局1962年版，第739页。

编集刑名断例，刑部郎张柄等看详……二十六年九月二十九日戊辰，臣僚请以吏刑部例修入现行之法，闰十月一日刑寺具崇宁绍兴刑名疑难断例三百二十条二十七年吏部尚书详定敕令王师心编修，以绍兴刑名疑难断例为名。

《宋会要·刑法一》所引《中兴会要》的记载：

绍兴三十年八月十一日，同日，尚书右仆射、同中书门下平章事、兼提举详定一司敕令陈康伯等又上《刑部断例》，《名例》、《卫禁》共二卷，《职制》、《户婚》、《厩库》、《擅兴》共一卷，《贼盗》三卷，《斗讼》七卷，《诈伪》一卷，《杂例》一卷，《捕亡》三卷，《断狱》二卷，《目录》一卷，《修书指挥》一卷。诏下刑寺遵守，仍以《绍兴编修刑名疑难断例》为名。以绍兴二十六年九月二十九日御史中丞汤鹏举言："三尺之法，天下之所通用也。四海九州岛，万邦黎献，知法之所载而已，安知百司庶府之有例乎？例之所传，乃老奸宿赃秘而藏之，用以附下罔上，欺惑世俗，舞文弄法，贪饕货赂而已。望诏吏部、刑部条具合用之例，修入见行之法，以为中兴成宪。"后敕令所详定官王师心言："据刑、寺具到崇宁、绍兴《刑名疑难断例》，并昨大理寺看详本寺少卿元衮申明《刑名疑难条例》，乞本所一就编修。"从之。

初，绍兴四年四月二十三日，刑部侍郎胡交修等乞编集《刑名断例》，当时得旨，限一季编集。又绍兴九年三月六日，臣僚言，请以建炎以来断过刑名近例分类门目编修，亦得旨限一月。是年十一月一日，臣僚复建言："前后所降指挥非无限期。取到大理寺状，虽曾编修审复，即未上朝廷。窃详编类之意，盖为刑部进拟案引用案例。高下用情，轻重失当。今既未成书，不免随意引用。乞下刑寺根究节次立限之后如何编类，再立严限，专委官看详。"遂诏刑部委员官张柄、晏孝纯，大理寺委评事何彦猷、赵子籧，依限一月。时编集止绍兴十年。其后汤鹏举奏："敕令所且言：照得《绍兴断例》，大理寺元止编到绍兴十五年以前，所有以后至二十六年终即未曾编类，理合一就编集。"至是成书，与《参附吏部法》同日上焉。诏：令所修进《吏部参附法》，并《刑名疑难断例》，依昨进御试等条法进书推恩。其本所差到大理正周自强、丞冯巽之、评事贾选、潘景珪，各与减一年磨勘，以尝兼权删定官，编过《断例》及审覆故也。[1]

两方面的史料相互补充，才能得出比较完整的历史原貌：

| 要求编纂的时间 | 编纂的基础 |
|---|---|
| 绍兴四年四月二十三日 | 现行断例和元符断例 |
| 绍兴九年三月六日 | 建炎以来断过刑名近例（未上） |
| 绍兴九年十一月一日（会要）<br>绍兴九年十月戊寅（玉海） | 止绍兴十年以前断例 |
| 绍兴二十六年九月二十九日 | 绍兴十五年以前断例以及十五年至二十六年断例 |
| 绍兴三十年八月十一日 | 完成 |

从上述表格中可见，最早是在绍兴四年，有臣僚提出要编纂"断例"，而其基础是"现行断例"和北宋的"元符断例"。随后在九年初，又有臣僚提出将南渡后建炎以来的刑名案例进行编纂。但这次提议一直到下半年似乎都毫无进展，意见无法上报，引起臣僚不满，所以有臣僚再次建言，要求将绍兴十年以前的"断例"尽快编辑上报。再后面就是二十六年臣僚建议编例的记录，但其中提到，当时适用的编例是截至绍兴十五年的，最终二十六年提出的编例工作在三十年才完成。

根据上述的内容，我们可以发现以下问题：

第一，按照戴建国等学者罗列的断例名，《绍兴编修刑名疑难断例》是南宋第一部断例。而一般认为，南渡之后，大量典籍散失，朝廷多有无法可循的困扰，那么四年时作为基础的"现行断例"是从北宋带来的断例还是南渡后新编的断例呢？从前后文义来看，因为后面紧接着出现了以北宋年号称呼的"元符断例"，可见如果是北宋带来的断例，当时一定会按照原有的名称来称呼，那么这里的"现行断例"既有可能是南渡后重新编辑过的断例，也有可能是南渡之后实务中出现的零散断例。

第二，九年的断例，其编纂基础则是"建炎以来断过刑名近例"，其范围

---

[1]（清）徐松辑：《宋会要辑稿》第164册《刑法一》之四六，影印本，中华书局1957年版，第6484页。

显然不包括四年编纂时北宋"元符断例"，那么九年最终编成的断例很有可能与四年时的断例并非一部，至少在是否包括"元符断例"这一点上应该有明显差异。

第三，截至九年的记录，当时编订的应该是十年以前的断例，而且记录反映出的催逼时限很紧，且大理寺已经形成初稿，所以当时应该已经完成了编纂，但二十六年的记录却反映，当时施行的不是上列的十年修成断例，而是绍兴十五年修成的断例，可见绍兴十五年时存在过一部断例。

第四，三十年上奏的断例，命名时"仍以《绍兴编修刑名疑难断例》为名"，也就是说以前有断例名为《绍兴编修刑名疑难断例》，本次仍沿用之，可见，宋人习惯用一个名称反复为不同时间编纂的断例命名。

从上述分析可见，绍兴年间有数次编辑断例的活动：第一次是四年四月，这次限期一季，但最终成果史料中没有说明；第二次是九年初到九年底，这次是因臣僚的促请，以十年以前的"断例"为基础；第三次是以十五年以前的"断例"为基础修成例册，这次是明确完成的；最后一次是针对十五年至二十六年的"断例"进行编纂，最终在三十年完成。可见，如果认为四年的那次编纂没有完成，则断例应该增加绍兴十年和十五年的两部，也就是一共十六部，如果认为四年的那次编纂也成立的话，数量就应该进一步增加到十七部。

之所以进行上述分析，并不是单纯为了增加"断例"的数目，而是为提出这样一个观点：现有研究仅依靠名称的数量来统计宋人断例数量的做法不够准确。从上述史料可见，宋人的编例活动，有的是在已经形成的文本上进行添加，名称保持不变，但内容已经逐渐变化了；有的则可能在名称上另起炉灶，但内容未必焕然一新，可能会包含以往的断例。

所以我们研究宋人编纂的"断例"，要避免单纯以名称为标准来统计数目，在每一部断例名称下还要细致划分编纂次数。如上述的《绍兴编修刑名疑难断例》，假设引文中所有的编纂成果都是用的这一名称，前后的数量也在四部以上，每部之间平均间隔有五年至十年，其间积累的新案例数量可想而知，每一部内容的区别一定很大，如果因其具有同一名称而将其统计为一部"断例"肯定是不准确的。

（二）关于特旨断例的研究

在关于宋代"断例"的研究中还有一个问题，一些"断例"被冠以"特旨"的名称，如戴建国所列《乾道新编特旨断例》《淳熙新编特旨断例》。"特旨断例"的性质也是宋例研究中一个存在争议的问题，学者们对此给出了各自的观点。第一类观点从特旨颁布来源和其政治特征角度出发，强调这类"断例"的君主专制特性，比如戴建国在提及特旨断例的时候就认为特旨是皇帝违反一般法律原则的专断案例。而王侃则更明确地强调特旨是君主专制意志的体现，并以此来否定例的法律性质。第二类观点是从特旨所涉事务性质的角度出发判定其性质，如《中国政治制度通史》一书认为，特旨是专门针对大理寺刑部处理官员时所做的决定。[1]

所以这里需要解决两个问题：第一，特旨是不是仅专门针对命官犯案的？持肯定态度的依据，大致来源于司马光的一篇奏议：

> 勘会，守法者有司之职，揆道者君相之权，伏见从来命官犯罪，大理寺既依法定断，更令刑部检例或追官或勒停或冲替或差替之类，朝廷依而行之，谓之特旨，凡人之罪犯千端而事体万计，岂可求其此类，能得正同？又既谓之特旨，当临时断在朝廷，若先令刑部贴例，朝廷依此施行，乃是轻重之权返在有司也，欲今后应命官犯罪，大理寺既定断，委刑部看详，内有法重情轻，并具状申中书省，更不贴例，委中书省官度情理轻重同共商量，除依法外，自贷命编配至特放临时拟定进呈取旨施行，其百姓犯大辟罪，诸州奏称刑名疑虑及情理可悯之状，大理寺依法定断，委刑部看详，委有疑虑可悯之状，即具状申门下省，更不贴例，委门下省官相度事理同共商量，临时拟定或依法委贷命编配进呈取旨。[2]

从文中可见，对官员犯罪的裁决确实被称为特旨。但能不能反过来说特旨就是仅限于命官犯罪呢？《宋会要辑稿》中《职官一五》之二六有如下内容：

> 诏："刑部自今将情法相当、别无疑虑案状依条施行外，即于已抄录

〔1〕 参见白钢主编，朱瑞熙著：《中国政治制度通史》第六卷，人民出版社1996年版，第399页。
〔2〕 （明）杨士奇等编 《历代名臣奏议》卷二一一《法令》，载（清）纪昀等编：《影印文渊阁四库全书》第439册，我国台湾地区"商务印书馆"1986年版，第91页。

在部例册内检坐体例，比拟特旨申省。如与例轻重不等，亦令参酌拟断，申取指挥。"既而中书省言："诸路州军申奏狱案依已降指挥，刑部敕令所删订修立到断例凡九百五十余件，左右司拘收掌管。自今刑部、大理寺断案如无疑虑，依条申省取旨裁断。有情犯可疑合引例拟断事件，申省参照施行。仍抄录断例在部，委长贰专一收掌。今刑部所申案状虽有拟立特旨，并不曾检坐体例申省。窃虑处断轻重不伦，未应已降指挥。"故有是命。[1]

从上述史料可见，需要比拟特旨申省的案件，其标准是"有情犯可疑"。刑部处理的案件并不仅限于命官犯罪案件，在史料原文没有注明的情况下，我们没有理由认为这些是仅限于命官犯罪的"有情犯可疑"的案件。

第二个问题是，特旨是不是君主专制意志的体现？

如果仅从字面意思理解，"特"当然是区别于一般的意思，"旨"是皇帝的圣旨，所以就可以解释为皇帝特地作出的圣旨，那么特旨肯定是超越一般司法制度的君主专制的体现。针对这样的观点，首先，如果站在宋代司法体制的角度，皇帝本身就是宋代司法体制的最高点，其作出的裁决谈不到是以专断来干涉司法，就如同今天英国的上议院作为立法机构也是终审裁判机构，但没有人会认为这是立法权干预司法权、破坏权力制衡体制的体现。

其次，结合史料来看"特旨"形成的过程，从上述所引的《宋会要辑稿》的内容可见，刑部遇有"情法相当、别无疑虑"以外的案件，要"检坐体例，比拟特旨申省"。从中可以看出，"特旨"在刑部已经被"比拟"出来了，所谓"比"，也就是按照"检坐"的"体例"，判断其是否属于类似情况，"拟"应该是按照"比"的结果初步拟定，可见"特旨"的内容在刑部审案过程中已经存在。

再看同书相关的一段内容：

诏："刑部将拟断案状照自来体例依条拟定特旨，（中）［申］尚书省，仍抄录断例在部，委长贰专一收掌照用。"以都省言："刑部拟断案状，后来并不比列，系本部照情犯轻重临时参酌拟定特旨申省取旨。近

〔1〕（清）徐松辑：《宋会要辑稿》第68册《刑法职官一五》之二六，影印本，中华书局1957年版，第2710页。

降指挥拘收断例，自今断案别无疑虑，依条申省取旨裁断。如有情犯可疑合引例拟断事件，申尚书省参照。今来刑部将合奏裁案状一例不拟特旨上省，照得已降指挥内即无令刑部不拟特旨之文，其本部自合依旧，于已降旨挥别无相妨。"故有是诏。[1]

这里，都省在奏章中谈到，刑部在遇到疑难案件并不参例的情况下，会交由都省自行根据案情具体情况斟酌裁量，再拟定"特旨"，然后"取旨"。那么再联系前述所引司马光的奏议，其中提到的"朝廷依而行之，谓之特旨"的含义就明了了，特旨的内容实际上是经过刑部检例或都省参酌之后再上报皇帝的，此时的裁决已经是经过司法部门深思熟虑、详加研讨的结果，是有案例或法理分析作为依据的，而皇帝此时所做的，也无非是"依而行之"而已。所以，其中"君主专制"的成分到底有多少？还需要附带说明的是，上述涉及的史料既有北宋中期名臣的奏议，又有南宋淳熙年间的制度变迁，可见"特旨"的运作机制在整个宋代基本都是如此。

我们不否认，按照中国古代的基本权力构架，君主居于权力体系的中心，对于全国上下的所有事务有着至高无上的权力，生杀予夺在于其一人。但同时我们也要意识到，正因为君主是权力的中心，所以他也不可避免地成了整个权力体系的一部分，尤其是这个"中心"的位置，使得皇帝在行使其至高无上的权力的时候不得不借助其周围一层层、一圈圈的官僚体系。在中国这样一个庞大的帝国中，要处理的政务和要审断的案件，无论是从数量考虑，还是从效率和准确性考虑，根本不是皇帝一个人"宸衷独断"所能应付的。所以当我们整体描述我国古代政治体制的时候，可以强调君主专制这样的特性，但是在讨论具体制度和概念的时候，应当避免直接套用预设的评价，否则得到的结果可能与真相南辕北辙。

## 第三节　宋例与宋代法律体系

以上我们讨论了宋例的渊源及这些渊源通过什么样的形式成为了例，这

---

[1]（清）徐松辑：《宋会要辑稿》第 68 册《刑法职官一五》之二五，影印本，中华书局 1957 年版，第 2710 页。

些例又是经过什么样的程序成为一种成文的法律。

在现有的宋代法制史研究中，宋代法律体系一直都是研究的重点，各家对于宋代法律体系各有各的描述方法，但不外乎以刑统、敕、令、格、式作为主干，另外再有所选择地讨论条例、指挥、编例等内容。但有一个值得注意的问题是，各家在讨论宋代法律体系的时候，主要的着眼点都是各种法律形式本身的内涵和外延、编修的程序、在实务中的作用等等。但在法律体系内部，各个法律形式之间有着什么样的关系，对于这个问题的研究尚不充分。现有的著作中，吕志兴所著《宋代法律体系与中华法系》一书取得了一定成果。该书对宋例与律、敕等法律形式的关系进行了探讨，提出了例的作用是补充法，但不得破法，以及例对创立新制有影响这两个方面的观点。这些观点作为对宋例的研究成果，是有一定价值的，但尚有进一步澄清和探讨的余地。首先，该书实际是将"例"与"法"两个概念对立起来的。当然，在宋人的记录中，二字对称的情况是存在的，但细看书中的"法"，又不是宋人的"法"的概念，而是现代的制定法概念。该书是将"律""敕"等法律形式预设为现代意义上的制定法，并作为宋人的"法"，将"例"设定为案例、事例汇编，在此基础上讨论"例""法"的关系。那么问题就在于："制定法"的概念是否适用于宋人的编敕等法律形式呢？第二，该书提到了宋例创立新制的作用，该观点颇有见地，但对于宋例创立新制的具体过程的描述比较模糊。书中所举的两个例子实际上都是一时的诏敕被规定"著为例"的过程，至于宋人以例创立新制的过程以及例与刑统、敕等法律形式的关系，该书没有进行探讨。所以本书也拟从宋例与宋法的关系以及宋例与宋代敕令格式等具体法律形式的关系两个方面进行进一步研究。

## 一、宋例与宋法

大部分著作在谈到宋例与宋法关系的时候，或多或少都会提到宋代朝廷上下关于用例、废例的争论，而且绝大部分著作强调的都是宋人对于例的否定态度，如吕志兴在上述著作中就引用了几条宋人对于"以例破法""以例破条"现象的批评，批评的重点也基本集中于以下几点：首先是认为例的适用架空了法令；其次是例的适用会造成事务处理不公正；最后是认为例在实务中的大量适用，与胥吏侵夺职权，徇私舞弊有着直接的因果关系。由此似乎形成了一种主流观点，也就是宋人自己对于例基本是持一种否定的态度，宋代的政府始终在限制例的适用，甚至是和失控的例作着无尽的斗争。那么诸多研究成果所展现的此种景象，是否就是宋代例、法关系的真实全貌呢？对此我们应该更加全面地考查史料，寻求更为贴近史实的结论。

在认定宋人对例持否定态度的一派观点中有一类比较核心的观点认为，宋人认为例不是法，将例和法对立看待，所以宋人对例是持否定观点的。有的学者为了论证这一观点，就从文献中"例"和"法"两个字眼的用字规律入手分析二者的关系，一旦发现二者互分彼此，就将例从法中剔除。比如王侃在其《宋例辨析》一文中就一口气罗列了九条史料，来说明"例与法经常是并提而且是对立的"[1]。从这些史料的表述来看，宋人确实将法和例对称，那么是不是这种对称就一定反映出二者的相斥呢？这种观点还是有待商榷的。我们注意到上述史料有两个特点，第一，从口吻、观点来看，几乎全都是出自反对用例的人；第二，在内容上，这些史料都是直接针对例、法的区别做了概括的阐述。那么相应地就出现了两个问题：首先，是不是这些将例、法对立看待的人的观点就代表了宋人整体或者大多数宋人的观点？第二，除了这些专门为了反对用例而发表的意见之外，宋人在实务中是如何使用"例""法"这两个字眼的？又是如何理解二者的关系的呢？对此我们也可以通过查找史料来寻求答案，尤其是那些宋人在处理具体事务过程中留下的记录，这些记录可能更有助于我们了解宋人眼中例与法的关系。

（一）"例""法"文辞通称

在一些史料中我们发现宋人在使用法、例两个词的时候有时并不是绝对的泾渭分明，经常出现同义混用的情况，尤其是在处理具体问题的时候，针对同一个规则有时称为法，有时称为例。比如下面几条来自于《宋会要辑稿》的史料：

> 徽宗建中靖国元年九月六日，刑部言："元符令，定罪以绢者，每绢一匹准钱一贯三百。近岁物价踊贵，非昔日时比，一绢之直多过于旧价，乞于令文添入若犯处绢价高者，依上绢计直。"从之。
>
> 大观元年闰十月二十日，诏："计赃之律，以绢论罪，绢价有贵贱，故论罪有重轻。今四方绢价增贵，至两贯以上，而计绢之数独循旧例，

---

[1] 王侃："宋例辨析"，载《法学研究》1996年第2期，第124页。

以一贯三百足为率。计价既少，抵罪太重，可以一贯五百足定罪。"

高宗建炎元年六月七日，大理正、权尚书刑部郎中朱端友言："看详见今犯罪计绢定罪者，旧法以一贯三百足准绢一匹，后以四方绢价增贵，遂增至一贯五百足。州县绢价比日前例皆增贵，其直高下不一，欲应州县犯赃，合计绢定罪者，随当时在市实直价计贯伯纽计绢数科罪。其铁钱地分，并以铜钱计数科罪。"诏自今计绢定罪，并以二贯为准。[1]

以上内容都是涉及犯罪赃值的问题。宋人沿用唐律的规定，对财产犯罪的赃值是按照在唐代作为一般等价物的绢来衡量的，但宋代的经济状况发生了变化，流通使用的多是铜钱，以贯为单位，一贯一千钱，所以就出现了铜钱和绢的折算问题。从第一条史料可以得知，哲宗元符年间制定了计赃的折算标准，也就是一匹绢值铜钱一贯三百文，而且这一规定在《元符令》中被固定成文了。第二条史料是大观年间徽宗针对同一问题所发的诏书，其中提到，当时绢价上浮，一匹绢市价值两贯铜钱，但当时官方的换算还是以哲宗元符年间确定的一匹绢值铜钱一贯三百文[2]为标准，这一标准被称为"旧例"。到了南宋建炎年间，臣僚相高宗上书提出，绢价在继续上涨，要求再次提高计赃标准时的绢价，在这里，臣僚提到了以往哲宗和徽宗年间的绢价的标准，其中又将哲宗一贯三百文的标准称为"旧法"。这三条史料是完全针对同一规范进行的描述，所以对于一条被著为令的成文规定，后世可以将其称为"例"，也可以将其称为"法"，说明在皇帝和臣僚眼中，"令""例""法"可以通称，"例""法"二者并无界限。

宋人在文字上将"法""例"混用通称是表面现象，其背后反映的是，宋人在实务中，并不将例区别于法来看待。

（二）"例""法"效力同等，违"例"即是违"法"

例和法不但文辞上通用，宋人认为二者在实务中也都具有规范作用。有大量的史料可以证明例在宋代政务审判实务中起到了不可替代的作用，这里仅举一例体现法和例的作用同时得到宋人的确认，《儒林公议》中提到了庆历

〔1〕 （清）徐松辑：《宋会要辑稿》第167册《刑法三》之五，影印本，中华书局1957年版，第6579页。

〔2〕 （清）徐松辑：《宋会要辑稿》第167册《刑法三》之二，影印本，中华书局1957年版，第6578页。

年间兴学的情况：

> 庆历初，令贾相国昌朝判领国庠，予贰其职。时山东人石介、孙复皆好古醇儒为直讲，力相赞和，期兴庠序。然向学者少，无法例以劝之。于是史馆检讨王洙上言，乞立听书日限，宽国庠荐解之数以徕之，听不满三百日者，则屏不得与。[1]

这则史料提到，当时向学的人少，是因为政策鼓励不足，而能够起到鼓励作用的既包括"法"，也包括"例"。二者在实务上都能够起到实际作用。

在实务中，宋人不但不明确区分"例"和"法"，而且有史料证据显示，在宋人眼中，"违例"和"违法"的结果也是一样的，两种说法可以混用，而且效果一致，以下试举一例。《挥麈三录》记载：

> 会尚书左丞王和甫与御史中丞舒亶有隙。元丰初改官制，天子励精政事，初严六察，亶弹击大吏，无复畏避，最后纠和甫尚书省不用例事，以侵和甫。[2]

这里记载的是元丰年间，时任御史中丞的舒亶和任尚书左丞的王安礼之间政治斗争的事情。其中，舒亶提出王安礼任职的尚书省在处理行政事务的过程中不用例，以此为理由来弹劾王安礼，希望追究其责任。这条记录反映了官员不以例行事，是要承担相应责任的。那么这个例到底是什么呢？《宋史·舒亶传》有对于同一事件的记载：

> 初，亶言尚书省凡奏钞法当置籍，录其事目。今违法不录，既案奏，乃谩以发放历为录目之籍，亶以为大臣欺罔。[3]

这里记载了舒亶弹劾王安礼的过错的具体内容，也就是尚书省没有将文书"奏钞"进行记录。而对于这件事，宋史所使用的字眼是"违法不录"。

---

〔1〕（北宋）田况撰：《儒林公议》，载（清）纪昀等编：《影印文渊阁四库全书》第1036册，我国台湾地区"商务印书馆"1986年版，第284页。

〔2〕（南宋）王明清：《挥麈录》卷一《吴处厚与蔡持正不和》，上海书店出版社2001年版，第185页。

〔3〕《宋史》卷三二九《舒亶传》，中华书局1977年版，第10604页。

同一件违反规定的事，既可以说成是"不用例"（也就是违例），也可说成是"违法"。可见在当时人的眼中，二者并没有区别，违例、违法的效果是一样的。反言之，在宋人眼中例和法的效力是一样的。

例、法效力的关系，在下一则史料中体现得更为明显。

> 臣近准敕与孙升同举监察御史二人，寻准尚书省札子，以一员不曾实历通判，令别举官闻奏。臣检会元祐三年六月八日圣旨，左右司谏、左右正言、殿中侍御史、监察御史，并用升朝官通判资叙实历一年以上人，举官准此。臣窃观上条，本为朝廷除授而设。后来朝廷升除谏官，如吴安诗、刘唐老、司马康三人，皆未曾实历，遂再奏乞比附施行。寻又蒙尚书省札子，令依条别举。臣退复思念，岂以除谏官皆出圣意，故得不依条法，举台官出于有司，故不得援例耶。窃惟前件三人，惟司马康故相光之子，光被眷任最深，康亦素有清誉，或为二圣所知。至于吴安诗、刘唐老此二人者，何缘得被圣眷，若非大臣进拟，或密有荐导，陛下何缘知之。窃谓本台所举，亦合依例施行，况朝廷前后所用百官亦多不应格，岂固违法，盖不得已也。若独于台官固执近法，中外必以为疑。伏乞检会前奏，早赐施行。取进止。[1]

在这则札子中，苏辙讨论了台官、谏官的任用标准。按照元祐三年的圣旨，谏官、台官都要有在地方任职通判一年的资历。但在实务操作中，皇帝曾经打破规范，破格任用了并无资历的吴安诗、刘唐老等人为谏官。但事后当御史台举荐本部官员要求比附任用上述二人的情况破格任用其他人的时候，却被尚书省驳回，要求依条施行。苏辙提出异议，难道"除谏官皆出圣意，故得不依条法，举台官出于有司，故不得援例耶"。这句话的逻辑是：同样是违反法条的规定破格任用，前者出于圣意，而后者因为是有司的决定，居然连引用前例为据都不可以，苏辙不能接受。从他的意思推论，用法和援例是等价的。后面他进一步谈到，虽然任官有格，但实践中不应格的情况非常多，都是违法的，但因为有实际需要所以不得已而为之，对于这次台官一定要依法任用的要求不能理解，认为是"固执"的。从这里更可以看出，当时的诸

---

〔1〕（北宋）苏辙撰：《栾城集》卷四四《三论举台官札子》，载（清）纪昀等编：《影印文渊阁四库全书》第 1112 册，我国台湾地区"商务印书馆"1986 年版，第 508 页。

项制度固然有法规定，但实践中破法行事的情况非常多，这种破法行事的依据往往就是援例，所以实践中，用例和用法的作用不能区分，二者不相上下。

在这部分的最后，为了进一步说明宋人眼中"例"和"法"的关系，我们再引用一则王侃曾经用以证明例、法对立关系的史料。在《宋例辨析》中，王侃曾经引用了《宋会要辑稿》中的一句："或例宽而法窄，则引例以破法；或例窄而法宽，则援法而废例"作为依据，而这句的原文是这样的：

> 嘉泰元年二月十四日，礼部尚书兼吏部尚书张釜言："《吏部七司法》盖尚左、尚右、侍左、侍右、司勋、司封、考功通用之条令。自绍兴三年迄淳熙二年，凡四经修纂，订正去取，纤悉备尽。孝宗皇帝尚虑条章泛滥，不便观览，复诏大臣分门编类。然编类之后，迄今又及二十有七年，其间有朝廷一时特降之指挥，有中外臣僚报可之申请，历时寝久，不相参照，重复抵牾，前后甚多。或例宽而法窄，则引例以破法；或例窄而法宽，则援法而废例。予夺去取，一出吏手。若更迟以岁月，则日复一日，积压愈多，弊幸愈甚。窃见孝宗皇帝乾道五年，尝诏七司郎官并吏部架阁将未经修纂指挥置局编类，仍委长贰同共点检。乞检照乾道五年已行体例，将吏部七司未经修纂应干申请画降，委官编类，正其抵牾，删其重复，辑为一书，颁降中外。"从之。[1]

从这段史料可以看到，被引用的一句话是时任吏部尚书的张釜为了解决实务中出现的问题而有针对性地提出的。具体的内容是：绍兴年间编成的《吏部七司法》几经编修，历时久远，实务中出现了大量后来颁布的指挥和臣僚奏请，其内容和已有的《吏部七司法》矛盾，张釜建议设立专门的机构对其进行整理编修。首先，即使单看王侃所引用的那句话，也只能表明宋人对于"例"和"法"使用了不同的称谓，二者效力并无高下区别，一旦出现"宽""窄"不一的情况，就适用"宽"的，不用"窄"的。并不存在"法"优于"例"或"例"优于"法"的现象，一切以实用为准。其次，如果结合上下文来看，张釜提出多年以来新的指挥和臣僚奏请这些"例"和已有的《吏部七司法》之间存在矛盾，要求编修，但编修的原则是"正其抵牾，删其

---

〔1〕 王侃的注文中显示该段出自"格令三"，实际上该句应该出自《宋会要辑稿·刑法·格令四》。

重复"。这里反映出：第一，宋人并不认为例的效力较法要低，也正是因为二者效力没有明确区别，他们真正需要解决的问题就是二者之间有矛盾时如何选择适用？第二，例和法在形式上不是决然对立的。经过编修，一些例就成了法，而编修的原则是"正其抵牾"，也就是说，在例、法矛盾的情况下，是以"正"为标准进行选择的，也就是选取其中规定更恰当的部分。[1]

由上可见，"法""例"之别更多的只是体现为宋人行文措辞方面的区别，正如王侃所说的"法例经常并称"；但是对于二者作为规范的效力，宋人并没有做明确的区分和排列，所以同样作为规范，二者的效力并非如王侃所说是"对立"的，而是互为补充的，二者相互转化，并不对立。

（三）例是广义的法的一部分

通过上述的分析可知，宋人眼中"例"和"法"的关系并不如一些学者所称的是决然对立、相互排斥的。那么在"例法对立"这样不尽正确的基础上推导出"例不是法"这样的结论，显然有些操之过急了。[2]

在判断例、法关系之前，我们首先应该明确宋人眼中法的意思，从史料可见，宋人所用的"法"字实际上有着几层不同的含义。第一层，"法"可以直接用来表示一部具体的法律，比如《直斋书录题解》中记载了"《绍兴贡举法》五十卷，丞相万俟禼等绍兴二十六年表上"，"《绍兴监学法》二十六卷"[3]，这里的用法和现代的《中华人民共和国刑法》《中华人民共和国刑事诉讼法》中"法"的用法是完全一致的，这里"法"的含义是最具象和狭义的含义。

第二层，是一类具有一定共性法律形式的总称，如上述王侃所引用的"法者、率由故常，著为会典"。在这里，"法"是指形式和内容相对固定的法典，宋人称之为"成法"，这一"法"的概念比我们今天所用的法律的概念要小得多。正是因为我们在解读史料时，将宋人的这一类"法"的概念理

---

〔1〕 这里还涉及未经编修的"例"处于何种地位，具有何种效力的问题，这些将在其他部分进行论述。

〔2〕 实际上，即使宋代文献中"例"确实与"法"对立，以此为基础推导出"例不是法律"的观点，也是有待商榷的，因为这样推论的逻辑是：例不是法，所以例不是法律，其中实际上隐含着一个预设前提：宋代文献中的"法"就是我们现在一般意义上所说的"法律"，在没有充分说明论证的情况下，将宋人的"法"等同于我们的"法律"，这无疑是望文生义、偷换概念的做法。

〔3〕 （宋）陈振孙：《直斋书录解题》卷七，载（清）纪昀等编：《影印文渊阁四库全书》第674册，我国台湾地区"商务印书馆"1986年版，第667页。

解为我们今天一般的法律概念，才会得到"例"不是"法"、"例"与"法"是对立的错误结论。我们还可以通过引用其他朝代的史料来证明，这种偷换概念的解读方式是错误的。比如最常见的一条汉代的史料："春夏生长，圣人象而为令。秋冬杀藏，圣人则而为法。故令者教也，所以导民人；法者刑罚也，所以禁强暴也。"[1]这里很明显是将"令"与"法"对称，但联系文义即可知道，这里的"法"并不是指汉代的所有法律，而仅指带有处罚措施的法规，大致指的是汉律；而"令"则是指的与这一性质相对应的另一类法规，他们加起来才是汉代法律的全部。如果用偷换概念的方式解读，则必然会得出汉人认为"令"是与"法"对称的、"令"也不是法律的结论，这显然是不正确的。

所以我们不能将宋人专门指称"著为会典"的"法"理解为宋人观念中"法"的全部。正如我们今天的"法律"一词，在最狭义的层面专指人民代表大会及其常务委员会颁布的法律，但还有更广义的法律概念，它包括司法解释、行政法规、部门规章、地方法规等一系列内容。宋人的概念中，除了"著为会典"的"法"，还有更广泛意义层面上的"法"。之所以史料中会出现"例"和"法"通称互用的现象，就是宋人在最广泛的层面上使用"法"的概念，并自然将"例"也纳入"法"的范围的结果。这并不是我们刻意把现代法律体系和法的广义概念强加给宋人，而是宋人自己就是如此理解例、法关系的，下面一则史料就是左证。在宋代名臣包拯的奏议集中，有一则名为《请法外断魏兼》的奏折：

> 臣访闻勘到，前淮南转运使工部郎中魏兼，以先在任日，于部内置买物业并剩量过职田斛斗等罪犯，奏案已下法寺详断。魏兼蚤践周行，荐叨烦使，专总察之任，在表率之地，固当正身莅下，竭节奉公，而乃不顾朝章，自为非法，窃虑疏决在近，乞不从原减之例，臣伏见先朝以崔端知华州日于部下创置物产，事发被劾，先帝置之散秩，摈弃终身，其魏兼伏望圣慈特出宸断，法外重行，以警贪猥。[2]

---

〔1〕（西汉）桓宽：《盐铁论·诏圣第五十八》，载（清）纪昀等编：《影印文渊阁四库全书》第695册，我国台湾地区"商务印书馆"1986年版，第659页。
〔2〕（北宋）包拯撰：《包拯集》，黄山书社1989年版，第11页。

这是一则包拯建议皇帝对犯罪官员从严处罚的奏章。在宋代，一定级别以上的官员犯罪，都要经过皇帝的裁处，而皇帝在裁处时一般都会对官员从轻发落，这在实务中已成为惯例。正是因为意识到这一惯例将再次顺理成章地适用到魏兼这样一名贪官污吏身上，包拯希望能够阻止这一情况的发生，所以特地请求皇帝对他不按惯例予以从轻发落，也就是不用"原减之例"。这里值得注意的是：结合这道奏折的名称《请法外断魏兼》来看，在包拯的观念里，不用惯常的"原减之例"的处断，是一种"法外"的处断，那么反过来讲，依照如果依照惯例处断，也就是"法内"处断，那么，"例"是属于宋人"法"的范畴应该是说得通的。那么按照这样的关系，将宋人的"法"局限于制定法的概念，并依比得到"例是补充法"的这样的观点，就显得不够全面了。

通过对宋例在实务中适用情况的研究，我们不否认，例的适用在实务中确实可能引起公正平衡方面的问题，也可能沦为胥吏贪官营私舞弊的工具，也正因为这些情况，宋人对例的适用也进行了思考和争论。在这些争论中，不可避免地要将例作为一个特殊的法律形式，与其他法律形式区别开来，同时又要强调例之外的其他法律形式被相对固定的特点，所以在史料中出现了"例法对称"的现象。但这是特定语境下，因法的概念范围的变化引起了文辞关系上的变化，只是例与特定意义层面上的一些法律形式的"对立"关系，而非宋例与宋法在整体上相互矛盾的体现，所以不应以个别的史料来简单推导出宋代"例""法"对立、"例"不是"法"的结论。

## 二、宋例与宋代其他法律形式

如上所述，我们认为宋人眼中"例""法"的关系并不是决然对立的，而是根据不同的语境、内容、意图有所变化的，为了进一步弄清宋人对例的态度，接下来我们从宋人如何看待例和其他常见法律形式的关系入手进行进一步的探讨。

### （一）例与其他法律形式并称

众所周知，中华法系逐渐发展完善的过程产生了各种各样的法律形式。中国法制史学科在描述中华法系的发展演进历程的时候，基本上都是围绕着这些法律形式展开的，一朝的各种法律形式就是这朝立法成果、法制特色的体现。比如汉代的"律令科比"，唐代的"律令格式"。我们谈到宋代的法制时候，必然都会谈到刑统、编敕、令、格、式、条法事类等等。那么在宋人眼中例的作用地位与上述这些法律形式相较又如何呢？我们认为，宋人是将例与其他法律形式平等看待的。

比如《随隐漫录》中有这样的记载：

> 夫子之徒三，一贯之道独语曾子，而曾子一唯几到列圣处，大学十章为后世帝王治天下之律令格例，絜矩即忠恕也，中庸一书弥纶天地，参赞化育，孔子之道益着而曾思位在弟子下，度皇即位首升侑食，举数千载未行之典，为亿万世将来之法度，皇之圣至矣。[1]

《随隐漫录》为宋末陈世崇所著，记载了许多宋代的史实典故。这一段谈的是曾子和子思的地位问题，其中提到了《大学》一文的价值，为了说明其地位，把它比作了帝王治理天下的法令，而在这里陈世崇用了"律令格例"的讲法。也就是已经将"例"的地位和"律""令""格"等我们经常提到的宋代法律形式并称。还有一点值得注意的是，这一段话不是陈世崇专门为了讨论法律问题而写的，而是为了说明《大学》十章的地位之高，所以他拿来做比喻的例子应该是在当时成为共识、众所周知的事实。由此可见，例与其他法律形式并称的情况在宋末已经基本成为文人士大夫阶层自然而然的观念和共识了。

（二）例与其他法律形式的关系

第一，例与其他法律形式的效力没有绝对界限。有的学者认为宋代的司法行政实务中存在着这样的程序：遇到问题，先看有没有法令规定，如果没有再按照先例处理。这就意味着例的效力低于其他法律形式。当然在一些史料中我们确实也看到过，有的宋代臣僚强调优先适用成文制定法。但也有史料表明宋人并不区分例和其他法律形式的效力：

> （熙宁）五年七月二十二日，知大宗正司宗旦言："宗室所投文字或违例碍条，退回即生讪怨。或情有可怜，而例无其事；或事涉违冒，而理或可容。乞自今有疑难事，许上殿敷奏，或许同见执政禀议。"从之。[2]

---

〔1〕（南宋）陈世崇撰：《随隐漫录》，中华书局2010年版，第4页。
〔2〕（清）徐松辑：《宋会要辑稿》第71册《职官二〇》之一八，影印本，中华书局1957年版，第2829页。

从这一段我们首先可以看出"违例"与"碍条"是同等的。而主流观点认为,"条"也就是条贯,是宣敕等成文法[1]。那么"碍条"的概念就应当是违反成文的其他法律形式中的规定,而"违例"虽然在此处单独列明,但其效果和违反其他法律形式都一样是无法实施,要予以退回。其次,从"情有可怜、而例无其事"一句可以看出,实务中,例是有约束力的,也就是某些事务,虽然具有合理性或情有可原,但由于没有例或违反例,所以不能随意施行,必须向皇帝禀明之后才能处理。这里的"例无其事"几乎可以和常见的"律无正条"凑成一副对联,可见例已经是处理实务时必须遵照的参考的规范了。

第二,例和其他的法律形式多有混称的情况。对于同一事务,文书中表明有些是通过"律""令"成文法来规定,但也会以例的形式存在,这种情况在史料中经常出现。《挥麈录》记载:

> 蒲传正在翰林,因入对,神宗曰:"学士职清地近,非它官比,而官仪未宠,自今宜加佩鱼。"遂着为令。旧假服色,不佩鱼,崇宁末,王诏尚书详定敕令启请,许之,自是为例。仍许入衔,具载诏书。其后以除敕中不载,多不署鱼袋二字。[2]

从这段记载可以看出:神宗出于对蒲传正的器重,特地准许翰林学士加配鱼袋,并将这一规定"著为令",也就是形成了正式的法条。崇宁末年,王诏针对假服制度提出建议,认为原有的假服制度中仅借紫绯服而不配鱼的做法不合理,要求允许配鱼,该建议被徽宗采纳,但这次没有著令,而是自是以为例。同样的官员服色问题,用"令"或"例",效果都是一样的。

此外,《宋会要辑稿》中还有这样的记载:

> (建炎)二年十一月二十二日赦:"应刺面不刺面配军、编管、羁管人等,除谋叛已上缘坐入强盗已杀人外,并特与减三年,三岁理为拣放年限。其系永不移放而祖父母、父母年及八十以上或笃疾者,具元犯因

---

〔1〕 参见白钢主编,朱瑞熙著:《中国政治制度通史》第六卷,人民出版社 1996 年版,第 403 页。

〔2〕 (南宋)王明清:《挥麈录》卷二《翰林佩鱼自蒲传正始》,上海书店出版社 2001 年版,第 11 页。

依奏裁。以上情理巨蠹及蕃部溪洞人，具元犯因依及自到后有无过犯开析奏裁，当议看详情犯，特与量移。"[1]

这一段是高宗针对流配人员赦免放还问题作出的规定，在这一段的后面还有编纂者加上的小字，内容是：

> 绍兴元年九月十八日明堂赦、四年九月十五日明堂赦、七年九月二十二日明堂赦、十年九月十日明堂赦、十三年十二月八日南郊赦、十六年十一月十日南郊赦、十九年十一月十四日南郊赦、二十二年十一月十一日南郊赦、二十三年十一月十九日南郊赦、二十八年十一月二十三日南郊赦、三十一年九月二日明堂赦恩，并同此制。[2]

编纂者在此考查了之后的一些诏书，罗列了内容相同的诏书，提出这些诏书"并同此制"，"制"也就是"制书"，指的就是皇帝的诏令赦文。

继续查《宋会要辑稿》，我们可以在后面看到以上罗列的赦文中的一条，也就是"绍兴四年九月十五日明堂赦"。

> 九月十五日明堂赦："勘会流配役人依条会恩则放，访闻州军不遵条令，遇赦则尚行拘留，情实可矜。仰限赦到日，须管日下放令逐便。仍仰提刑司觉察，如违奏劾。"[3]

而在这道明堂赦文的后面也附有编纂者罗列的之后的其他条文：

> 七年九月二十二日明堂赦、十年九月十日明堂赦、十三年十一月八日南郊赦、十六年十一月十日南郊赦、十九年十一月十四日南郊赦、二十二年十一月十八日南郊、二十五年十一月十九日南郊赦、二十八年十

---

　〔1〕（清）徐松辑：《宋会要辑稿》第 167 册《刑法四》之四一，影印本，中华书局 1957 年版，第 6642 页。

　〔2〕（清）徐松辑：《宋会要辑稿》第 168 册《刑法四》之四二，影印本，中华书局 1957 年版，第 6642 页。

　〔3〕（清）徐松辑：《宋会要辑稿》第 168 册《刑法四》之四五，影印本，中华书局 1957 年版，第 6644 页。

一月二十三日南郊赦、三十一年页月一日明堂赦，并同此例。[1]

稍加对比就可发现，前后两部分的小字罗列制书多有重合，不同的是，前面写的是"并同此制"，到了后面就是"并同此例"，这里"制""例"基本上混称通用了。

第三，实务中例与其他法律形式并行通用，我们通过下面的史料就可看出。众所周知，宋代对于官员的管理非常严格，其中就包括禁止官员随意在办公地会见来客以及外出拜访会客，其目的在于防止私请受贿。史料中记录了朝廷为此反复颁布的许多规定，下面就是相关的几则：

> 神宗熙宁元年二月十六日，大理寺言："敕阁自来轮差详断、法直官兼监，半年一替。缘断官日诣审刑院商量文字，及中书、密院勾唤不定，难为专一监守，欲乞专差检法官二员监敕阁，更不轮管本寺纸库、钱库，签书铨曹、审官院文字。及移法直官房依旧于阁下，仍差归司官二人、府史二人同共管勾。旧条：审刑院、刑部、大理寺不许宾客看谒及闲杂人出入，如有违犯，其宾客并接见官员并从违制科罪。乞并亲戚不许入寺往还，所贵杜绝奸弊。"从之。[2]

元丰二年二月十五日：

> 诏：大理寺官属可依御史台例，禁出谒及见宾客。[3]

同年十二月二十八日：

> 诏：在京管军臣僚，外任路分兵官、将副、押队使臣，禁出谒及见宾客，著为令。[4]

---

[1] （清）徐松辑：《宋会要辑稿》第168册《刑法四》之四五，影印本，中华书局1957年版，第6644页。

[2] （清）徐松辑：《宋会要辑稿》第164册《刑法一》之六七，影印本，中华书局1957年版，第6495页。

[3] （清）徐松辑：《宋会要辑稿》第164册《刑法一》之三五，影印本，中华书局1957年版，第6513页。

[4] （清）徐松辑：《宋会要辑稿》第164册《刑法一》之三五，影印本，中华书局1957年版，第6513页。

元丰六年五月十三日：

诏："州郡禁谒，并依在京百司例，仍令详定重修编敕所立法。"从前知湖州唐淑问请也。[1]

同年六月十七日：

尚书右司郎中杨景略乞左、右司官依枢密都承旨例禁谒。从之。[2]

元丰七年十月二十二日：

诏诸路兵官、沿边都监、武臣知县、堡寨主，如尚书左右司禁谒法。[3]

元祐元年四月四日：

诏："诸路分兵官、将副、沿边都监、武臣知城县及堡寨主，非本处见任官不得往谒及接见。如职事相干并亲戚，并听往还。其往谒及接见宾客违法，并见之者各杖一百。"知大名府韩绛言："路分兵官、将官不得出谒接见宾客，仅同囚禁，恐非待将佐之体，乞赐删除禁约，以示优恩。"故有是诏。二十四日，监察御史韩川乞除官局依旧不许接宾客外，内谒禁并废。监察御史上官均乞除开封、大理官司依旧行谒禁外，其余一切简罢。如罢谒禁后小大之臣或敢挟私背公，慢职玩令，执法言事之吏得以纠举上闻，黜之适之。于是尚书省看详，参用旧条，申饬谒禁之制。其旧条中徒二年者，悉从杖一百。本应轻者，听从本条。并从之。[4]

---

〔1〕（清）徐松辑：《宋会要辑稿》第165册《刑法二》之三六，影印本，中华书局1957年版，第6513页。

〔2〕（清）徐松辑：《宋会要辑稿》第165册《刑法二》之三六，影印本，中华书局1957年版，第6513页。

〔3〕（清）徐松辑：《宋会要辑稿》第165册《刑法二》之三六，影印本，中华书局1957年版，第6513页。

〔4〕（清）徐松辑：《宋会要辑稿》第165册《刑法二》之三六，影印本，中华书局1957年版，第6513页。

从第一条熙宁年间的记录来看，违反不许宾客看谒的规定，要按违制论罪，可以推知最早的禁令是出于皇帝的制书。到了元丰二年，原来不许接见前来看谒宾客的大理寺官员被禁止出谒，而依据是仿效御史台官员，御史台官员的禁令被称为例。随后，许多官员的相应禁令都是按照这一"依例"的模式进行规定的。比如元丰五年六月的记录显示，尚书左右司的禁令是以枢密都承旨的禁令为例的，而七年十月的记录则显示，尚书左右司的禁令又成了"诸路分兵官、将副、沿边都监、武臣知城县及堡寨主"相应禁令所依据的例。由此形成了一种承例行事的模式。但同时，专门立法的模式也没有被废除，如元丰二年十二月的记录显示，在京管军臣僚等的禁谒规定就被要求"著为令"。而且著令的模式还和承例模式有交错情况，如元丰五年五月的记录显示，地方官员的禁谒规定是以在京官员为例，以承例模式形成，但随后又特意规定由特定的立法机关编订成文法。

上述这些对官员的谒禁规定由来已久，似乎以熙丰年间最为严格广泛。但到了元祐年间，禁令开始放宽，元祐元年四月四日的诏令中将熙宁以来规定的违规出谒按照违制罪徒两年的规定改为了杖一百，并且要求对相关的"条"的规定都作调整。

综合上述史料可见，同样是针对官员接待宾客或出谒限制，宋人会用多种方式加以规范。首先，规范的形式很多；其次，也是更重要的，例和其他法律形式的关系相互交错，某些官员的禁令以既有的"旧条"法规作为依据，而针对某些官员作出的禁令又并非依据已经颁布的成文法令，而是参照和依据类似的官员的禁令，而且随后还专门规定另外立法形成正式法令。也即成文法令和"承例行事"相互依托、相互转化，交织形成一整套规范体系。

第四，在编纂固定的过程中，例与其他的法律形式相互渗透。如果说上面一系列史料可以证明例与其他法律形式并行共用的情况的话，那么下面的一则史料则进一步说明了例与其他法律形式在编纂时的关系：

（皇祐）三年十月十三日，翰林学士曾公亮言："昨奉敕，以明堂赦后看详诸道编管配军人罪犯轻重，逐时具状贴黄奏讫。伏思自前南郊赦令，虽与今一体，及其奏到罪人犯状，久不蒙移放。不惟赦令失信，其间甚有州军妄行编配，遂致一二十年羁囚至死，伤害和气，众所共闻。

欲乞特降恩旨，今后依此，永为著例。兼详益、梓、利、夔四路地里至远，凡取索干证文字，经年未得齐足。况此四路各有钤辖司，欲乞今后益、梓、利、夔四路编管配军人，如经大赦，只就本路转运、钤辖司同共看详，据犯状轻重量移释放。"诏依奏。其益、梓、利、夔路编配人内情理重及干碍条贯者奏裁。[1]

在这条史料中，曾公亮提出前日根据皇帝颁布的赦免的制书，依照要求审录各地在押囚犯的情况，并"逐时"上奏情况，以便最终处理，由此想到，以往也曾多次颁布赦令，但由于没有限定处理期限，各地执行中拖延日久，致使本该移放的囚犯久不得放，甚至有的地方妄行决配，稽囚致死亡，为了避免迁延羁押的弊病，曾公亮希望皇帝"特降恩旨"，将上述逐时具状的做法推广延续，"永为著例"。这里"特降恩旨"实际上就是相关研究中提到的"特旨"，这次是通过"特旨"的形式，将针对一次赦免的做法拓展到今后所有类似的情况中去，永为著例。如前所述，"著"在宋代具有一定立法程序意义，"令"等被认为是成文法的法律形式，都是有通过"著"来成立的情况，所以这里"永为著例"等于是将这种做法固定下来。这则例子是通过"特旨"将单次赦令的内容扩展固定的。

实际上，宋代确有将断例与其他法律形式统编的做法，《直斋书录题解》卷七记载"《刑名断例》十卷，不著名氏，以《刑统赦令》总为一书"。实际上是将断例含括在一部名为《刑统赦令》的书内，当然，这部刑名断例没有注明年号时间，可能是私人编著，但即使如此，也可反映出，宋人在观念上对于断例和我们今天界定为成文法的"刑统""赦""令"并没有作性质上的划分，反而认为二者可以合并成为一部文本。宋人之所以会如此理解，是因为其立法实践中二者并无绝对的界限，上一节关于宋例编纂的研究中所引的哲宗元祐元年十二月十七日的史料就说明了这个问题，为了便于说明，下面简要复述这则史料的内容：

元祐元年，尚书省提出，对于官员断案时误判造成"失入死罪未决"以及"失入流徒罪已决"两种情况的赦免减轻的处理，以往都有专门的特旨，

---

[1]　（清）徐松辑：《宋会要辑稿》第168册《刑法四》之二三，影印本，中华书局1957年版，第6633页。

并记录在"中书例"中。在熙宁年间，将"失入死罪未决"的条文修入了海行敕，而"失入流徒罪已决"的条文因为所涉及的错误没有那么严重，所以没有修入。近来根据圣旨将"失入死罪未决"的内容从敕文中删除了，这就造成了处理相对较轻的错误时有例可循，而相对较重的错误因为已不在敕内，反而无法可依，必须每次颁降特旨。对于这种情况，尚书省认为，"失入流徒罪已决"的规定是有必要保存的，而"失入死罪未决"不应当删去，建议在编敕中保留这条的内容。

由此可见，内容相近的特旨诏令在神宗时都成了中书刑房例的一部分，后来一条被编入了海行敕，另一条仍留存于刑房例，但哲宗时编敕中的条文被删除，而刑房例中的仍留存，官员认为这引起了不平衡，要求恢复编敕中的内容。由此我们可以梳理出，作为例的一种的"中书刑房例"与公认的作为正式法典的《海行敕》之间存在紧密的关系。

第一，从来源来看，无论是《中书刑房例》还是《海行敕》，其最初都来自以敕令形式发出的"特旨"，是针对一时一事所制定的具体解决办法。也就是说，例和其他正式法典有着共同的渊源形式——敕令。而且，从内容上来看，成为例和成为编敕的敕令特旨在内容上没有实质的区别。像本例中的"特旨"就都是关于官员处罚的原减方法。

第二，从筛选标准来看。史料中谈到，内容相近的特旨之所以有的编入编敕，有的仍然留存为刑房例，原因在于"失入死罪"的情况相对严重，而"失入徒流""比死罪稍轻"，可见中书刑房例与海行敕的关系，其中的内容其实只有轻重之分，并无本质区别。

第三，从适用的效力情况来看。首先，上述的筛选标准只有轻重之分，这种区别只影响到条文的适用范围，而不影响到含有该条文的法律规范的效力和性质。以现代的情况作类比，同样是殴打他人的行为，致人轻伤以上的，就被列入刑事犯罪的范畴；未构成轻伤的，则归入行政处罚法调整的范畴，但是并不因为未构成轻伤的结果比构成轻伤的结果而言较轻，而认为治安处罚法的法律效力和地位低于刑法，实际上二者都是法律，只有适用对象和范围的区别，并无效力等级的高下之分。其次，刑房例和编敕都是作为法律体系中的组成部分，相互均衡，互为补充。本例中，臣僚之所以上奏要求在编敕中恢复刚被删除的关于"失入死罪"条文，是因为这条虽删，但失入徒流的规定还在刑房例中，造成失入徒流的处理有法规条文可依，而失入死罪反无，从中看出无论刑房例还是编敕，在宋人那里都是法律规范的来源，二者地位平等，不可偏废。

### 三、由宋例所见宋代法律体系的特点

（一）宋代法律体系与现代法律体系的本质区别

由于我国自近代以来便走上了成文法国家的道路，所以一些学者在法律史的研究中也惯常去设想古代法律的基本样貌是以制定成立的法律为主干的，所以在研究古代法律的时候，也按照制定法与非制定法对古代的各个法律形式进行界定，习惯于按照法律形式是否通过某种制定程序来确认其性质和效力。该节开头部分所述，一些学者在研究宋例与法的关系的时候就首先将律、编敕、令、格、式等规定为制定法。但是，要做这样的界定，就必须先明确制定法的概念。通说认为，制定法就是成文法，是指有立法权或立法性职权的国家机关制定或认可的规范化的以成文形式出现的规范性法律文件，是与不成文法对称的，而不成文法又包括习惯法和判例法。[1] 从这里可以看出，制定法的核心是出于立法权机构的制定或认可，而立法权显然是现代国家中立法、行政、司法三权分立体制下的概念，只有先明确立法权、立法机构，才能确定制定法的范围。

但是宋人在治理国家的时候并未将政府机构划分为立法、行政、司法三类，那么要区分哪部是制定法，哪部不是，现有的标准就失效了。比如以敕和编敕而言，敕的主要来源是由皇帝颁布的诏书，虽然将皇帝作为立法机构并不为过，由其颁布的散敕也可以被认定为成文法。但是宋代历史上将散敕编修为编敕的时候，又会成立专门的编修所，那么到底谁是立法机构？而散敕和编敕是不是都具有成文法、制定法的性质呢？

这样的疑问在上引文的情形下就更加明显了。同样是出于皇帝特旨的决定，暂且认为它们都是制定法，但其中的一部分留在了中书刑房，成为刑房例的内容，而另一部分则编入了海行敕，成为了所谓制定法的编敕的内容。按照吕志兴等人的分类，将敕和编敕作为制定法，将例作为其他的法律形式，那么就会出现这些特旨先是制定法后来又变成非制定法的奇怪现象。之所以会出现这样的情况，是由于整个过程没有发生在现代国家三权分立的结构框

---

〔1〕　参见张文显主编：《法理学》，高等教育出版社 2003 年版，第 80 页。

架之内。所以按照现代的制定法、成文法、判例法、习惯法等概念来区别宋代的各种法律形式就达不到预想的效果，如果以这些概念为基础来探讨敕、令、例的效力和关系，得到的结论也就不能令人满意了。

（二）宋代法律体系自身的特点

既然用现代的观念和体系无法有效解释宋人的法律体系，那么我们只能回到宋人的观念和世界当中去尝试寻找答案。我们认为宋人的法制体系区别于现代，具有以下特点：

第一，设立：随事立制。如上所言，宋人没有明确的司法立法机关，其中的根本原因是，当时并没有明确区分司法、立法、行政三项活动的性质。现代国家的立法、司法、行政三方面机构的划分，是取决于其所实施行为的性质的，如立法活动只能制定抽象的规则，但不能适用于具体事务，而行政和司法活动只能处理具体的事务，在立法机构已经确立的法律的范围内取舍依据，不能自设规则。但通过大量的史料可知，宋人的大部分法律形式都来源于皇帝的诏令。"宋代的（编）敕、令、格、式都是编辑、提炼皇帝的制敕而成"。[1]还有部分是上级机关的命令。而这些制敕诏、命令基本上都是针对具体事务或案件作出的，有的是皇帝自行作出，还有很多是根据臣僚的奏议作出许可，而这些制敕、诏、命令天然地可以被引用作为今后处理其他同样事务的依据。通过这样一个机制，宋人不需要现代国家意义上的设立抽象规则的立法程序，为了应对具体事务而作出的处理决定在一定程度上都具有规则的价值，也就是同一行为同时具有立法和行政、司法的性质。

第二，修纂：随时修法。基于上述机制，宋人必然会遇到这样一个问题，实务中出现的问题永无止境，相应地作出的决断也不断增加，整个法律体系不断膨胀，必须对其进行整理。但是宋人并没有现代国家中机构权力的分工和层级观念，颁布的敕令没有高下层级之分。所以即使是针对敕令格式这种相对正式的法律形式，宋人也没有规定其效力等级。《宋史》所载的神宗对于敕令格式的界定虽然精到，但也只是描述了这些法律形式发生效力的方式，无法解决这些规则之间出现矛盾时应当如何处理的问题。当然，宋人并没有束手待毙，史料记载的宋代常年、反复、频繁的法令编纂活动，就是宋人应对法律膨胀而做的努力，这种编纂活动的目的是确保临时发布的指令决策具

---

〔1〕 吕志兴：《宋代法律体系与中华法系》，四川大学出版社 2009 年版，第 147 页。

有长久适用的价值。在宋人眼中，法律形式只有定与不定或者确定程度大小的区别，而没有制定法和判例法或者上级机关所设与下级机关所设的区别。结合上述哲宗元祐年间的史料可以发现，其间都只是程序阶段和确定程度上的区别。

第三，适用：参酌互用。由于各条法令的渊源近似，修纂时又只有时间先后和固定程度的区别，所以在实际适用中，宋人无法像我们今天一样，用全国人民代表大会颁布的法律否决国务院的行政法规或者最高人民检察院的司法解释，敕令格式等法律形式在使用中都可以参酌适用，只能从适用的合理性上进行选择，无法从效力高低上进行取舍。下面的几个例子就充分说明了这一点。

首先，庆元条法事类卷一五《吏卒令》中记载：

> 诸应部送罪人逐州专委职官一员主管，常切预差禁军二十人，籍定姓名，在营祇备，遇有押到犯人，依次差拨，实时交替不得越过。

嘉定年间，地方官史弥坚针对这一规定的相关问题，上奏了一份详细的奏章。

> （嘉定）七年八月五日，知镇江府史弥坚言："关防传送配隶强盗走逸之弊，前后颁降指挥，可谓详密。然续降申明，颇与旧法抵牾，所合检坐条法指挥，画一开具。乞从朝廷更切审订，分明颁降施行。
>
> 一、检准庆元令，诸应部送罪人，逐州军常切预差禁军二十人，籍定姓名，在营祇备。遇有押到罪人，依次差拨，实时交替，不得越过。
>
> 弥坚看详，此项系正法，应被差防送军兵，许令逐州交替。
>
> 一、检准庆元随敕申明，乾道七年八月内，断配海贼并凶恶强盗，有配广南远恶或海外州军去处，若只循例逐州传押前去，窃虑交替稍频，纵其走透。
>
> 弥坚看详，此项申明盖为海贼并凶恶强盗配广南远恶及海外州军者设，系专差人管押，逐跸传递，押至路首，州军交替。
>
> 一、嘉定四年八月内，臣僚奏请，凡四方极刑来上，情有可悯，悉从原贷，黥隶远方。必置之广南恶弱之地者，所以尉谢死者之冤。今所在州军押发罪人，名曰递送，往往前途走逸，甚者毙于远行，没于无辜。

欲乞朝廷遇有贷配，不必使之长送远役，遇逐州交替即止。除批行程历外，别具公状判凭回州照会，以验至否。倘有走逸，即行根捕，责以必获。

弥坚看详，此项奏请盖为矜怜押送军兵，类因长送，往往至死，故欲将贷配之人使劲送军兵逐州交替，免致无辜毙于远役。

一、嘉定五年正月内，臣僚言守将纵奸，犯盗黥徒或配远方，（群）〔郡〕惮所费，付之递铺传押，一得所欲，随即释去。所配之郡，守将吝于衣粮，牒至未必受，受则与之空文，无所廪给，率皆窜逃，复出为害。乞申戒郡将，犯有此徒，必专人押往。宪司岁终检察，或中道而遁，或回牒不至，先追推吏根究。仍申捕亡之令，其逃军被获，诘其窜逸之由，或配所不支衣粮，则将守臣重加镌责。

弥坚看详，此项盖因州郡守将不切留意防传，或致纵奸，是致臣僚有此奏陈。

弥坚看详旧法与节次臣僚申明，关防走逸，矜恤无辜，皆有深意，恐难以一时臣僚曰请尽行更改，致使州郡引用，未免疑惑。若不画项指陈，尤恐有违法意，官吏得以用情出入，关系繫非轻。欲望送有司审计，分别重轻，某罪可以逐州，某罪可以逐路，某罪可以专人押至配所，明赐指定，颁降诸道州军，使有凭据，恪意奉行，免有疑惑。"从之。[1]

在奏章中，史弥坚详细罗列了与押运囚犯相关的所有规则，其中既有我们今天有幸能够查到的《庆元条法事类》中《吏卒令》的内容，也有随敕申明和臣僚奏请，而后者的内容则反复变化，莫衷一是。按照《狱卒令》的规定：各州预备差押人员二十，押解到本州边界为止，逐州交换，不得越过。而随敕申明所载乾道年间的规定则是为了防止逐州交替致使囚犯走脱，要求专人押送，一路到底。随后嘉定四年又有臣僚上奏称，押送囚犯路途遥远艰辛，致有押送的官兵途中劳顿而死，建议还是逐州替换，以示体恤。而第二年，又有臣僚上奏，因沿途替换，地方吏卒徇私懈怠，走脱囚犯，要求严加追责。

---

[1] （清）徐松辑：《宋会要辑稿》第168册《刑法四》之六五，影印本，中华书局1957年版，第6654页。

对于上述的法规奏请，我们注意到，史弥坚没有给出取舍的答案。

首先，史弥坚没有提到这些法规奏请的效力高低，其中虽然有《庆元条法事类》这类所谓成文法典的内容，但其不但不足以否定随敕申明的相反内容，臣僚甚至可以直接以奏章的形式反对其中的规定，要求在实务中采取相反的做法。从实务角度来说，臣僚奏请应该是决策过程中商议谋划的过程，上述史料甚至没有说明臣僚提出奏请之后，其奏请是否当即得到采纳。但这里史弥坚仍然将其拿来作为参酌的依据。

其次，史弥坚也无法按照规范奏请出现的时间先后来确定其效力高低，史料所引的"庆元令"在叟弥坚的分析中被称为"旧法"，而随敕申明中提到的乾道年间的规定，时间是在庆元之前，史弥坚之所以称"庆元令"为旧法，是因为"庆元令"中的内容编辑于庆元间，其中条款出现的时间可能比乾道还要更早。但即使如此，乾道年间出现了与"庆元令"中内容相反的规定，而时间更晚的嘉定年间，臣僚又再次作出内容相反的奏请。

最后，史弥坚真正拿来作为考虑标准的是各项规范、奏请的合理性。正如他在总结中说的"关防走逸，矜恤无辜，皆有深意"，无论是为了防止逃脱而要求专人押送到底，还是因矜恤吏卒而允许逐州替换，都是有合理性的。不能简单地以庆元令的时间较早或者已经编纂成为所谓"法典"而否定仅仅以奏请形式提出的合理意见，必须将其统统纳入参酌考虑的范围。

最终史弥坚给出的建议是细致划分被押囚犯不同的罪名，某些罪名的囚犯专人押送，某些罪名的囚犯则可逐州替换押解人员。

以现在的眼光来看，史弥坚的困惑其实是源于宋代法制结构比较原始，既没有区别立法行政权，法律体系内部又未划定效力位阶，致使实务中分歧互出，引用无措。但试想如果将现代的规则移植到宋代，比如认为经过编纂的"庆元令"的效力为高，必须作为依据，否定其他法规而不许专人押送，那么实务中走脱囚犯的问题就将成为顽疾；而如果认为乾道随敕申明的内容颁布时间较新，效力更高，必须适用，那么老吏幼卒、万里跋涉、客死他乡又会成为我们后世讥讽古人暴政的口实。

实际上，上述史料恰恰反映了宋人为提高法规合理性所做的努力。宋人没有明确地界定这种法律规范的效力等级，即使是编著在令的法规也只是被称为例，实际上宋人是将各种法律规定的效力都拉平为例，其本质上都只是一种发生过的处理方式，在实务中并无效力的高下之分，必须经过参酌比较，才能得出结论，在这样观念的指导下，宋代法律体系获得了巨大的灵活性。当然，从静态角度讲，这种灵活性使得事务处理的可预见性降低，但从动态方面看，它使得法律体制向着更为合理化的方向发展，以至逐步完善，趋于成熟。

第三章

# 宋例的适用

　　法史学界现有的宋例研究多从例的性质、编例情况等静态角度进行研究，但是须知宋例是在宋代直接被运用于政务审判活动的，必须通过研究宋例在上述活动中的具体使用情况才能对宋例和宋代法制有一个更加深入的了解。而这里被付诸运用的宋例，不再像上一章中的宋例一样，仅仅局限于条文、案例、例册的形式，宋例在此走出了文本，上升为一整套筛选、适用的制度，这也就是宋人眼中制度层面的宋例。

## 第一节　适用的程序

　　近来，宋史学界的研究逐渐呈现出新的研究趋势，即从静态和宏观角度转变为从微观动态的角度研究具体的运作机制和细节。比如针对宋代政治史，现有研究已经不再局限于考查各个行政机构的设置、职权、分工等概念性的问题，而是从各机构之间文书的种类、信息传递沟通的途径、集议的方式等方面切入，研究宋代改府机构运行、交流、决策的方式。这样就将宋代政府机构当作一个有机的整体来看待，其研究的结论不但更加生动鲜活，贴近史实，而且更加精确细致，最大程度地还原了宋代政治生活的原貌。这样的研究方式是值得法史学界借鉴的。下面本书也试图从微观和动态的角度探讨宋例适用程序的相关问题。

### 一、行事成例

　　首先需要明确的一点是，虽然现有的宋例研究几乎无一例外地以经过编纂的例作为研究对象，但是如上所述，宋人成例的机制与我们今天的立法程序大异其趣。宋例并不一定需要经过编纂成文之后才能被称为例，编例固然是一个筛选删削的过程，但例在被确定无效应予删除之前是可以不断被引为依据的，只要其在实践中被反复适用，其效力就可逐渐确定。从这一过程可见，宋例的形成、适用和固定是一个动态融合的过程，其适用过程本身就是宋例逐渐定型的过程，而逐渐定型之后的宋例又会被更多地适用。下面让我们看一下实际的情况。

第一，一经适用就可能成为先例，欧阳修在一则奏章中提到：

> 今诸路转运使不按察官吏者甚众，然别不至大段生事及部内官吏不甚昏老者，亦可且示优容。如陈洎等部内，显然官吏昏老贪残，并不举劾，致得盗贼并起，事势可忧。此若不行，则国家诏敕，乃是空文，今后号令，有谁肯听？至伏见近日顿易诸路转运，方思改作，欲除旧弊，朝廷此后政令，须要必行。今若自废诏书，示人无信，则新转运见朝廷先自弛废，言不足听，则更无凛畏，必效因循，虚烦更张，必不济事。……便舍洎等不问，则今后犯者又指洎等以为例，是则朝廷命令，永废不行。伏惟陛下聪明睿断，惟是则从，尚恐大臣务收私恩，不顾国体。若能不惜暂降洎等一两资官，存取朝廷纲纪，以励中外，则庶几国威复振，患难可平。取进止。[1]

欧阳修以其不能尽职按察下级弹劾了地方官员陈洎，要求对其进行处罚，其理由之一便是，如果本次不能处罚，那么以后有同样过错的官员将引用本次的情况为自己辩解，那么对于这类职务过失将永远无法纠察，欧阳修依此作为恳请的依据。这说明，针对一件事务作出的决定，都可能成为日后其他同类事务的处理依据，这是例自行生效的方式。相似的情况还有下面一则：

> 乾道初，陈正献公参知政事，时有衢州进士毛日新者，以上书补文学。陈公同叶相子昂覆奏其事，且曰："陛下识其人否？"上曰："朕不识之，但见累上书。"陈公曰："士人上书，果有益国家，如贾谊之治安策，魏元忠边防利害，虽朝奏暮召可也。今观其书，无甚可行之事。此例一开，恐举人舍本业而事上书，纷然何以应之，又安知非假手以欺朝廷

---

[1] （北宋）欧阳修撰：《欧阳修集》卷一〇一《再论陈洎等札子》，载（清）纪昀等编：《影印文渊阁四库全书》第1103册，我国台湾地区"商务印书馆"1986年版，第57页。

也。"上乃止。〔1〕

任用通过上书而谋官的人员必须谨慎，否则会起到坏的示范作用，可能使得举人们舍弃本业而干名希进。

宋人处理事务的一次决定就会成为日后范例，这在前面的章节已经举过史料，在此也不再重复，但下面这则欧阳修的书信更加饶有兴味，在此补充：

> 某启。昨日见奶子自宅中归，云公期犹患腰疼，不宪旦夕来尊候如何？今日欲军器库中奉问，又恐不入。为前日所见偷窃者惊家人，欲于宅西添一铺巡警，不知有例否？夫人言公期宅前曾创添一铺，不知申报何处施行？略希批示。因出，闲过少话。某再拜公期郎中。〔2〕

在这封信中，欧阳修提到自己的宅第前日遭到盗窃，为安全起见想增加一名巡警（宋人对其的称谓竟与今日完全一致）。因为听说好友曾经办理过相关事宜，所以致信询问是否有先例，应当如何申报。按照常理，地方官员宅第的警卫应该由官方委派的，具体的员额、申请的程序，也应该有成文规定，但身为朝廷重臣的欧阳修并不清楚，他解决的办法也就是找办过的人问一下，这样的处理方式与上述宋人在任官、行政、司法过程中的处理方式以及我们今天日常行事的习惯十分相似，相信这就是例在中国自古至今存在的根本原因。

第二，对于行事成例的现象，并非完全没有反例，宋人的记录中多有行事时明确要求不得以此为例的史料：

> 郑毅夫入翰林，为学士数月，今左揆王相国继入玉堂。故事：以先入者班列居上，郑公奏曰："臣德业学术，及天下士论，皆在王某之下，今班列番居其上，实不遑安，欲乞在下。"主上面谕之，揆相固辞曰："岂可循郑某谦挹，而变祖宗典故耶？"又数日，郑公乞罢禁林以避之。主上特传圣语，王某班列郑某之上，不得为永例。后揆相为郑父纾志其

---

〔1〕（南宋）李心传撰：《建炎以来朝野杂记》甲集卷五《上书补官》，中华书局 2000 年版，第 127 页。

〔2〕（北宋）欧阳修撰：《欧阳修集》卷一五二《与薛少卿书》，载（清）纪昀等编：《影印文渊阁四库全书》第 1103 册，我国台湾地区"商务印书馆"1986 年版，第 562 页。

墓，语笔优重，至挽辞有："欲知阴德事，看取玉堂人"之句，佳其谦也。[1]

郑毅夫因先入翰林院而班列于他人之上，这是一贯的故例，但其谦虚自抑，一定要求位居人后，最终皇帝同意，但是为了避免以后再有效仿，特地写明"不得为永例"。

上述史料记录的虽然是不得成例的内容，但反过来更加印证了如不特地说明就可以自是成例的史实，而其进一步反映出了宋人选择是否成例的标准。从上述史料可见第一种标准是本次的做法与以往的故事惯例是否一致。本次之所以不予成例就是因为翰林学士按入院时间列班是故事惯例。

除了按照是否符合故事惯例的标准，宋人还有更加具体的标准：

> 高氏之隶有安静者，尝得三班借职。旧法，戚里仆隶，虽有官不得改。安静援曹氏例乞改官。三省进呈，欲许之。太后曰："当如何？"对曰："旧例可与。"太皇太后曰："此非例也。"对曰："此非例而何？"曰："昔神宗临御，以慈圣故，特为彼人改官，则孝慈之意也。今吾在此，而为家仆改官，其义安在？依法而已。"众皆服，称善。辙退，书之《时政记》。[2]

高太后的仆隶安静引用以往曹太后戚里的先例改官，三省认为可以援例许可，但高太后认为不能援引曹氏戚里之例，因为此事是神宗刚刚登基时为了表示对祖母的孝顺而特别给予外戚的优待，这种事情具有特殊性，不能作为范例被后世引用。这个事例，到了南宋仍然被提及，而且评论的意见与北宋是一致的，陆游记录：

> 曹佾以太皇太后之弟，且英宗受天下于仁祖，故神庙所以养慈圣、光献者，备极隆厚。佾官至中书令，会慈圣上仙，佾解官行服。服阕，当还故官，而官制行使相不带三省长官，例换开府仪同三司，于是特封佾济阳郡王。及薨，追封沂王。外戚封王自佾始。然佾之例，后岂可用

---

[1]（南宋）江少虞辑：《宋朝事实类苑》卷一〇《郑毅夫》，上海古籍出版社1981年版，第115页。

[2]（北宋）苏辙撰：《龙川略志》卷六《戚里仆隶不得改官》，中华书局1982年版，第32页。

哉。[1]

这里所提的曹佾封王的事例，就是上一则中的"曹氏例"，陆游在这里也提出其作为外戚封王的事实是存在的，但是其原因是曹太后地位极高，情况特殊，这种外戚封王的特殊事件不应成例而作为后世的依据。从中可见，宋人用例成例的标准并非僵化和随意的，而是建立在合理性分析的基础上，一件事例必须具有合理性、适用性，才能被后世引用作为范例，上例中因为曹太后身份特殊而形成的待遇是无法为后世所比拟的，所以这件事也就不能成例。

实际上宋人对于例的合理性的探讨不仅局限于成例的过程中，即使一例已成，在实务中发现问题，也要用合理适用性予以检讨，欧阳修曾上书：

> 臣近曾上言，为台官阙人，乞不依资限选举。仍乞添置里行，所贵得材，可以称职。窃闻近诏宋祁举人，依前只用资例，又未见议复里行。臣窃叹方今事无大小，皆知其弊，不肯更改。凡台官举人，须得三丞已上，成资通判，此例起自近年。然近年台官无一可称者，近日台官至有弹教坊倭子郑州来者，朝中传以为笑。其台宪非才，近岁尤甚，是此例不可用明矣。然而宁用不材以旷职，不肯变例以求人。今限以资例，则取人之路狭，不限资例，则取人之路广。[2]

这里，欧阳修是爱惜宋祁人才，欲举荐其为台官，但碍于资限之例的要求，宋祁达不到标准，所以欧阳修详论了该例的不合理之处，认为该例成于近期，一味遵行会造成台宪无人，实为缪例，要求将其革除。

## 二、遇事检例

确认了例的成立方式之后，问题自然就过渡到例是如何被使用的。大量的例都是在实务之中的处断，处断之后自然可以成为后事的依据，但随之产生的例的数量将是非常庞大的，其形式、来源也是多种多样的，即使宋人会作频繁的修纂，也不可能随时掌握其变化。实际上，即使是在今天的成文法

---

[1]　（南宋）陆游撰：《老学庵笔记》卷四，载（清）纪昀等编：《影印文渊阁四库全书》第865册，我国台湾地区"商务印书馆"1986年版，第30页。

[2]　（北宋）欧阳修撰：《欧阳修集》卷一〇一《再论台官不可限资考札子》，载（清）纪昀等编：《影印文渊阁四库全书》第1103册，我国台湾地区"商务印书馆"1986年版，第56页。

国家，所有的司法判决和行政实务必须根据正式颁布的法规进行处理，但身处刑事司法工作第一线的笔者仍然发现，实务中将检索到的法条甚至是检索到的类似案例作为处理案件依据是必不可少的。而在条法迭出，事例繁多的宋代，在宋人用例用法的过程中，检索的工作就更是必不可少。

（一）检例的必要性

《范文正公奏议》中有一篇《奏乞下审官院等处应官员陈诉定夺进呈》，其中提到：

> 臣窃见京朝官使臣选人等进状，或理会劳绩，或诉说过犯，或陈乞差遣，其事理分明可行可罢者，则朝廷便有指挥，内中书枢密院未见根原文字及恐审官三班院流内铨别有条例，难便与夺者，多批送逐司，其逐司为见批送文字，别无与夺，便不施行，号为送煞，以此官员使臣三五度进状，不能结绝转成住滞，臣欲乞特降圣旨，今后京朝官使臣选人等进状理会劳绩诉雪过犯陈乞差遣，朝廷未有与夺指挥，只批送审官三班院流内铨者，仰逐司主判子细看详，如内有合施行者，即与勘会具条例情理定夺，进呈送中书枢密院再行相度，别取进止，如不可施行，亦仰逐司告谕本人知悉，所贵逐司主判各扬其职事无漏落，亦免官员使臣选人等重迭进状，紊烦圣听。[1]

在文中我们发现，在处理各地使臣选人的人事问题时，当时作为最高行政机关的中书门下和枢密院会"恐审官三班院流内铨别有条例"，也就是说他们怕审官院和三班院会有特殊的法规，自己不知道，所以对某些陈请不敢作出决策。作为政府中枢的中书和枢密院居然无法掌握其他机关的法规条文，这在让我们感到意外惊诧的同时也体现了检索法例的必要性。

《二程遗书》中记载的一则事例更有意思：

> 先生在讲筵，尝典钱使。诸公因问：必是俸给大段不足，后乃知到任不曾请俸，诸公遂牒户部，问不支俸钱。户部索前任历子。先生云："某起自草莱，无前任历子。"旧例，初入京官时，用下状出给料钱历，

---

〔1〕（北宋）范仲淹撰：《范文正奏议》卷上《治体·奏乞下审官院等处应官员陈诉定夺进呈》，载（清）纪昀等编：《影印文渊阁四库全书》第427册，我国台湾地区"商务印书馆"1986年版，第14页。

其意谓朝廷起我，便当廪人继粟，庖人继肉也。遂令户部自为出券历。户部只欲与折，诸公又理会，馆阁尚请见钱，岂有经筵官只请折支？又检例，已无崇政殿说书多时，户部遂定，已前未诸者只与折支，自后来为始，支见钱。先生后自涪陵归，复官半年，不曾请俸。粮料院吏人忽来索请券状子。先生云："自来不会写状子。"受事人不去，只令子弟录与受官月日。[1]

这一则史料的本意是要彰显程颐的高风亮节，但其从侧面让我们了解了当时官员俸给的相关情况。程颐经司马光等人推荐，逐渐出仕，由汝州团练推官、西京国子监教授，到元祐元年出任"崇政殿说书"。但其到任之后居然一直领不到官俸，最终经臣僚争取，引起户部的注意，但在给程颐授俸的时候还是碰到了问题。首先，程颐本身没有"历子"可以向户部证明其以往授俸的情况，只能由户部自行确定其俸禄标准；但到底是发放现钱还是折支实物，又无从凭据，户部只能检例，但检例的结果发现崇政殿说书一职久已不设，已经无例可循。户部只好做折中处理，之前拖欠的以实物折支，以后的都发放现钱。这里的检例虽然并无结果，但其中显示的宋代官员人事和俸给的管理情况却很有意思。首先，名动天下的伊川先生入京出仕经筵官，其俸给饮食居然无人过问，竟至于要靠典当度日；其次，其俸给居然不是根据既定的规则标准发放，而要由其本人以"历子"证明；再次，伊川先生不事庶务，无"历子"可出，户部自寻规则时居然发现其官职久不设立，早已无章可循。这种情况在今天看来完全无法理解，我们翻看任何一本关于宋朝政治典章制度的著作，都能查找到官员俸给制度的内容，其中对于官员俸给的种类、数量、发放流程都有较详细的描述。这让我们以为宋代的官员都是按照这样的规范的制度按部就班地申领俸给。但通过这则史料我们发现在元祐这样的承平时代，名冠儒林的伊川先生所任之官到底该享受什么待遇居然无章可循。这与我们在教科书上所看见的宋人的典章制度实在有着天壤之别。足见宋代政务的运作程序并非完全依照典章制度，而例正是弥合实务和典章之间缝隙的必需之物。

---

[1] （南宋）朱熹编：《二程遗书》卷一九，载（清）纪昀等编：《影印文渊阁四库全书》第698册，我国台湾地区"商务印书馆'1986年版，第209页。

（二）检例的常态化

检例既然如此重要，也就成了宋代司法行政的工作中的常态。

欧阳修在《论吕夷简札子》中指斥吕夷简：

> 臣昨日伏睹外廷宣制，吕夷简守太尉致仕。以夷简为陛下宰相，而致四夷外侵，百姓内困，贤愚失序，纲纪大隳……今虽陛下推广仁恩，厚其礼数，然臣料夷简必不敢当，理须陈让。臣乞因其来让，便与寝罢，别检自来宰相致仕祖宗旧例，与一合受官名。然臣犹恐夷简不识廉耻，便受国家过分之恩，仍虑更乞子弟恩泽。缘夷简子弟，因父侥幸，恩典已极。今边鄙多事，外面臣寮辛苦者未尝非次转官，岂可使奸邪巨蠹之家，贪赃愚呆子弟，不住加恩？窃恐朝廷贻滥赏之讥，未弭物论。其子弟，伏乞更不议恩典。取进止。[1]

在文中欧阳修要求皇帝在吕夷简谦辞受太尉致仕的恩典的情况下不要坚持授予，而是"别检自来宰相致仕祖宗旧例，与一合受官名"。在这里，对于致仕宰相授予荣誉的做法，是要在以往的做法中检寻先例的。当然，这篇文章是有政治斗争背景的，但从侧面也可以反映宋人在处理这类事务时，必经检例程序。一方面因为致仕宰相除授恩典未必有法规，完全是按照皇帝个人喜好；另一方面，以往除授恩赐的事例必然很多，必须检索方能确定。

如果说以上一则事例还只是政治斗争中的一则特殊事件，那么欧阳修下面的札子则证明了检例是一种常态，在《论大臣不可亲小事札子》中，他提到：

> 臣伏见兵兴累年，天下多故，枢密之职，事任非轻，虽典兵戎，体均宰辅，至于大小机务，其繁文倍于中书。……自承平以来，纲纪隳废，惟用人吏备员而已。当四方无事之时，两府检例行事，上下尸旷，恬然不怪。自兵戎既动，中外事繁，犹务因循，致多败误。今承旨不亲职事，惟署文书，凡百行遣，皆委诸房小吏。使、副大臣不免亲临细事，既不得精心思虑，专意庙谋，至于碎务繁多，又不能躬自检察，遂使边防急

---

〔1〕（北宋）欧阳修撰：《欧阳修集》卷一〇〇，载（清）纪昀等编：《影印文渊阁四库全书》第1103册，我国台湾地区"商务印书馆"1986年版，第48页。

奏，多苦滞留，军国密谋，动成漏泄。[1]

从中看出，在国家承平日久的情况下，东、西二府只是"检例行事"，将军国机要、行政事务全部交由熟悉事例典故的吏员处理，而一到战时，这套做法完全无法应对急要军务。从中可见在和平时期，各项工作按部就班、循规蹈矩的情况下，检例已经成为处理政务的常态甚至核心。

（三）检例的方式和要求

如上所述，检例是处理政务、审判案件过程中不可或缺的重要一环。对于这个问题，前人在研究时给予了一定的关注，如宫崎市定先生在其《宋元时代的法制和审判机构》一文中较早地关注了宋人刑事审判环节中检法的重要性，他在文中提到，宋代地方司法机构中设置了专门人员负责检索法条，同时提到中央的大理寺也有类似的职务[2]。此外，国内学者郭东旭在其《宋代法制研究》一书中也将检法作为刑事审判程序的一个环节进行了叙述[3]。虽然他们都是以检法为名目作的探讨，但我们认为检例必然也是检法的重要组成部分。

《庆元条法事类》卷七十三中记录了相关的规定：

> 诸事应检法者，其检法之司唯得检出事状，不得辄言与夺。

检法的要求当然适用于检例，尤其是该书同卷前一条记录，其内容如下：

> 诸敕令无例者从律，律无例及例不同者从敕令。

这段虽然说的是律和敕令的关系，但其中提到了例。我们认为，例的渊源包括敕令和律在内的法规，前条所引的"检法"，在形式就是检"敕"和"律"这类的法，而在实质上就是检的"敕""法"中的规定以为先例。也正是这个原因，上述的两条都是作为《庆元条法事类》中"刑狱门"的"检

[1]（北宋）欧阳修撰：《欧阳修集》卷一〇六，载（清）纪昀等编：《影印文渊阁四库全书》第1103册，我国台湾地区"商务印书馆"1986年版，第92页。

[2] 参见[日]宫崎市定：《宋元时代的法制和审判机构》，载刘俊文主编：《日本学者研究中国史论著选译》第八卷，徐世虹、姚荣涛译，中华书局1992年版。

[3] 参见郭东旭：《宋代法制研究》，河北大学出版社2000年版，第580页。

断"一项下的,其间关系可见一斑。其实单看这一项的名称"检断"就能看出,"检"和"断"在处理刑名案件的过程中是两个并列同等的程序,必先"检",然后才能"断"。而回到刚才所引的法条可见,正因为"检"和"断"的重要性,宋人认识到必须让两个程序相互牵制才能保证审案的公正,所以规定检法者只能检出事状法例,不能做出判断。这样的制度安排是宋人一贯的做法。今日从事法律实务的人都知道,处理案件最重要的就是两个环节:事实认定和法律适用,两者是处断裁判的基础。而宋人分别在这两个环节上贯彻了上述的思路,如果说在审查案件事实时宋人设置了"鞫谳分司"制度,那么在法律适用环节,就是"检断分责"。

当然,在宋代,检例并不仅仅出现断案活动中,在处理政务的活动中检例与用例又体现出一定的灵活性,比如,包拯在一则奏议中提到:

> 臣先曾上言,广南东西两路诸州元无职官处各令置一员,关掌郡事,寻蒙降指挥下铨司,至今未闻有人注拟,虽该赦恩放选,又例注家便及次远。以岭外退僻惮其地远,兼访闻两路阙额甚多,其十数年无正官处并差土人充摄官……窃见顷年以来广南阙官,遂于江浙就移两任四考已上簿尉充彼处县令,自后因循不行,欲乞特降指挥,令铨司检详旧例,于江浙荆湖等处近广路分诸州簿尉中,选无公私罪犯两任五考已上,就除权职官,四考已上就除县令,便令赴任,如此则(阙)官无由幸免,异俗得以辑宁。[1]

从这里来看,包拯为了解决边远地区无官可派的情况,特地查找到了以往从江浙地区的地方属官中挑选人员派往边远地区的先例。他不但检出了这个例,还在此基础上进行了细化,原来只有关于两任四考的人员任县令的做法,欧阳修在此则基础上做了扩充,两任五考以上的直接除授权职官,四考以上的除县令。说明在先例的基础上进行调整,使之适应实际需要,也是检例的初衷。

### 三、拟进贴例

经过了检例的程序之后,被检出的例是如何进一步被适用的呢?从下面

---

〔1〕(北宋)包拯撰:《包拯集》,黄山书社 1989 年版,第 85 页。

一则史料可以看出端倪：

> （绍圣元年）十一月一日，刑部言："被旨：六曹、寺、监检例必参取熙宁、元丰以前，勿专用元祐近例；旧例所无者取旨。按敕降元祐六年门下中书后省修进《拟特旨依断例册》，并用熙宁元年至元丰七年旧例，本省复用黄贴增损轻重。本部欲一遵例册，勿复据引黄贴。"诏："黄贴与原断同，即不用；内有增损者，具例取旨。"〔1〕

从中可以看出，六曹寺监的工作都要涉及检例，而所检的例限于熙丰以前的旧例。而这里的熙丰旧例就是后面的《拟特旨依断例册》，也就是说这些例就是从《拟特旨依断例册》中检出的，从名字来看编辑这部例册的目的是"拟断"提供依据。所以可以反过来推测，从中检出的例必然被用于"拟断"案件。《宋会要辑稿》中另外两则史料也印证了这一推测：

> 绍兴九年三月六日，臣僚言，请以建炎以来断过刑名近例分类门目编修，亦得旨限一月。是年十一月一日，臣僚复建言："窃详编类之意，盖为刑部进拟案引用案例。高下用情，轻重失当。今既未成书，不免随意引用。乞下刑寺根究节次立限之后如何编类，再立严限，专委官看详。"〔2〕
>
> （淳熙三年）五月二十五日，诏："敕令所参酌到适中断例四百二十件，以《淳熙新编特旨断例》为名，并旧《断例》并令左右司拘收掌管。今后刑寺断案别无疑虑，依条申省取旨裁断外，如有情犯可疑，合引例拟断事件，具申尚书省参照施行。"〔3〕

从第一则史料可见，编类案例的目的就是刑部"进拟案引用案例"，也就是在审理进拟案件时可以找到作为依据的案例。而第二条史料则显示，对于情犯可疑的案件要"引例拟断"，这里直接用了"拟断"的讲法，而且是引

---

〔1〕（清）徐松辑：《宋会要辑稿》第164册《刑法一》之一六，影印本，中华书局1957年版，第6469页。

〔2〕（清）徐松辑：《宋会要辑稿》第164册《刑法一》之四七，影印本，中华书局1957年版，第6485页。

〔3〕（清）徐松辑：《宋会要辑稿》第164册《刑法一》之五一，影印本，中华书局1957年版，第6487页。

例拟断，将上述三则史料联系起来可知，检例所得案例就是用于拟断、拟进案件时作为依据的。

那么，"拟断""拟进"又是什么样的概念呢？

沈括在《梦溪笔谈·故事一》中谈到：

> 本朝要事对稟，常事拟进入画可，然后施行，谓之进熟状。[1]

从中可以看到三层意思：首先，"拟进"是一种向皇帝稟报事务并由其决定的程序；其次，"拟进"是针对常事，也就是一般事务的，而如果是军国大事，要"对稟"；再次，"拟进"后取得的皇帝反馈是"画可"，可知，拟进的内容不是单纯将事务向上稟报，必须同时上报初步的处理意见，皇帝要只做允许和不允许的决定，不必再向其详细汇报和进行讨论；最后，常事经"拟进"的程序叫"进熟状"。所以前述的"拟进案"也就是向皇帝汇报取"画可"的案例，"拟进"的时候，臣僚已经一并向皇帝提出了拟定的处断意见，这些意见的依据就是附带引用的案例。

下一则案例进一步说明了刑事案件中拟进和用例的情况：

> （绍圣三年）五月二日，中书侍郎李清臣言："先皇帝创立官制，元定三省规摹，中书省取旨，门下省审覆，尚书省施行，盖以互相关察。日近尚书省官侵紊职事，将生事文字合送中书省取旨者更不送中书省，便于尚书省将上取旨，画定指挥，签书押送中书省降敕。臣已曾面奏，乞宣谕章惇已下合依官制旧法。自是以来，稍觉减少。今又公然放纵，侵紊朝廷纪纲。伏望早赐指挥辨正。"先帝官制：无条上中书省取旨，有例无条具钞画闻。钞书尚书省与本曹官奏上，付门下省覆讫施行，不由中书。时清臣为中书侍郎在告。尚书省以刑部狱案钞内有所拟轻重未当，合行增损，贴改进入，尚书省职也。[2]

这里说的其实是绍述期间新党内部李清臣和章惇之间的争斗。李清臣作

〔1〕（南宋）沈括撰：《梦溪笔谈·故事一》，载（清）纪昀等编：《影印文渊阁四库全书》第862册，我国台湾地区"商务印书馆"1986年版，第715页。

〔2〕（清）徐松辑：《宋会要辑稿》第58册《职官一》之二九，影印本，中华书局1957年版，第2344页。

为中书侍郎上奏弹劾章惇在执掌尚书省时，没有按照神宗时期的职官规定，将需要向皇帝上奏取旨的事件通过中书省，而是自行从尚书省直接上奏，而且是"画定"，也就是作为"熟事"直接给皇帝画可，架空了中书省。但是《宋会要辑稿》对此进行了说明：按照神宗官制，上奏政务并非全部需要经过中书省，那些"无条"（也就是没有法规依据可循）的事务，必须经过中书省上奏。而"有例无条"的则由尚书省"具钞画闻"，不必经过中书省。这里的"具钞"就是用"奏钞"的方式上奏皇帝的意思。

所谓"奏钞"是指上奏皇帝的一种文书，这种文书在唐代就已出现。《新唐书》记载，它是门下省的一种文书：

> 凡国家之务，与中书令参总，而颛判省事。下之通上，其制有六：一曰奏钞，以支度国用，授六品以下官、断流以下罪及除免官用之。[1]

从内容看"奏钞"事项包括财政事务、官员任命和刑事案件审判。到了宋代，"奏钞"就成为从尚书省经门下省复议上奏皇帝的文书，如《宋会要辑稿》记载：

> 吏部拟注官过门下省，并侍中、侍郎引验讫奏，候降送尚书省。若老疾不任事及于法有违者，退送改注，仍于奏钞内贴事因进入。[2]

这一过程显然是不需要通过中书省的。而"画闻"则是取皇帝画可的意思，再结合史料末尾的内容，本次的"奏钞"也正是尚书省需要将刑部的一件案例上奏皇帝。这里所说的刑部"狱案钞内有所拟轻重未当"，指的就是"拟进"的处理意见轻重失当。这则新党相争的事例为我们复原了刑部用例奏钞取旨的程序。尤其是史料中提到需要用"奏钞"直接上奏的正是"无条有例"的案件和事务，所以刑部所拟的这件刑案必然是因为经过检索后发现有例可循，所以将检索到的例作为依据附在拟断的意见中，但尚书省认为拟断不当，又加上了"贴黄"，最后以"奏钞"的形式上报给了皇帝。

另一则史料中对于上述"奏钞""拟进"和用例的关系也有较明确的

---

〔1〕《新唐书》卷四七《百官志二》，中华书局1975年版，第1205页。

〔2〕（清）徐松辑：《宋会要辑稿》第58册《职官一》之二〇，影印本，中华书局1957年版，第2339页。

表述：

> 四月九日，给事中陈与义言："本朝道德名臣议论至到，莫如司马光
> 者。曹州尝奏强盗赵倩等二人案，作情可悯，乞从宽贷……光则上奏曰：
> 于杀人者虽荷宽恩，其被杀者何所告诉？非所以禁制凶暴、保安良善也。
> 乞今后应奏大辟，刑部于奏钞后别用贴黄声说，情理如何可悯，刑名如
> 何疑虑，今拟如何施行。门下省审，如何委得允当，如有不当及用例破
> 条，即奏行取勘。"〔1〕

赵倩案是北宋时引起朝廷激烈争论的案件，其核心在于是否可以用例贷
死。而从这则史料中我们可以看到，司马光对于案件处理程序提出了建议，
要求刑部在"奏钞"之后用"贴黄"给出从轻处罚的理由以及拟定的处理意
见，从后面的"用例破条"一句可以看出，奏钞必然有例作为依据，而且如
果出现引用不当还会遭受处罚。

而具体到"拟断"的内容，可以涉及犯罪情节的"轻重"，也可以直接
拟定罪名，比如：

> （隆兴）元年九月二十二日，臣僚言："命官断罪，其始悉由刑部、
> 大理寺拟定刑名。今于既断之后，遇有雪诉，却付外路监司委官看定，
> 徇情出入，则是外路监司及得驳正刑寺，事属倒置。乞自今遇有命官陈
> 诉元断不当者，并不许送外路监司，先委大理寺官参酌情法，保明申部，
> 再委刑部郎官、长贰重行看定，续次申省，送左右司审详取旨施行。"从
> 之。〔2〕

从"拟定刑名"一句来看，拟的内容也必然包括确定罪名。实际上，上
述程序还适用于一些罪犯的赦免：

> 十七年十二月一日，刑部言："契勘编配、羁管等命官及事干边界情

---

〔1〕（清）徐松辑：《宋会要辑稿》第 168 册《刑法四》之八一，影印本，中华书局 1957 年版，
第 6662 页。

〔2〕（清）徐松辑：《宋会要辑稿》第 167 册《刑法三》之三〇，影印本，中华书局 1957 年版，
第 6592 页。

理重害之人，遇赦依法合系所管州军勘验，别无过犯，方许保奏。本部
以所犯情理轻重，按法具奏钞拟奏，听旨移放。访闻近来州军往往更不
依法具奏，一面引赦移放。深属不便。欲遍下诸路州军，各守成法，仍
仰提刑司检察违戾处按劾。'从之。先是，右文林郎周行己计嘱本州岛一
面引赦移放，为衢州人户告发，故有是请。[1]

值得注意的是，这里提到的"按法具奏钞拟奏"，也就是"具奏钞"，即
用奏钞的方式"拟奏"，给出初步拟定的意见，交由皇帝裁决。这里的拟奏也
是要附有相应依据的。

### 四、取旨裁决

关于"拟进"之后的"奏钞"会被如何处理，史学界研究认为适用"拟
进画可"程序的基本上都是细碎事务，皇帝未必会亲自留意，有可能直接交
给内尚书省的女官直接处理。有些权臣奸相往往利用这一点，将一些大事冒
充熟状进程，蒙混过关。[2]在处理一些刑事案件时，也可能出现这样的情况：

> 七月十七日，枢密院言："诸路部送罪人赴阙者，皆令军头司引对，
> 颇为烦细。望止令本司依何降配。"帝曰："朕虑其间或有枉滥及情理可
> 矜者，令银台司自今诸处送到罪人，并先取审状，送枢密院进拟，付军
> 头司施行。其情涉屈抑者，不须取状，即令引见。"[3]

枢密院建议为了免去逐一引对的麻烦，希望皇帝允许本司直接对罪人进
行处断。但是皇帝认为，这些人中有的可能涉及情理冤屈的，那样处理未免
草率，所以要求以后先将所有人的案卷交枢密院审查，枢密院做拟进，对于
那些情理可能冤屈的人员需要军头引见司引见。对于剩余的情况，文中虽未
提及，但可以推测，对于那些并非有上述情节的人员，可能就按照一般"拟

---

〔1〕 （清）徐松辑：《宋会要辑稿》第 167 册《刑法四》之四六，影印本，中华书局 1957 年版，
第 6644 页。

〔2〕 参见王化雨：《宋代皇帝与宰枢的政务信息处理过程——以奏章为例》，载邓小南、曹家齐、
平田茂树主编：《文书·政令·信息沟通——以唐宋时期为主》，北京大学出版社 2012 年版。

〔3〕 （清）徐松辑：《宋会要辑稿》第 168 册《刑法四》之四，影印本，中华书局 1957 年版，第
6623 页。

进"的程序，作为细务处理了。

但是根据现有史料，我们发现有许多案件在刑部法司"拟进"之后引起了包括皇帝在内的相关人员的争论，这说明很多刑案在被贴例拟进之后，还是要经过皇帝亲自裁决的，甚至会要求相关机构和臣僚进行集议。

> （淳熙）九年正月二十四日，诏军人詹保特贷命，决脊杖二十，刺面，配海外州军牢城收管，永不放还。保先因殴死叶先贷命配道州，逃窜归庸顾张彦文家，因赵汝谐醉酒，执刀欲杀彦文，保劝止之，并欲杀保，保遂以木檐打汝谐右足致死。法司拟罪当死，后省言保冒不测以救顾主之死，本无杀汝谐之心，据其所为，犹是果义，故贷之。[1]

对于詹保，法司是拟判处死刑的，但是"后省"则认为他是为了救雇主，并无谋杀之意，不应论死罪，此事发生在南宋，"后省"此处是对门下、中书外省的称呼。

绍熙年间，还发生过一起抓捕到一名金国入境的"北人"的事，此人不但盗窃财物，还杀死了前来抓捕的官人。刑部拟定：

> 合斩刑上定断，葛邲奏曰："且令土牢拘管。"陈骙奏曰："若此等人，不知拘留为是，且牒还为是？"上曰："令牒还对境，亦示我包容之意。"[2]

对于这件特殊案件，明显是经过了集议程序，不同的大臣各执一词，皇帝最终考虑到案件的特殊性决定将其遣送出境。

## 第二节 择用的原则

如上所述，刑部等机构"贴例拟进"，实际上是将例作为所拟处意见的依据上呈给皇帝以求裁决。但正如本节开始所言，宋例数量非常庞大，而且对

---

〔1〕（清）徐松辑：《宋会要辑稿》第 170 册《刑法六》之三九，影印本，中华书局 1957 年版，第 6713 页。

〔2〕（清）徐松辑：《宋会要辑稿》第 170 册《刑法六》之四二，影印本，中华书局 1957 年版，第 6714 页。

于同一件案例、事例，不同的经办人员会有不同的理解，所以在检例、择例、用例时必然发生分歧：

> （元祐三年）闰十二月一日，尚书省言："初，《官制》未行，凡定功赏之类皆朝廷详酌之。自行《官制》，先从六曹用例拟定。其一事数例轻重不同，合具例取裁。或事与例等，辄加增损，或功状微小，辄引优例，并当分别事理，等第立法。今以旧条增修，凡事与例同而辄增损漏落者杖八十，内事理重已施行者徒二年。如数例重轻不同，或无例而比类他例者，并具例勘当，拟定奏裁。"从之，仍增三省、枢密院相干事并同取旨。[1]

其中提到，论功行赏的事务是由尚书六曹用例拟定的，但肯定会出现一事数例的情况，这时就要交由皇帝决断了。可见宋人实际上也面临着如何正确择例用例的问题。就像我们今天，即使在案件事实已经查清，成文法条全部齐备可查的情况下，司法部门仍然可能对案件的定性、情节、法律适用存在严重的分歧。古今相隔千年，但行事办案的难处却仍是一理，这既是法律和社会的困惑所在，也是法学和法史学的意义和魅力所在。

回到宋例上，既然戎例纷繁复杂，择例难免莫衷一是，面对这样的问题，宋人也和我们今天一样，通过在实践中不断争论，摸索寻找解决的方法，通过留存的史料我们可以看到他们取得的成果。

首先在什么情况可以用例的问题上，一般认为在无成法的情况下用例，当然在实务中是否会在有条法的情况下用例破条，这是另一个问题，但在无条无法的情况下一般会用例解决。对此一些笔记中的故事为我们提供了鲜活的说明，《春渚纪闻》记载了一则名为《吴观成二梦首尾》的文章：

> 儒林郎吴说，字观成，……至临安，会富阳宰李文渊以忧去郡，以吴摄邑事。月余，清溪贼方腊引众出穴，官军不能拒。吴有去官意，而素奉北方真武香火，即试祷乞梦，以决去留。至晚，梦一黄衣人云："上司有牒。"吴取视之，则空纸耳。遽覆纸视之，纸背有题云："富阳知县

〔1〕（清）徐松辑：《宋会要辑稿》第164册《刑法一》之一五，影印本，中华书局1957年版，第6469页。

第一将。"既觉，思之，曰："吾祷神去留，而以第一将为言，岂不当去此，更合统兵前锋拒贼否？"已而，县民逃避者十七八，吴引狱囚疏决，始讯问次，贼已奄至。急匿小舟泛江得免，其从者半为贼杀。则前在青阳时，梦视后无首者验也。后官军既平贼，而郡县避贼官吏，俱从安抚司克复之功，尽获还任。吴适丁母忧，不能从也。既行赏黜，而有司莫能定罪，即具奏裁，有旨：县官临贼，擅去官守，例同将官擅去营阵，法除名，编置邻郡。同例者六人，富阳系第一人，始悟第一将之告云。[1]

故事本身虽然荒诞不经，但却提示了我们用例的情况，吴观成在富阳时不能拒却方腊的起义军，城破时自己乘舟逃走，最后对他定罪的时候发生了问题：按照律条的规定，只有守将临阵去营的处罚，而吴系文官，并无对应法条事例，所以处罚的时候只能按照将官的条款引例处断。从中可见，在无正条的情况下往往需要借助例的手段来解决问题。

在必须用例的情况下，相关史料显示，宋人往往从以下几个方面进行选择判断。

## 一、时间先后

《建炎以来朝野杂记》记载：

> 乾道中，李仁父为礼部郎中，洪景卢直学士院，时占城入贡，诏学士院答敕，景卢引故事，乞用金花白藤纸写诏。而仁父上言当从绍兴近例，用白藤纸作敕书。景卢以为侵官，论奏其事。上曰："礼官议礼岂可谓之侵官，近例可凭，止从绍兴可也。"[2]

这里对于写诏所用的纸材产生了争论，洪景卢所引的是故事，相对较远，而李仁父所引的是绍兴近例，最终皇帝裁决使用绍兴近例。

在刘挚的文集中，还记载了一则更加明确的事例，这是刘挚弹劾负责神

---

〔1〕（北宋）何薳撰：《春渚纪闻》卷二，影印本，中华书局 1957 年版，第 460~461 页。

〔2〕（南宋）李心传撰：《建炎以来朝野杂记》甲集卷九《礼官学士争诏纸》，中华书局 2000 年版，上册，第 187 页。

宗皇帝葬仪的范峋的事件：

> 臣近准尚书省札子节文，据户部状，为府界提举司合应副山陵用度，本司官范峋前后申奏异同，……并系提举司虚妄理曲，已具状奏闻去讫，臣恭见山陵兴作朝廷之大事，中外臣庶莫不愿穷心毕力以效万一，况今灵驾经历七顿，皆峋所部工其职事，而本司明有应奉慈圣光献山陵故事未远，峋乃辄敢推免，妄引治平年赋额领于三司之事以为辞，省司数数移问，索以旧例，匿而不言，巧文饰说，一出欺诬，及情见理屈，方称备员畿内，不避狂僭，乞行管认，意以为非己之事由为朝廷承乏云耳，偃塞自肆，反复不情，忘先帝拔用不次之恩，为不义，慢陛下崇奉大事之令，为不忠，臣子之分。峋敢如此，伏望详酌量行黜责以厉在位。[1]

从史料中可见，葬仪的费用最早在治平年间由户部支出；到熙宁四年转由府界自行支出；至元丰三年曹太后的葬礼，已经改由府界支付。但此次葬礼，作为提点开封府界诸县镇公事的范峋一方面不按照最近熙丰年间的先例由本司出费，反而要求用以时间久远的治平年间的做法作为依据，要求户部支付；另一方面，又上奏诈称曰府界支出了葬礼费用。这完全违反了用例的标准。刘挚因此而弹劾了他。

## 二、适用次数

先例被适用的次数，也是评判其效力的标准，在讨论高宗配飨臣僚的时候，就碰到了这个问题：

> 洪景卢初建高庙配飨之议，首采本朝故事，谓议者当出于翰苑。上亦尝谕以文武欲各用两人，景卢因即以吕、赵、张、韩四人为请，乞付侍从官详议。从之，十五年三月庚戌也。后三日，从官议上。……，遂言四人皆有名绩，见称于世，宜如明诏，配飨庙廷。议者……皆无异议。奏上，报可，……后三日丙辰，秘书少监杨廷秀独上书争其事，……[2]

〔1〕（北宋）刘挚撰：《忠肃集》卷七《劾范峋免应奉山陵》，载（清）纪昀等编：《影印文渊阁四库全书》第1099册，我国台湾地区"商务印书馆"1986年版，第524页。

〔2〕（南宋）李心传撰：《建炎以来朝野杂记》乙集卷四《高庙配飨议》，中华书局2000年版，第565页。

杨廷秀就是著名诗人杨万里，其文集中记载了他《驳配飨不当疏》的内容：

> 今者议臣建配飨功臣之议则不然。曰欺，曰专，曰私而已。先之以本朝之故事，惟翰苑得以发其议。抑不思列圣之庙有九，而庙之有配飨者八。发配飨之议者非一，而出于翰苑者止于三。以一人之口，而杜千万人之口，其弊必至于指鹿为马之奸。臣之所忧，不特一配飨之议而已。[1]

这里是关于高宗庙中配飨大臣的争论，其争论的焦点不在于由谁来配飨，而是应当由谁来提议配飨的人选。提议者洪景卢本身是翰林院官员，所以提出采用故事"议者当出于翰苑"，但这一依据引起了争议，反对者杨廷秀提出，以往配飨的人选提议人的八个人中只有三个是出自翰林院的，比例并不高，所以出身翰苑的先例并不足以为凭。由此可见，有过先例，但是实务中还要看适用的次数和比例，换句话说就是到底有没有充分地经过实践的检验，如果次数不多或比例较低，那么仍然不能作为依据。

### 三、比拟近似

《谠论集》中有一则记录弹劾曾布的记录：

> 臣窃以宰执大臣一有动作，百辟之仪刑，四方之表则，行法必自其始，然后能服天下之心，苟不奉法，岂能逃天下之拟议哉，伏见右仆射曾布用恩例陈乞……，兼元符令已是不许陈乞奏辟，吏部明知其不可而畏惮布之权势，辄引绍圣敕条，又引元丰间吕希述例，申取朝廷指挥，况元符著令既在，绍圣之后前敕自是更改不行，而希述又只是勾当仪鸾司，即非刑狱职事，岂可用以为例，吏部既是徇情曲法，三省又且雷同，不敢谁何，表里相助，一如其请，朝廷之上，法度不守，纪纲不正，而欲天下之治其可得乎，伏望圣慈特赐改正施行，以存法守，以清形狱，

---

[1]（南宋）杨万里撰：《诚斋集》卷六二，载（清）纪昀等编：《影印文渊阁四库全书》第1160册，我国台湾地区"商务印书馆"1986年版，第588页。

以示大公，不胜幸甚，取进止。[1]

这则奏章弹劾了曾布两点引例不当的过错：第一是没有按照元符时的法规办事，引用了时间过早的绍圣年间敕令作为依据；第二就是不当引用元丰年间的例。曾布曾使用吕希述例的事例作为自己陈乞的依据，在这里陈次升提出，吕所任职的是勾当仪鸾司，与曾布陈乞所涉的刑狱方面的职务完全无法类比，不能引用作为依据。从中可以看出是否能够引为前例，判断标准之一就是两类事务的相似性。不具相似性的事务不能被引为先例。如前所述，这也是由例从春秋例演化为司法行政例的内在逻辑所决定的。

## 四、合情合理

《建炎以来朝野杂记》记载：

> 侍讲自去学士后，秩止正七品，然率以侍从官兼之，绍兴五年闰二月，范元长以宗卿，朱子发以秘少监兼之，盖殊命也。乾道六年十一月，张敬夫始复以吏部员外郎兼侍讲。盖中兴后，庶官兼侍讲者，惟此三人。若绍兴二十五年十月张扶以祭酒、隆兴二年八月王宣子以检正、乾道七年九月林景度以宗卿入经筵，亦兼侍讲者，盖扶本以言路兼说书就升其秩，宣子时摄版曹，景度尝为右史，且有敬夫旧例，故稍优之，皆有以也。近岁陈正仲、朱仲文以谏官兼侍讲，后迁少常，因而不去，盖用胡邦衡例，其余庶寮无复兼者矣。[2]

从中可见，南宋早期以庶官兼任侍讲的人员只有三人，其后谈到的张扶、王宣子、林景度等人兼任侍讲，一方面是有张敬夫的先例，另外，三人本身的任职也有一定特殊性，所以能够兼任，从该则史料的语气来看，如果三人的任职不够条件，即使有张敬夫的前例，也未必能作为三人兼任侍讲的依据。

下面一则事例更加说明了即使在有例可循的情况下，还是要综合考虑当时的实际情况，《龙川略志》叟有一篇《议除张茂则换内侍旧人》：

---

〔1〕（北宋）陈次升撰：《谠论集》卷三，载（清）纪昀等编：《影印文渊阁四库全书》第 427 册，我国台湾地区"商务印书馆"1986 年版，第 360 页。

〔2〕（南宋）李心传撰：《建炎以来朝野杂记》乙集卷一三《庶官兼侍讲》，中华书局 2000 年版，第 715 页。

元丰八年十月末，上遣张茂则传宣"非久替换内中旧人"，却于转出大使臣内抽取数人，令寄资充内中差遣。辙曰："上左右须得是当人乃可。况上初听政，中外观望，举动不可不慎。又太皇太后在日，至公无私，人情未免憎爱，所用人尤宜慎择，留后伏事祖宗岁久，今此用人，宜助上选择。"茂则咤唯而去。十一月二日，崇政殿门幕次，密院出刘瑗以下十人姓名，并换入内供奉官。仓卒不审，但将有过犯冯景等二人，见持服刘瑗、李恳二人不行外，抽取六人。既退讲议，乃知祖宗无抽取寄资例。至初四日，见上论之。辙奏曰："陛下方亲政，中外贤士大夫未曾进用，而推恩先于近习，外议深以为非。臣等浅陋，前日失不开陈，今已无及。陛下今后真之而已。"至十日，密院复出内批，以刘惟简随龙权入内押班。梁从政、吴靖方先帝随龙，除从政内侍省都知，靖方带御器械。十一日，垂拱殿幕次，商量本欲伸前议，以非初政所宜。方进呈，未及开陈，微仲卷起文字曰："依已得圣旨。"众愕然而退。十一日，中书舍人吕希纯封还词头。十二日，中堂会议，微仲曰："先取六人，祖宗无例。密院仓卒将上，失不理会。"予曰："吾辈亦自失之，不可推过密院。"尧夫曰："侍郎言是也。"微仲曰："宰执论事，当据条例，六人无例，可以追改。惟简等三人皆有近例，不可论也。"予曰："追论六人而舍三人，似畏强凌弱，不如并论而罢之。"尧夫助微仲曰："惟六人可论。"韩师朴继至，亦言此三人有例，无可言者。刘仲冯曰："只论三人可也。诸公若能协力，何事不济？"予曰："相公欲并论六人，亦无不可，使六人虽去，而三人不罢，吕舍人何缘肯止？纵改差，姚舍人耻不若人，亦须封还，则益张皇。愚谓不若并论，纵不尽从，徐更筹之。但吾侪一心，上前无一可一否之论，即善矣。"微仲曰："来日见上，若未从，即奏竢再见详议可也。"予称善。十四日，进呈希纯状。上曰："只为禁中阙人，兼有近例。"微仲曰："虽知此，众议颇有未安。"师朴曰："此与冯宗道、梁惟简例正相似。"辙曰："此事非谓无例，盖谓亲政之初，中外拭目以观圣德，首先擢用内臣，故众心惊疑耳。然臣等前者不能仰回圣意，致使宣布于外，以致有司封驳，此皆臣等罪也。"仲冯曰："虽有近例，外人不可户晓，但以率先施行为非耳。"微仲曰："致令人言，浣渎圣听，此实臣罪。今若不从其言，其余舍人亦未必肯奉行，转益滋章，于体不便。况人君以纳谏为明，若屈己从众，于圣听愈光。臣闻太祖一日退朝，有不悦之色，左右觉而问之，太祖曰：适对臣僚指挥事有失当，至此悔之。由此观之，人君不以无失为明，以能悔改之为善耳。"上释然，曰："除命且留竢衙后取旨也。"辙又奏曰："臣窃闻仁宗听政之初，即下手诏：凡内批转官，或与差遣，并未得施行，仰中书、枢密院审取处分。史记之：是时上方亲阅庶政，中外闻之，人情大悦，正与今日事相类矣。陛下诚以仁宗为法，天下之幸。"[1]

这是关于哲宗即位之后提拔任用身边宦官的争论，哲宗即位不久就将原来作为身边服侍的宦官升任内省，引起了苏辙等人的议论，他们本欲在拟诏前向皇帝谏言，但吕大防没有按照约定及时发动。好在拟旨最终被中书封还词头，苏辙等人利用这个机会向皇帝谏言。当时拟提拔九人，其中又分为有近例的三人和无近例的六人。无例者自不待言，但针对有近例的三人，还是发生了争议。哲宗提拔的理由是"禁中阙人，兼有近例"，理由实际上也兼顾了实际需要和有例可循两个方面。但苏辙的回答更加直截了当，他承认此事确实有例可循，但现在正当哲宗刚刚登基的特殊时期，天下都在观望新主的作为，如果在此时不先擢用治世的士大夫，而是提拔近侍，等于昭告天下，新帝任人唯亲。刘奉世进一步提出，虽然提拔三名近侍有先例，但这种理由无法晓谕中外，天下百姓不知有例可依，但知新帝不近士人，一味提任宦官，翻译成现代白话就是"虽然不违反法律规定，但影响不好"。从上述的争论中我们非常清晰地看到了宋人选择用例时的综合判断标准，不管是否有先例和依据，当时的实际情况、引例后的客观效果才是定论的核心标准，在这一点上，虽然君臣双方有争执，但思路都是一致的。

最后我们再看一则事例，从中可全面考查宋人在数例并存的情况下是如何取舍的。《齐东野语》记载：

度宗咸淳壬子岁，有事于明堂。先一夕，上宿太庙。至晚，将登辂，雨忽骤至。大礼使贾似道欲少俟，而摄行官使带御器械胡显祖，请用开禧之例，却辂乘辇，上怃躁急，遽从之。阁民吏曹垓，竟引摄礼部侍郎陈伯大、张志立奏中严外办，请上服通天冠，绛纱袍，乘逍遥辇入和宁

---

〔1〕（北宋）苏辙撰：《龙川略志》卷九《议除张茂则换内侍旧人》，载（清）纪昀等编：《影印文渊阁四库全书》第1037册，我国台湾地区"商务印书馆"1986年版，第31页。

门。似道以为既令百官常服从驾，而上乃盛服，不可。显祖谓泥路水深，决难乘辂。既而雨霁，则上已乘辇而归矣。既肆赦，似道即上疏出关，再疏言："嘉定间，三日皆雨，亦复登辂。用嘉定例尚放淳熙，用开禧之例，则是韩侂胄之所为。深恐万世之下，以臣与侂胄等。"于是必欲求去，而伯大、志立亦待罪，显祖竟从追削，送饶州居住，曹垓黥断，其子大中为阁职，亦降谪江阴。显祖本太常寺礼直官，以女为美人，故骤迁至此云。未几，有旨，美人胡氏，追毁内命妇告，送妙净寺削发为尼。然践匕忌器，或以为过。似道凡七疏辞位，竟出居湖曲赐第，用吕公著、乔行简典故焉。

按淳熙乙亥，明堂致斋太庙，而大雨终日。夜，有旨："来早更不乘辂，止用逍遥子诣文德殿致斋。应仪仗排立并放免。从驾官常服以从。"大礼使赵雄密令勿放散，上闻之曰："若不霁，何施面目？"雄语人曰："不过罪罢出北关耳。"黄昏后雨止，中夜，内侍思恭传旨御史台、阁门、太常寺，仍旧乘辂，应有合行排办事件，疾速施行。十五日拂明雨止，乘辂而归。盖自有典故，清切如此。而显祖不知出此，乃妄援开禧韩侂胄当国时故事，故时相怒之尤甚也。[1]

度宗宿于太庙，但有急事要回朝，但不巧下雨，到底应该乘辂还是乘辇就成了问题。按礼制应当乘辂，但考虑到雨天道路泥泞，负责的官员胡显祖决定让皇帝乘辇，而且引用了开禧年间的先例，这个决定看上去既合理又合例。但随后形势急转直下，当朝的宰相贾似道事后提出异议，认为嘉定年间和淳熙年间的做法都是乘辂不乘辇的，这次乘辇属于引例不当，更重要的是这次所引的开禧年例是在韩侂胄当政时的做法，在当时韩侂胄被认定为奸相，他当朝时的所作所为根本不应拿来当作例。最后相关人员全都因此遭受了处罚，甚至是胡显祖被选入宫的女儿都因此被牵连而当了尼姑。在这则事例之后，周密还附上了淳熙年间事例的概要。当时一连三天大雨，孝宗自己决定不乘辂，撤除仪仗，但当时负责礼制的官员赵雄私自决定不下达这道圣旨，孝宗质疑，如果明天雨不停，那么整个仪仗将面目全非，礼仪全坏，此

〔1〕（南宋）周密撰：《齐东野语》卷一九《明堂不乘辂》，载（清）纪昀等编：《影印文渊阁四库全书》第865册，我国台湾地区"商务印书馆"1986年版，第836~837页。

时赵雄居然以赌徒的口吻说出大不了受罚贬责的话。但出乎意料的是后来雨果然停了，事情顺利结束了。

通观这则史料，其中涉及的用例标准其实包括三方面的内容：

第一，三个事例的时间顺序和次数。按发生先后，应当是淳熙例最早、开禧例居中，嘉定例最后。虽然嘉定例所仿的是最久远的淳熙例，但毕竟距离本事时间最近，应为近例，而且乘辂的有嘉定、淳熙二例，乘辇的只有开禧一例，从数量上也可见分晓。

第二，两种做法的实际合理性。我们不知道周密为何要在事例后面如此详细地复述淳熙例形成的过程。如果光看事情本身，淳熙例完全是依靠出人意料的运气才让雨天依旧乘辂成为了范例。如果第二天大雨不止，被问罪的就不是胡显祖等人，而是当年的赵雄了。而反观乘辇的做法其实是相对合理的，当然实际上是出现了君臣常服、盛服的倒置，于礼未妥。在宋人看来，礼制应该是最最首要的因素，而站在今天的角度，能够顺利地在雨中往返当然是最重要的。实际上，坚持乘辂的做法，要冒着君臣盛装仪仗狼狈冒雨行进的巨大风险，这在当年的孝宗看来也太冒险了。

第三，最重要的是政治标准。上述所谈的时间顺序、次数和实际的合理性都是当年宋人考虑的因素，但最终真正左右判断和决策的却是开禧例的政治背景。这则例是韩侂胄当朝所为，作为时人眼中的奸相，其所作所为是不能被拿来当例的。所以胡显祖引开禧例之误不在成例的早晚，不在做法的正误，而在政治背景。更有意思的是贾似道的逻辑，他提出用了开禧例"深恐万世之下，以臣与侂胄等"，也就是用了奸相的例，我也会被比拟为奸相。这种比拟评价的思维方式在今天看来完全不合理，但在宋人眼中却顺理成章。

## 五、例的稳定性与可变性

以上对宋人用例、择例的原则和标准的探讨，是基于具体事例，在一个时间点上作横向考查。其实，我们还可以从时间的纵向维度上研究宋人用例的情况。

第一，对一个已成的例，原则上其效力具有一定的稳定性。当然这与上述所说的宋人对于例的选择并不矛盾，并不是说在某次决策中没有适用甲例而用了乙例就意味着甲例失去了效力。正如我们今天司法实践中，法官在众多司法解释和地方规章中选择最适合本案的法条，并不意味着其余的法条就会失去效力。

从宋人的记录来看，既成之例是不会轻易改变的。《二老堂杂志》中就有"大抵朝廷典故，若涉同僚共议，不问轻重，必惑例惮改"[1]的批评。这虽是否定的评价，但反过来可以印证宋人不轻易改例的态度。《建炎以来朝野杂记》也为我们提供了一则有趣的佐证：

> 朱时敏，字师古，眉山人也。淳熙末为太常少卿，王季海喜其谨厚，欲用为从官，而不敢荐，二年半不迁，数请外，季海留之。其妻乐安郡夫人任氏，贤妇人也，以为不可，师古力求去。一日方坐寅清堂，有老吏密言曰："德寿宫服药可知之否?"师古颦蹙曰："知之，奈何?"吏曰："少卿奚去之果。"师古不语。既而得小龙，知潼川府。尤延之代为少卿，视事一日而宣遗诏，祔庙四日，除礼部侍郎。师古乃悟。余因考绍兴七年吴正仲，二十九年宋斐，皆以大丧礼毕，除仪曹贰卿，老吏习知之，故以微言留师古耳。[2]

朱师古常年任太常寺少卿久不获迁，渐生去意。忽有一日一老吏告知让位后居于德寿宫的高宗在服药治病，并且劝他不要请外职。此时朱师古还不明就里，不日高宗驾崩。丧礼之后，朱师古升任礼部侍郎，他这才明白，原来绍兴七年、二十九年都有皇家丧礼后官员升任礼部副职的情况，是老吏熟悉以往的惯例，对这次的职务变动做的准确的预判。

法学理论认为，法律的规范价值不仅在于对社会主体的行为进行约束，更在于使得他们在社会生活中能够按照法律的规定对各项事务的运行趋向作出判断，由此使得整个社会各项事务的进行富于可预见性，社会的稳定性由此产生。虽然我们不能将宋例的效力与上述的法律价值画上等号，但从上述事例中可见，宋人依靠先例来预判事务的发展方向这一点肯定是不错的。

第二，上述所说的是宋例的稳定性和可预见性，但正如前面的诸多事例所显示，同一项事务会有各种不同的先例，这说明这期间必然存在改变先例的情况，下面就从纵向的角度考查一些例是如何变化的。

---

[1]（南宋）周必大撰：《二老堂杂志》卷三。
[2]（南宋）李心传撰：《建炎以来朝野杂记》乙集卷一一《奉常毕大事例迁仪曹》，中华书局2000年版，第681页。

比如科考方面：

> 祖宗旧制，殿试初考官既定等，乃加封印以送覆考，复定等第。而详定所或从初，或从覆考不许别自立等。嘉祐间，王荆公为详定官，始乞不用初、覆考两处等第，别自立，后遂为例。绍兴五年八月，孙叔诣为学士，上言："如此，则高下升黜尽出于详定官，而初、覆考殆为虚设，请复旧制。如初、覆考皆未当，乃许奏禀别置等第。"从之。是岁殿试两考，立等不同，详定所以闻。诏编排官定夺。赵公时谏议以为非是，请用崇宁令，隔二等、累及五人，各开具合升降因依以闻。诏可。然自绍兴、乾道、淳熙、绍熙之际殿榜上三名，多人主亲擢云。[1]

从中可见，最初的做法是初考官定准等地之后，再由覆考另定一等地，然后详定所只能二选其一，这本是旧例。而嘉祐间，王安石做详定官，又于初、覆之外再定一等地，这是改变了旧例，而且这种做法又相沿成例。一直到了南宋绍兴年间，当时的官员提出这样等于是架空了初、覆两考，要求恢复原来两考定等地，经过争论最终的做法是交由皇帝最后裁决。从中可见一项事务的事例的从北宋到南宋的变化过程。

第三，改例的原因多种多样。比如上例中第一次改例的原因基本上是出于王安石个人魄力和影响。南宋的修改，很可能是因为当时对王安石、新党、变法的政治评价已经扭转，所以一并去除其所立之制。但是史料所见的还有其他的原因。

首先，有些更改是出于特殊的社会价值观，比如：

> 故事，守臣无得越境者。王正仲守扬，其亲居润，扬润才隔一水，正仲因乞告省亲。许之，乾道中，史丞相守绍兴，援例省其母于四明。四明，越属郡也。淳熙元，耿直之侍郎为四明守，其父年九十矣，直之以亲病乞祠，未听。直之用故事谒告归江阴省亲。上特许之，时有为湖、广总领者，以母老，请用季春至湖州迎侍。上亦许焉。孝宗锡类之施，每

---

〔1〕（南宋）李心传撰：《建炎以来朝野杂记》甲集卷一三《殿试详定官别立等》，中华书局2000 年版，第 273 页。

如此。[1]

这里允许王正仲等人改变地方守臣不得越境的规定和惯例，其理由是为了去往外地探望双亲。孝道在古代中国社会道德价值体系中的地位几乎是至高无上的，官员去职丁忧的制度说明了孝在一定意义上比尽忠职守更加重要。鉴于这样的理由，改变故例也就没有什么障碍了。

其次，有些改变是因为客观环境变化，不得不做出调整。比如：

> 故事，百官出入皆乘马。建炎初，上以维扬砖滑，谓大臣曰："君臣一体，朕不忍使群臣奔走危地，可特许乘轿。"盖东都旧制，惟妇人得乘马，其他者德大臣或宗室近属行尊者，特旨许乘肩舆，已为异礼。靖康元，高宗奉使至磁，磁守宗汝霖以所乘轿进，黑漆紫褥而已。上犹却之。盖在京百官不用肩舆，所以避至尊也。今行在百官非入朝无乘马者。旧在京，非宰辅、使相、亲王无得张盖，绍兴后，北使至则用之，伴使因亦然，至今以为例。[2]

从史料中可以看出，北宋时期百官乘轿是非常罕见的做法，惯例是乘马不乘轿，但到了南宋，因为南方城市潮湿地滑，骑马不够安全，所以根据客观情况做出调整，允许百官乘轿。虽然这则记录是在含蓄地批评南宋官员仅能坐轿不堪骑马的奢靡柔弱，但是反过来看，这也是为了适应形势变化而做的调整，具有一定的合理性。

最后，有些事例的改变，是因为在某件具体事务上不够适合而做出调整。比如：

> 保任京官犯赃连坐，旧制也，然近岁未有举行者。淳熙初，钱师魏参知政事，会其所举者以贿败，上疏自劾，诏特镌三官，吏部因以他举官名闻，皆坐降秩，绍熙初，赵温叔所举以赃抵罪，用故事当削三秩，而温叔时为使相，若降三秩，则应落衮钺为银青光禄大夫，朝廷难之，

---

于是自卫国公降封益川郡公，削其食户二千而已。其后，周洪道连坐，亦自益国公降封荥阳郡公盖用温叔例。[1]

宋代施行保任连坐的制度，根据淳熙的事例，所保官员犯赃罪，要削三秩。但这在用到绍熙年间赵温叔身上时碰到了问题，按照他的官职，如果削三秩，要剥夺衮钺，直接降为银青光禄大夫，降下的档次太大，会引起朝廷的为难。朝廷最终做了变通，以削减其封邑的食户数代替。而这一方法在以后周洪道的身上又一次施用，成为惯例。

虽然宋例在适用过程中会有上述变化，但我们认为这并不影响其作为一种法律形式的性质。首先，从渊源上讲，有的例来自于法条、判例，有的例来源于实践中的做法，并以诏令的形式发出。无论是哪一种来源的例，在使用中的调整修改，都不影响其作为法律规范的性质。正如今天各项法律都有不断修改编纂的过程一样。而且在宋代，例之外的其他法律形式都有根据实际情况不断修改的情况。比如：

> 九月十二日，臣僚言："祖宗以来，皆有一定之法，若所谓皇祐、嘉祐、元丰等编敕是也。因事更改，则随条贴说，有司易于奉行，天下皆可循守。自蔡京当国，欲快己私，恐人拟议，遂乞降御笔手诏，出于法令之外，不复经由朝廷。"[2]

被今人和宋人都称为"定法"的"编敕"，在实务中完全可以"因事更改"，而且这种更改，不需要像现在成文法国家一样通过立法过程，而是"随条贴说"，也就是在奏钞取旨的时候附上检到的法条，然后再用贴黄说明修改意见，在操作的过程中就会按照修改意见画可施行。

## 第三节　宋例在实务中的作用

经过上述分析，我们认为，宋人并不将例与其他法律形式进行决然的区

---

〔1〕（南宋）李心传撰：《建炎以来朝野杂记》甲集卷八《保任京官连坐》，中华书局2000年版，第163页。

〔2〕（清）徐松辑：《宋会要辑稿》第164册《刑法一》之三二，影印本，中华书局1957年版，第6477页。

分。在实务中，例与其他法律形式都是法律体系的一部分，都可以作为处理具体事务的依据。在这一基础上，下面将进一步探讨例与其他法律形式在具体适用时的关系。在此首先说明的是，下面所用的与例相对称的"法"是指经过编修的稳定成册的法律形式，而非一般意义上的法律，否则又会引起例是不是"法"的争论。

## 一、法以立制，例以行事

众所周知，宋代是一个盛行实用主义的朝代，而例就是实用主义在其法律规范体系中的具体体现。正如叶适所说：

> 国家以法为本以例为要，其官虽贵也，其人虽贤也，然而非法无决也，非例无行也。[1]

叶适认为"法"、例分别占据了国家"本""要"的地位。这里的"法"并非指现代意义上广义的法律，而是狭义上经过编纂的敕令格式等法律形式，而例则是与其相对的以参照先例为模式的一类规范，虽然形式不同，但两者都属于法的范畴。当今，我们一般将国家治理的原则分为"人治""法治"，而且认为中国古代是"人治社会"。实际上，古人对此早已进行了思考，而且其思考远远超越"人治思维"。叶适在这里就指出，虽有高官贤人，但仍需要法、例来决断行事，从中可以看出，宋人已经区分了以高官贤人为核心的治理模式和以法例规则为核心的治理模式，主张徒有贤人不足治世，应以法例规则为本要。由此可见，宋人不但已经跳出了人治的窠臼，而且认为例和法都属于"法治"体系，都是相对于人治体系的广义的"法"的一部分。

叶适进一步指出了在广义法的范畴内部，例与其他法律形式的区别。他在后半句中提出了"非法无决""非例无行"。在他的眼里，"法"的制定是为了提供规则体系，处断事物提供客观标准，但是仅有这些是不够的，在具体施行的时候，还必须要参照适用细则，也就是例。例相对于"法"的特点就在于更强的实践性和操作性。

宋人的公文也明白无误地体现了上述的观点：

---

〔1〕（南宋）叶适撰：《水心集》卷一《上孝宗皇帝札子》，载（清）纪昀等编：《影印文渊阁四库全书》，我国台湾地区"商务印书馆"1986年版，第1164册，第39页。

　　（嘉定）七年三月十六日，臣僚言："辰、沅、靖三州内则省民居之，外则为熟户山徭，又有号曰峒丁，接近生界，迤逦深入，围峒甚多。平时省民得以安居，实赖熟户之徭与夫峒丁相为捍蔽。创郡之初，区处详密，堤防曲尽，故立法有溪洞之专条，行事有溪洞之体例，无非为绥边之策。近年以来，生界徭獠多有出没省地而州县无以禁戢者，皆繇不能遵守良法。……"[1]

　　上述奏章是关于今天湖南地区的少数民族管理问题。为了管理这一地区，朝廷制定了一整套法律规范，其中就分为"条"和例两部分。相对于叶适所说的"法"，这里更加明确地使用了"条"字，也就是成文的法条，"专条"就是"立法"的结果，"体例"则是"行事"的基础。由此证实，宋代文献中的"法"是指狭义的法条，而不能以之对应现代的法律概念。此外，史料中宋人给出了三组对应的概念，"立"与"行"，"法"与"事"，"条"与"例"。结合上述叶适的论述，我们得知宋人不但像我们今天一样区分"人治"和"法治"，而且在宋人的"法治"观念内部，又存在"条"与"例"的二元结构。"条"是法规，而"例"则是专门以"行事"为主旨的规范，规定了实务的细则。以今天的观点来看，既然已经"立"了"条"，也就有了处理事务之"法"，依法办事就是法治。但在宋人的眼中，似乎事先订立的抽象规则不足以解决所有实际问题，必须有例，才能行事。例是抽象的成文法规范向具体实务过渡的媒介、桥梁和辅助手段。乍一看，这是一种"法外有法"的状态，但是这其中又体现了宋人在当时时代背景下的特有观念和智慧。

## 二、法以禁止，例以许可

　　现代法理学按照法律规范给人们设定的行为模式将法律规范的效力划分为授权性、命令性、禁止性三种。有一些史料显示，宋代也以相类似的观念对法律规范做出划分，虽然没有达到现代这样的理论高度，但在区分例和其他法律形式的时候，显然达到了异曲同工之妙。具体而言，例作为一种规范，具有授权性的效力，也就是既然有了先例，以后的相似情况可以做相似的处

──────────

　　[1]　（清）徐松辑：《宋会要辑稿》第166册《刑法二》之一三八，影印本，中华书局1957年版，第6564页。

理；相反，经过编纂后固定的律令，则具有命令性和禁止性的效力，一经做出则不得违反或必须照办。在实务当中，宋人习惯于从正反两方面同时考虑两类规则，然后作出判断。比如：

> 河西军节度使、知许州石普坐私习天文，妄言日蚀，除名配贺州，诏听其挈族从行。先是，帝闻普在禁所思幼子，辄泣下，谓宰臣曰："流人有例携家否？"王旦等曰："律令无禁止之文。"乃有是诏。[1]

这一则史料重现了宋初皇帝与臣僚具体处罚一名罪臣时的决策过程。地方官石普犯罪后要予以发配，皇帝怜悯其思念幼子，想要允许他携带家眷一起发配。但不同于我们一般认为的皇帝可以随心所欲地任意作出决断，决策过程仍然需要在规则体系内寻找依据：皇帝想到的是有无先例作为参照；参与讨论的臣僚想到的是，是否违反律令的禁止性规定。双方讨论的过程所蕴含的逻辑是，一项决策是否能够作出，一要看有没有先例，二要看是否违反禁止性规定。虽然没有可以引为依据的先例，但也没有违反禁止规定，所以最终还是允许石普携家眷发配了。

我们还找到了《挥麈录》中的一则"方达源乞重修汴河短垣奏疏"：

> 汴水湍急，失足者随流而下，不可复活。旧有短垣，以限往来，久而倾圮……盖由短墙但系河清兵士依例修筑，而未有著令，故官司不常举行。[2]

这则奏疏是为了修复汴河沿岸短墙，防止行人落水而提出。其中提到，岸边原来是有短墙的，但那只是士兵"依例修筑"，由于没有法令，所以相关部门没有对其定时进行修筑。这里蕴含的逻辑是：因为是"依例"，所以并非强制性，他们"可以"这么做，但又由于没有"令"的命令，官司不是必须这么做，所以"官司不常"修筑。

这样前后两则史料在逻辑上形成了对应，从而说明了"例"和"令"在

---

〔1〕 （清）徐松辑：《宋会要辑稿》第168册《刑法四》之八，影印本，中华书局1957年版，第6625页。

〔2〕 （南宋）王明清：《挥麈录》卷七《方达源乞重修汴河短垣奏疏》，上海书店出版社2001年版，第137页。

效力模式上的关系。在实务当中，"令"很明显地起到了禁止性和命令性的作用，在第一则史料中，如果律令中有明确的禁止性规定，皇帝也不能轻易突破；第二则史料中，律令又具有命令性的作用，由于没有"令"的明确规定，所以官司不是必须要定期维修短墙，反言之，如果律令中有了明确规定，那么官司就有义务定期维修。相应地，两则史料中例都是可以实施某种行为的依据。从第一则可以看出，有了以往的先例，这次的事务才可以依例操作，类似于一种授权；在第二则史料当中，例又不像律令般具有强制性，虽然以往一直有维修短墙的做法，但这并不对官司形成约束，官司不去维修，也会被追究责任。当然，"承例行事"和我们今天的授权性规范是有着明显区别的，但二者在实务中所起的作用并无本质差异。

从性质上来讲，现代法律规范体系中的授权性规范与禁止性、命令性规范之间的界限实际上与权利和义务这对概念相联系。授权性规范指向的是行为主体的权利，赋予主体以选择是否行使权利的选择权；而禁止性和命令性规范则指向了行为主体的义务，规定了主体必须做和不能去做两方面的义务。而一般认为中国古代法律注重于从义务角度规范人们的行为，律令所规定的大多是禁止和命令性的规范，但这并不意味着古代政府都是围绕着义务性规定来运作的，实际上如要对所有的事务都作出明确的禁止性或命令性规定，整个法律体系的规模将是不可想象的，而且也将彻底失去灵活性，完全僵死。在此情况下，必然需要一种容许在一定范围内自行决断的规范形式，而例实际上就起到了这方面的作用，成为了整个规范体系中不可缺少的部分。

上面所列的大量史料，无论是断例的贴例拟进，还是行政机关处理事务时比较选择前例，都能证明先例并不是强行被要求采用，而是作为后事处断时论证合理性的参考依据，其生效需要通过适用者本身的参酌比较，自行选用，只要有先例，就意味着存在依此处断的合理性，这就是一种潜在的许可，而各方面不同的许可，又由适用者通过比较进行选择，最终找到最合理的处理方式。

### 三、法有不便，例以补正

如前所述，宋人的法治观念内部存在着成文法条和行事惯例的二元结构，在解决实务问题的时候"条"和"例"互为补充和配合。之所以"条"需要"例"来进行补充，是因为在宋人的观念中，并非所有的问题都适合作明确细致的规定，很多事务需要临时应对，无须事先立法规制。比如《翰苑遗事》就有这样的记载：

> 十年十月三日，学士院言：编修诸司式所送本院式十卷，编学士员数，并录表疏、青词祝文、锁院敕后宿直之类。看详学士员数，系朝廷临时除授；若表疏、青词祝文，或请祷之意不同，难用一例。况朝廷待学士，礼意稍异，宣召敕设尽出特恩，关白中书枢密院正用谍报，不同诸司。乞下本所，以吏人差补及官物出入之类，并立为式，学士所职更不编载。从之。[1]

学士院的事务已经编辑为成文的"式"，内容非常详细，但该院认为其中的诸多事务都具有特殊性，不宜统一规定。比如学士是临时任命，事先规定员额没有意义。而学士所需书写的文件，更是针对不同的情况，事先规定体例毫无用处。所以要求对这些规定都予以删除，只对吏人差补及官物出入之类的细节事务编订式。这里提到的"学士院式十卷"，我们今天已经无法看到，对于其中规定的内容到底细致到何种程度我们也无法得知。但从这条史料可以看出，在宋人的观念中，最好的法并非将所有的事务都事先规定下来，很多事务需要结合实际情况临机处理或者区别对待，这时成文规定反而成了累赘和障碍。以今天的眼光来看，这样的观念肯定违背了法治理念，但是在当时的历史环境和立法技术水平下，是有其价值的，这一点可以通过下面欧阳修的一道"乞展便籴斛斗限"奏议来理解：

> 当司近准三司牒，为便籴斛斗，仰依《编敕》，至三月终住便，更不展限者。当司勘会沿边军储事大，累年斛斗，入便不敷。庆历元年，只便到八十五万；二年，只便到四十五万；三年，只便到一百四万。今年方遇丰熟，正是好行入便之时，价例比去年大段低减。兼每年客人虽有斛斗，不肯便行入中，须待体探年岁丰俭，及伺候官中价例高低，常至三四月间，方始猛来入中。今若只于三月尽顿然中止，即边储大段阙误。其余大约似此，全未及数。只指望四五月间，趁逐入便。若便及省司元抛数目，只及四百万石，不得一年约支之数。若顿然住却，必见大段误

---

〔1〕（南宋）洪遵撰：《翰苑遗事》。

事者。

　　右谨具如前。伏乞朝廷特赐详酌，体认河北军马粮储事大，兼累年便籴不前，趁此年丰价贱之时，且乞依常年便籴，至五六月已来，只便及省司元抛数目即止。兼目有便籴已来，年年展限，客人以习惯其事，皆广为计置，直候依常年四五月方来入中。今若只于三月止住，即不惟全无入中，致阙乏误事，兼恐赚误客人，向后无由入中。伏乞特下三司，许令且依常年体例，候籴及元数，别听朝旨。仍乞速降指挥。[1]

　　从奏议中可以看出，针对入中便籴的事务，编敕已经作了明确的规定，以每年三月份为限。但欧阳修提出，按照这样的时限来收购粮草，根本无法满足实际需求。欧阳修发现，客商按照以往的惯例，会观察官府收购粮草的价格，一直要到四月以后才会大量向政府出售粮草，以往官府也会根据消耗抛售掉的粮草量来决定本年度收购的数量，收购时间要延续到补足消耗量为止，每年都在条文规定基础上"展限"，官府和客商之间形成一种默契，四五月间大规模的"入中"已经形成惯例，而如果按照编敕规定强行在三月停止收购，则客商入中不及，官府粮储不足，必误军国大事。欧阳修提出，应趁当年的收成很好，粮草市价较低的机会，收入更多的粮草，所以特意上奏，要求下旨按照以往惯例的方式收购粮草，不单纯以成文条法的规定时间为限。

　　综合上述的两条史料可见，在宋人眼中，妥善合理处理事务是最终的目的和基本原则，成文法观和惯例都是手段和方式，而不是目的，其效力也未必不可撼动。所以，不但许多事务一开始就没有制定成文法规的必要，一旦发现成文法的规定存在问题，就可以用例进行调整，对脱离实际又暂时不便修正的法条进行补救，以达到更好的实际效果。

　　除了补救修改之用以外，例还可用来扩展法典的适用范围。某些成文法制定时或是针对特定事务，或是用在特定范围、地域之内，如果延伸扩展其效力，就要借助例。比如：

　　（熙宁）九年正月十七日，中书门下言："中书主事已下三年一次与试刑法官同试刑法，第一等升一资，第二等升四名，第三等升两名。内

---

　　〔1〕　（北宋）欧阳修撰：《文忠集》卷一一七《乞展便籴斛斗限》，载（清）纪昀等编：《影印文渊阁四库全书》第1103册，我国台湾地区"商务印书馆"1986年版，第212页。

无名可升，候有正官，比附减年磨勘。余并比附试刑法官条例施行。"从
之。[1]

宋代为提高官员的法律素养，选拔专业的审判官员，设置了"试刑法"
的考试。官员通过参与考试可以提高升迁的速度、调任京朝官，对此专门制
定了《试刑法官条例》，其中对参与考试官员的资格做了限制，虽然《试刑
法官条例》我们现在看不到，但神宗在熙宁三年曾经下诏："京朝官、选人历官
二年以上，无赃罪，虽有余犯而情非重害者，许两制、刑法寺主判官、诸路
监司同罪举试刑名。如无人举试，但历任有举主二人或监司以上止有一人，
皆听乞试。"[2]可见试刑法的参与者有历官、保举等资格限制。但上述熙宁九
年的诏书中，中书的主事及以下等级的官员可以直接参与试刑法考试，并且
根据不同的成绩有不同的奖励，其中明确规定部分人员的奖励内容可以直接
按照《试刑法官条例》施行。这里虽然没有提到以"某某为例"，但"例"
在字义上和"比"是一致的，所以这条规定的含义就是一种"承例行事"的
做法，而达到的效果就是通过例的方式将《试刑法官条例》的适用范围扩展
到本不适用的官员身上。

下面一则史料更加明显地将既有法规的适用范围和对象进行了扩展：

> 二十四日，诏："诸州军如有诸色人犯情理凶恶或强盗合配之人，照
> 沅州条法，不得配往靖州。"以靖州守臣姚榘言："本州接连溪洞蛮徭去
> 处，在沅州二百里之外，前后作过为本州之患，多因配隶之卒，乞依沅
> 州例，免配本州。"故有是命。[3]

靖州的地方官向皇帝提出，因为发配往本州岛隶卒罪犯在当地作乱，造
成治安情况不佳，希望减少发配到本地的因犯，但其提出的依据是"依沅州
例"，也就是说因为沅州可以不必接受其他地区发配来的因犯，所以请示靖州
是不是可以得到相同的对待。这一提议最终得到了朝廷的许可，在因此发布

---

[1]（清）徐松辑：《宋会要辑稿》第 167 册《职官三》之二六，影印本，中华书局 1957 年版，
第 2410 页。

[2]（清）黄以周等辑注：《续资治通鉴长编拾补》卷七，中华书局 2004 年版，第 345 页。

[3]（清）徐松辑：《宋会要辑稿》第 168 册《刑法四》之五九，影印本，中华书局 1957 年版，
第 6651 页。

的诏书中明确提到，不配往靖州的依据是"照沅州条法"，可见是存在着专门规定各州不将囚犯发配至沅州的"条法"的。这次处理靖州问题的时候，不再另行颁布"条法"，等于是将沅州的"条法"的效力延伸到了靖州。

由此我们可以看到"法"和"例"作为整个法律体系中的两个部分，相互之间呈现出灵活有机的互动状态。在"条法"已经作出明确规定的基础上，例可以进行修正、限制、替代，也可以扩展其效力范围。相对于"条法"，例具有了更加丰富的形式和内涵。一方面，例是处理具体事务的细节规则，本身就是实体法。另一方面，例又是"承例行事"的一种处理方式，类似于今天的立法技术和程序。这时的例成了有效运用现有法律规定和实践经验的媒介和手段，这时例就成为了整个古代政府有效运转的黏合剂与润滑剂。

这一节的最后，以一则特殊的事例，来说明宋人用例的深意。

> （绍兴五年）七月一日诏："后堂官补职及一年与改宣教郎，定著为令。"详定一司敕令所言："检准《国朝会要》及《中书备对》，堂后官及一年与展京官，自选人补充者即展入京官。缘京官系是承务、承奉、承事、宣义、宣教郎五等，本所未审所改京官不从初等次第升转，便改宣教郎。今来止有崇、观后来改宣教告外，别无以前改宣教郎来历恩例。虽诸处省记系令改宣教郎，难以据凭。伏乞降下参修。"取到制敕库房状堂后官令，为三省诸房都、录事。检准绍兴令，中书门下省录事、尚书省都事为正八品，宣教郎为从八品。看详，自入省迁补至堂后官，已是年深，其补职及一年与改宣教郎，以官品较之，亦是相当，即与《国朝会要》、《中书备对》及省记中书制敕院本条下文称：五年愿出职与通判差遣、十年以上与知州差遣。意义轻重相称。虽不见得崇、观以前来历因依，今据取索到中奉大夫张忻墓志石本，契勘得本官崇宁二年转门下省录事，明年改宣教郎，系崇宁之初，亦可凭据。[1]

上述史料全面体现了宋人如何处理诏书、"定法"和"例"三者的关系。最初，皇帝颁布诏令，规定了三省堂后官在补职展官时可以直接转为宣教郎，而且明确要求将这一做法"著为令"。实际上就是从诏书著为"定法"。但详

---

〔1〕（清）徐松辑：《宋会要辑稿》第 60 册《职官三》之三九，影印本，中华书局 1957 年版，第 2417 页。

定一司敕令所的官员对此提出异议：根据以往的《国朝会要》和《中书备对》，堂后官展官确实可以转为京官，但是京官分为五等，按理初展为京官，应当从最低品级开始，但这次诏令直接规定转为品级最高的宣教郎，这在崇宁和大观以前从未有过，显然是不合理的，要求修正。为此，特地检索了相关"令"的内容，堂后官是针对三省诸房的都事、录事而言，再比较都事录事的官品与宣教郎的官品，发现两下相当。此外，又找到了一名官员的墓志铭，从中发现他在崇宁初年从门下省的录事直接转为了宣教郎，这一情况可以作为范例和依据。

这则史料比较全面地反映了宋人政务决策活动过程，其中以下几点值得我们注意。

第一，决策并不受权力等级高下的影响。在本条史料中，编修敕令所对于皇帝直接发布的并已经著为成文法"令"的诏敕直接提出了质疑，而且质疑的内容直指其合理性，这与我们一般印象中以及许多学者著作中反复强调的所谓帝王权力至高无上形成了反差。我们在这里不是要以这一条史料来推翻我国古代君主专制制度的定性，而是说明在处理具体事务的时候，古人自有古人的智慧和公允。

第二，决策依据非常广泛。这条关于中央低级官员如何转任的短短记录中，涉及了诏、令、例、会要、中书备对等各种法规文书，甚至还包括一名已故官员的墓志铭。为了确定皇帝的敕令到底是否合理，官员们查阅了大量的法令条文，通过会要和备对弄清了堂后官所针对的具体职务，又通过绍兴令确定了这些职务的品级，最后查询的范围扩大到法令之外的一般史料，最终以一部墓志铭证明了敕令的正确。从中可以看出，宋人作出政务决策的依据并无绝对的范围，各个依据之间也没有明显的效力高下之分，只要能够证明事实和合理性，皆可作为依据。以今天的眼光来看就好比在组织部、人事局决定某部委科室工作人员的任免问题时，不但以法律规定、政府部门人事规章为依据，甚至将报纸杂志、网络言论、文学作品、街谈巷议全部纳入参考范围。以现代的理念来衡量，实在有点荒腔走板。但真就处断结果的公正合理来看，古今高下，也未必能一言断定。

第三，参酌时综合双重标准。首先是合理性标准。本例中问题的实质解决，是通过查找法令后确认堂后官、宣教郎的品级相当，堂后官直转宣教郎具有合理性。官员上书质疑敕令内容，是因感到其不合理之处，最终接受敕令的内容，也是因为经研究对比发现了其合理性。所有的争议、查找、探讨都是以达到合理适当的结果为目的，古人治国为政之心不难查见。

更重要的是先例标准。我们注意到，在已经充分证明敕令合理性的基础上，敕令所居然还拿出了一部墓志铭，由此证明崇宁初期出现过三省堂后官转宣教郎的事例。这以今天的眼光来看完全是画蛇添足。如果说以上的合理性标准是古今同理的话，那么这里的穷究先例，就是宋人特有之意。从文中可见，崇宁大观年间就有堂后官展宣教郎的事例了，但敕令所可能认为时日稍晚，不足为据，特地找出了崇宁早期的例证，由此彻底证明了原有敕令的合理性。宋例的性质，尤其是其按照现代法学理论的标准能否被界定为法律，我们尚在讨论之中，但通过这则史料可见，宋人处事审案时非例无以行事的历史事实，是清晰可见且毋庸置疑的。

第四章

# 宋例的历史地位

## 第一节  宋例与宋代皇权、法制的关系

宋代的例是宋代广义法律体系中重要的组成部分。在实务中，例和律、令等法律形式共同组成了整个规范体系，为宋代官员处事断案提供了依据。但除此之外，例还有其特殊性质，要理解这一点，就需要跳出法律体系之外，将视野拓宽到整个宋代的历史特征上。

一般认为，古代中国是一个皇权专制社会，以日本学者为代表的海外汉学家更认为唐宋之交是中国中世与近世的分水岭，唐以前的中国为贵族社会，而宋以后则成为君主专制的社会。所以强调宋代皇权专制的特点，大抵是不错的。

但需要注意的是，在现代史学或者法制史学领域内讨论古代中国社会的皇权，其实是从现代人的眼光出发，站在现代先进的法治社会居高临下审视皇权至上的人治社会。如果站在这样的角度，将宋例与皇权体制联系起来进行研究的话，那么只能认为例是皇帝肆意专断、破坏法制的工具。但实际上，古人并没有今人的皇权概念，对于古人来说，皇权反而是社会的基石，是理所当然之物，所以他们在评价与皇权相联系的例的时候，眼中所呈现的是比今人眼中更加复杂的图像。

### 一、宋代皇权与法制的关系

在宋代，无论在观念层面还是制度层面，皇权的地位都至高无上，关于这一点，相关的研究成果和证据已经汗牛充栋，这里我们只是简单举出《宋刑统》中的一段：

　　诸犯死罪非十恶，而祖父母、父母老疾应侍，家无周亲成丁者，上请……犯流罪者权留养亲，谓非会赦犹流者……不在赦例，仍准同季流人未上道限内会赦者，从赦原……

　　又问：死罪是重，流罪是轻，流罪养亲，逢赦不免，死罪留侍，却得会恩，则死刑何得从宽，流坐乃翻为急，轻重不类，义有惑焉。

　　答曰：死罪上请唯听敕裁，流罪侍亲，准律合住，合住者须依常例，敕裁者已沐殊恩，岂将匡许之人比同曹判之色，以此甄异，非为重轻。[1]

　　这是关于对犯死罪因需要养亲而上请者和犯流罪者按照法规权留养亲者的不同处理。下面的提问提出，比较两种罪的处理，同样是因为需要养亲留侍，犯死罪者，经过上请，可以适用恩赦，而相对罪行较轻，犯流罪者，反而不能被赦免，明显不合理。应该说，这里提问的思路完全符合现代刑法学中罪刑一致的理念，其中重罪轻罚或者轻罪重罚都是不合理的。但接下来的回答则完全体现了另一种观点，这种观点认为死罪的留侍和流罪的留侍有着本质的区别，不能拿来比较，因为前者是经过上请，由皇帝通过敕裁直接决定的，而后者则是根据律条的规定而施行。通过敕裁而留侍者是蒙皇帝所许的殊恩，而准律留侍的流罪者只是依律处理，两者根本不能拿来作轻重比较。一问一答之间，已经把宋人眼中皇权和法制关系展现得非常清楚了。从"提问"之中我们看到，宋人具备比较严密的法律逻辑，对于法条之间的轻重平衡非常敏感，有意识地追求整个体系的逻辑自洽，这是中华法系在形成唐律之后，法典高度发达完备的本现。但从"回答"之中我们又可以看出，法典的逻辑和协调统一只是对法典本身的要求，皇权的裁断是高于法典系统的，不能用法典的逻辑去看待经过皇权敕裁的案例。这种观点以今天的角度来看显然不公正，但宋人却直接将其列入法典之中，可见这在宋人的眼中是一种天经地义的观念。

## 二、宋代皇权对宋例的态度

　　高于法制的皇权对待例的态度是复杂的。

---

〔1〕（北宋）窦仪等：《宋刑统》卷三《名例律》，中华书局1984年版，第46~47页。

首先，凌驾于整个法制的皇权当然凌驾于例，所以有时皇帝可以直接选择不遵循例。以下事例就很好地说明了这一点：

> 开宝四年，郊禋优赏，三班殿直挝登闻鼓援御马直例，上遣中使谓曰，朕之所与便为恩泽，岂有例邪，尽戮挝鼓者四十余人，余配诸州骁健，自都指挥使尹进而下并杖而降籍，初平蜀日选孟昶亲兵一百二十人隶殿前司谓之三班殿直，至是遂废。[1]

这则材料中，隶属三班殿直的士兵希望能够得到优赏，赏赐可以参照御马直的标准发放，他们原以为此事有法可依，有例可循，因此理直气壮地通过挝登闻鼓的方式向太祖陈情，结果却惹来杀身之祸，就连未参与闹事的士兵和军官都被发配降职。在对其作出严厉处罚的同时，太祖直截了当地给出了理由：是否给予优赏，给予什么样的优赏，全在于皇帝的决断，士兵们引以为据的事例，并不能约束皇帝，皇帝没有绝对的义务去遵循惯例，更没有义务保证其决策的一致性和可预期性。当然这则例子是在北宋立国之初，三班殿直又是平定后蜀时收编的前敌国近卫军，且太祖是行伍出身的"马上皇帝"，宋人记载这则史实的目的更多是为了歌颂太祖的立国之威。但其中反映的法律与皇权之间的关系仍然发人深省。

其次，又有史料反映出，在有权否决用例的同时，皇权也是惮于轻易修改惯例、故事的：

> （元丰八年）十月十六日，诏："尚书、侍郎、给、舍、谏议、中丞、待制以上各举堪充谏官二员。"初，中旨除范纯仁左谏议大夫，唐淑问左司谏，朱光庭左正言，苏辙右司谏，范祖禹右正言，令三省、枢密院同进呈。太皇太后问此五人何如，执政对协外望。章惇曰："故事，谏官皆令两制以上奏举，然后执政进拟。今除目从中出，臣不知陛下从何知之，得非左右所为，此门不可浸启。"太皇太后曰："此皆大臣所为，非左右也。"惇曰："大臣当明扬，何以密荐?"由是吕公着以范祖禹、韩缜、司马光以范纯仁亲嫌为言。惇曰："台谏所以纠绳执政之不法。故事，执政初除，亲戚及所举之人见为台谏官者皆徙它官。今皇帝幼冲，太皇太后

---

〔1〕（北宋）曾巩撰：《隆平集》卷二，载（清）纪昀等编：《影印文渊阁四库全书》第371册，我国台湾地区"商务印书馆"1986年版，第19页。

同听万机，当动循故事，不可违祖宗法。"光曰："纯仁、祖禹作谏官，诚协众望，不可以臣故妨贤者进，臣宁辞位。"惇曰："缜、光、公着必不至有私，万一他日有奸至执政，援此为例，引亲戚及所举者居台谏，蔽塞聪明，非国之福。纯仁、祖禹请除它官，仍令两制之上各得奏举。"故有是诏。[1]

比起前面太祖英武专断的马上皇帝形象，北宋皇室在这则事例中表现出的则是对于例的顾及和遵循。这则事例是元丰末年新旧党争的一幕，"故事""旧例"在其中成为了斗争的武器。更化中，高太后采纳司马光"开言路"的建议，本欲引进旧党群臣担任台谏要职。但新党的章惇提出，按照故事惯例，台谏要职都必须是翰林学士和中书舍人以上官员举荐，经过丞相拟议才能担任。本次直接由禁中任命的程序不合惯例，而且所任命的人员与担任宰执的司马光等人均有亲故关系，按照故事惯例，具有亲故关系的人员不能同时担任宰执和台谏官员。章惇提出异议的目的当然是阻击旧党入朝，但其所举理由无非全都是"故事"二字，这次即使是地位高于当朝皇帝的高太后，也只有依从，最终下诏要求按照以往的程序推举台谏官。

### 三、宋例在宋代法制与政治体制中的作用

我们看到了宋代皇权、法制、例三者的关系，凌驾于法制的皇权，在面对例的时候会表现出两面性。究其原因，首先是因为例作为宋代法制的一部分，当然也是在皇权之下；但同时它在皇权与法制之间又起到了特殊的调和衔接作用，使得皇帝对其另眼相看，大观年间，徽宗曾发下一道御笔：

> 批阅近奏，以六曹事修例为条。且法有一定之制，而事有无穷之变，苟事一为之法，则法不胜事。又其轻其重、其予其夺，或出于一时处断，概为定法，则事归有司，而人主操柄失矣。宜令详定一司敕令所，应于六曹已施行事为永制者，修为敕令格式外，其出自特旨，或轻或重，非有司所决，可以垂宪者，编为定例，以备稽考，余悉删去。庶使官吏不得

---

[1] （清）徐松辑：《宋会要辑稿》第 60 册《职官三》之五四，影印本，中华书局 1957 年版，第 2424 页。

高下其手〔1〕。

这条史料出自皇帝本人之手，其中对自己权威的确认是显而易见的。但此外该史料所体现出的皇权、例和法制的关系又是复杂且值得玩味的。

首先，例实际上是编纂固定的法条的一种来源。御笔中提到"以六曹事修例为条"，这里反映出的是将"例"与"条"并列，"条"就是固定的法律规定，但"条"又是由例编纂而成的。

其次，在徽宗那里，例是有别于固定法条而又高于固定法条的一种规则。原因在于：第一，固定的法条是一种确定的规则，但正是内容的确定性，反过来限制了其效力，因为确定的内容无法涵盖千变万化的事务，这就暗示了例存在的意义。第二，更加值得玩味的一点是，一旦原来出于一时处断的措施成为"定法"，则"事归有司"，结果就是"人主操柄失矣"。所谓的"概为定法，则事归有司"，换成今天的语言就是：有了法律之后，行政机关、司法机构就有了依法办事的依据。以现在的眼光看，这本来是件好事。但到了宋代，却得到了负面的评价，一旦所有事务都由官僚机构按照成法处理，那么皇帝就没有插手的余地，也就失去了权柄。用现代的眼光来审视这段御笔，纯粹是皇权肆意践踏法制的表现，皇权与法制的矛盾凸显无遗。但在宋人的眼中，这样的御笔并无不妥，因为即使是官员手中的"法制"，也是来源于皇帝的诏令敕文，其有效性的依据仍然是皇权。宋人将诏敕内容固定的过程，不是我们今天确认法条效力的立法过程，而是一个条文内容固化僵化、实用性降低、效力降格的过程，皇帝对于各项事务的一时处断作为例具有特殊地位，不宜一概编订，降格为"定法"。

最后，例有其特殊的作用方式，虽然御笔强调维护皇权，但徽宗并未以简单粗暴的独裁者的方式来达到这个目的，而是在技术上做出较为细致合理的安排，由此体现出例在皇权与法制之间所起到的特殊作用。为了解决皇权与法制之间的矛盾关系，这则御笔做出了如下安排：首先，对于已经成立的做法，要分为两类，一类是"为永制者"，也就是可以广泛适用的，编为敕令格式等成文法，实际上就是降格授权给官僚机构在日常工作中适用；第二类

〔1〕（清）徐松辑：《宋会要辑稿》第 164 册《刑法一》之二三，影印本，中华书局 1957 年版，第 6473 页。

是具有特殊性，处理方式有别于一般情况，可能偏轻或偏重，但又具有合理性，可以作为今后范例，"可以垂宪"，针对这一类，要进行另外一种编订，使之成为"定例"。剩下的部分是出于皇帝独断，不适宜当作参照标准的，要予以删去。这样一来，例就成了解决皇权与法制矛盾的一种技术手段，经过筛选的例成了皇权与定法之间的缓冲带。

从上述三点可见，被修为定法的条例不再受君主意志的左右，有司大可按图索骥，照章办事；而留为垂宪的定例则不受定法规范的束缚，有司不能上下其手，其仍然是君主手中的权柄。这样官僚有司办事有章可循，又不会架空君主；而君主既保持了权威，又不必事必躬亲，频繁打破定法。例在这里既衔接了皇权和法制，又缓冲了二者的矛盾。

其实上述分析还是从君主主导，利用例来消弭矛盾的角度进行的。如果再换一种眼光，站在古代中国君主和官僚体系互动的角度上来审视例，那么它的作用和意义就更大了。徽宗御笔中的观点是：定法由官吏掌握使用，但完全依赖定法，这将使所有的权力都归于官吏，等于是架空了君主的权力，而君主的价值正在于其能够超越定法，作出更加完善合理的决断，例也就是君主实现此功能的工具。其中所反映出的不只是例与定法的关系，更是君主与官僚体系的关系，以及例在其中的作用地位。

对于古代中国皇帝与官僚体系的关系，西方著名汉学家孔飞力做过一个精妙的比喻："清代君主的大多数日常行政事务，涉及的是认可军机处为他草拟的谕旨……繁忙的君主会发现自己的作用只不过是文件处理机中的一个齿轮（尽管是一个镶钻的齿轮）。他怎样才能挣脱这个陷阱，表明自己的身份是主子而非臣仆？"[1]孔飞力在这里描述的是清代君权与官僚体系的关系，但是我们回头看看宋代贴例拟进画可制度和徽宗的御笔，不难发现两朝君主身处同样的境地，心怀一样的担忧。也许是因为西方历史中，君权最终确实是被官僚体制直接替代，西方学者更加关注代表家父长制的皇权和代表官僚制的官僚体系之间的矛盾关系。马克斯·韦伯就将皇权视为一种非常规的专制权力，而将官僚体系视为一种常规权力，二者存在相互冲突的关系。韦伯认为，

〔1〕［美］孔飞力：《叫魂——1768年中国妖术大恐慌》，陈兼、刘昶译，上海三联书店1999年版，第250页。

随着历史的演进,后者将会代替前者。[1]这种权力矛盾的理论在上述徽宗的御笔中得到了印证。徽宗所谓的"概为定法,则事归有司,而人主操柄失矣"在韦伯那里有一个直接意译的版本:"要求法律保障,反对任意专断,需要行政管理具有一种形式上理性的客观性,这与古老家产制支配所恩赐的个人酌处权是格格不入的。"[2]两下相较,宋人的"概为定法,事归有司",在韦伯那里,就体现为官僚体系基于"概念系统化的理性法律"[3]所实施的"形式上理性"的管理;而"人主权柄"就是"个人酌处权"。

韦伯对于两种权力之间矛盾关系的描述无疑适用于宋人,但是他对于代表定法的官僚制最终代替代表专断的家父长制的预想却未能发生在中国,甚至韦伯本人也承认,中华帝国的长期存在是与其官僚制紧密联系的。[4]这里的原因何在呢?皇权要求的专断和官僚体系要求的合理、常规化之间的鸿沟是怎样被弥合的呢?韦伯没有给出明确的答案,但是考查中国的历史特点,我们认为这与中国的皇权与官僚体系之间的特殊关系有关,而这种特殊关系在本书所研究的宋例、例的身上又有集中的体现。

如上所述,例产生的起点是临事处断,韦伯认为这种临事的酌处权广泛存在于古代家长制的帝国之中,这种源于君主个人的处断与遵从合理常规定法的官僚体系之间有着根本性的矛盾,无法弥合。但古代中国专门发展出了一整套机制,来处理这些随事生成,不断增生的处断,化解矛盾。这一整套机制就是本书所描述的宋人生例、用例、著例、编例的制度。通过上述徽宗的御笔也可以看出,这套机制的核心是对于临事而成的例,一部分固定为定法,由此供官僚体系作为常规规则使用;一部分则保留为今后酌处权的参考依据,这是一个兼顾皇帝个人专权的权威和官僚体系对合理性规则的预期的机制。从法学角度来看,这种机制是一种生成法的立法手段;而跳出法学范畴,这种机制就成为平衡权力构架的政治手段。通过这样的方式,古代中国

〔1〕 [德]马克斯·韦伯:《经济与社会》第二卷,上册,阎克文译,上海人民出版社2010年版,第1155页。

〔2〕 [德]马克斯·韦伯:《经济与社会》第二卷,上册,阎克文译,上海人民出版社2010年版,第1119页。

〔3〕 [德]马克斯·韦伯:《经济与社会》第二卷,上册,阎克文译,上海人民出版社2010年版,第1114页。

〔4〕 [德]马克斯·韦伯:《经济与社会》第二卷,上册,阎克文译,上海人民出版社2010年版,第1108页。

君权擅断和官僚定法的矛盾得到弥合。

上面的论述还只是站在西方学者认为君权和官僚体系对立的角度讨论例的弥合作用，如果站在更加东方化的角度来审视，例的意义更不止于此。日本学者寺田浩明在描述清代皇权、官僚、律例三者关系的时候指出，"当案件在官僚体系中逐步形成一个达到情法之平的判断过程，就是情法之平的'官界内部的公论'的形成过程，皇帝则为公论的体现者，讨论无私的公论来源于何人的意志这个问题是无意义的……律例就是集聚了官僚制的众议而产生的。从这个意义上来说，律例自身与其说是皇帝单方面的命令，还不如说是历代官僚共同体全体精炼出的确信的结晶"。[1]寺田先生认为，律例是整个皇权官僚制的成果，皇帝是其形式上的确认、固定者，而例实质上的创造者是整个体制。这里虽然是对清代描述，但推广到整个古代中国并无不可。在古代中国，皇帝在观念和权力上是整个国家之上的专权者，但站在整个国家权力机器运转的角度来看，他又是这个机器中的一部分，皇帝居于深宫，所有的信息皆须依靠宫外机构体制的输送，作为一个自然意义上的人，其精力、能力都有局限性，皇权固然至高无上，但统治中国这样一个幅员辽阔的帝国的权威根本不是一个人所能负载的，他必须借助整个官僚体制和规则制度才能完成。从这个角度来看，中国的皇权与官僚体系之间又不是全然对立的，而是有着和谐一致、协调运作的共生关系。律例就是这一协作关系的体现和产物，这样一种关系在宋人那里早已存在。正如上述章惇上奏阻止高太后启用范纯仁、苏辙等人为言官的例子显示，高太后之所以听从了建议，是因为章惇引为依据的禁止宰执推荐台谏官的故事不是平白产生的。台谏之用就在于监督宰执百官，如允许宰执自荐其人，那么台谏、宰执沆瀣一气，把持朝政，后果将不堪设想。故事是整个官僚体制的经验和共识，出于章惇之口，了然于高太后之心，故事既非帝王一人所能创立，也不宜以一己之意破除。值得注意的是，这则事例发生于元祐更化初期，彼时积累数年的熙丰新法因神宗的去世戛然而止，政策法令因君主的变化而改弦更张，君权专断的巨大力量在此展露无遗，但即使如此，作为旧党核心的高太后仍然会接受新党的建议，这是皇权对凝结着整个官僚体系智慧的故事的认可，是皇权与整个官

〔1〕［日］寺田浩明：《权利与冤抑——寺田浩明中国法史论集》，王亚新等译，清华大学出版社2012年版，第383页。

僚体系妥协融合的表现。

最后，从用例的适用方式上也可以看出其在皇权与官僚体系之间的特殊作用。高宗的御笔中提到，修成定例的作用是"以备稽考"，所以例不是硬性的规定，而是作为参考的依据。例只是以往处理事务的客观记录，并列存在的事例本身无法说明到底应该如何被适用，需要适用者自己比较分析当前事务、案件与以往哪个例更近似，由此进行判断。所以即使编订之后的例也是为实务提供参考，为实践提供备用的依据，这也即"以备稽考"的含义。这种作用方式也使得例在皇权与官僚体系的关系中起到了特殊的作用。

第一，"以备稽考"的例，其静态的性质介于皇权专断的无规范和官僚们恪守的刚性定法之间。皇权处断的极端表现形式就是彻底的个人酌定，不受任何规则的约束，完全出于个人的临时喜好，这也是国内大部分研究给皇权打上的标签。而相应的"司法行政官的技术手段有着纯粹的经验主义和形式主义的性质"。[1]所以官僚体系要求的是一种根据以往经验或者形式理性形成的规范，并依照这一规范作出合理可预期的处断。其极端形式，就是"法官看上去像机器人……机械地引用法典条文"[2]。而例的"以备稽考"的适用方式正好是两方面极端情况的缓冲带。一方面既然是备考，已经存在的例就是待考的基础，为处断划定了范围，相较于完全不受约束的君主个人意志，官僚体系能够大致预期皇帝可能的决断；另一方面，这些并列存在的例是为皇帝提供的备选项，皇帝在选择过程中可以体现一定程度的个人的意志和衡量，也可一定程度上保留了其酌定专权。

第二，对例的"以备稽考"过程，在动态上也是君权与官僚体系的互动。

由于例本身不强制要求或禁止，而是作为以后相似处断的依据，是否适用某一条例作为参照，执行者自行判断抉择。日本学者滋贺秀三就指出，"法规具有规定力……，而先例具有的是参考价值，靠援用者找出恰当的例子进行巧妙的理论等说服来证明并发挥其效力"。[3]正由于例是授权性法规而无规

---

〔1〕［德］马克斯·韦伯：《经济与社会》，第二卷，上册，阎克文译，上海人民出版社 2010 年版，第 979 页。

〔2〕［德］马克斯·韦伯：《经济与社会》，第二卷，上册，阎克文译，上海人民出版社 2010 年版，第 1118 页。

〔3〕参见［日］寺田浩明：《权利与冤抑——寺田浩明中国法史论集》，王亚新等译，清华大学出版社 2012 年版，第 345 页。

定力，官僚体系才有了择例的自由，更有了运用智慧论理说法的空间，可以在此过程中发挥主动性，而不只是皇权的工具。这点其实和宋代士大夫心忧天下、经世致用的风气完全吻合，甚至与儒家知识分子的自我修为和独立人格精神相契合。官僚们将择用的例以及对择用理由的阐述以贴例拟进的形式交给皇帝，也就是作为法律适用"说理与论证的基础和依据"[1]。这个过程形式上是一种上奏和许可的过程，但是官员上奏的不只是处断的方法，还有基于例而论述的理由，所以拟进画可实际上是皇权与官僚体系之间的沟通协商。而正是因为例是皇权和官僚体系作为一个整体，以一致的意见逐渐累积形成的，因此例也成为双方沟通的平台。换句话说，例让独断的皇帝和循规蹈矩的官员有了共同语言。借着这种"共同语言"，官僚有了恰当的方式提出建议，表达异议甚至提出反对意见，对君主施加影响；君主也通过斟酌比较用例的合理性，做出抉择，将意见反馈给臣僚，由此反复往来，使最终处断结果尽量合理有效。

## 四、古代中国皇权与法制的关系

古代法律和皇权的关系，是所有国内法制史专著必然涉及的一个命题，各家的意见基本一致。诸家著述在论述皇权专制与唐宋间社会变革、法制形式演进的关系时，所持的核心观点就是由唐至宋，皇权逐渐加强，格、敕、例的演进发达，都表现出皇权对于司法行政权的干预。有的学者还直接以此为标准否定例的法律性质。但在此需要澄清两点：

第一，皇权专制加强之说，一定程度上来源于日本学者[2]，而日本学者所说的皇权专制之加强是相对于唐以前尤其是六朝的贵族社会而言，并非相对于当今的民主共和、三权分立的社会而言。在中国古代社会的观念和体制中，根本没有行政司法权的概念，只有各个机关的分工。莫说不存在皇权与司法行政权的划分，即使是按照职能初步分工的机关之间也不存在作为行政权和司法权的划分。比如宋代疑难案件是通过上奏由官员集议，广泛听取意见后做出判断，参与集议者，除皇帝之外包括中央各部门的高级官员。以宋

---

〔1〕［美］哈罗德·J.伯尔曼：《法律与革命：新教改革对西方法律传统的影响》（第二卷），袁瑜琤、苗文龙译，法律出版社2008年版，第287页。

〔2〕［日］内藤湖南：《概括的唐宋史观》，载刘俊文主编：《日本学者研究中国史论著选译》第一卷，黄约瑟译，中华书局1992年版。

代著名的"阿云案"的审理程序为例,该案的审理人员下至地方官员,上到刑寺、宰执直至枢密院,这些机构如果按照现在的方法强行划分,分别属于行政机构、司法机构、军事机构等等,如果非要用现代的眼光来评判,不但皇权干涉了司法权,行政权、司法权还相互插手,相互干涉,混作一团。更何况,早在汉代就有遇事集议的做法[1],这种情况下又是什么权干涉了司法权呢?所以用现代眼光强行评判古代社会的做法是行不通的。

第二,纵观中国古代历史,即使以唐宋相隔,将其前后划分为两个时代,以宋以后为皇权专制,以前为贵族政治,皇权专制相对于之前的贵族政治也是一种行政技术上的进步。宋以前的社会因科技水平、交通通信水平、行政管理技术、官员文化素质等多方面因素的限制,只能有贵族政治,而随着历史进步,科技发展,整个国家联系更加紧密,中央政府能够更多地搜集信息,发布政令,统合全国资源,调动全国人力。这种现象从反面看确为集权,从正面看又是将整个国家整合为一个整体。仅以官员选任一个方面来看,正如宫崎市定所说,汉代的官僚制度是长官制,即使是末梢的长官,也享有极大的权力,每个单位的长官自行活动,相应的中央政治清简,[2]所谓的"清简"是正面的讲法,反面的讲法即是对地方和基层缺乏控制力,而这一情况经过唐宋显然得到了改善,不但国家有能力指挥地方政府对全国的知识分子进行逐层筛选,交通运输发展使这些人中的精英能够集中到京城统一考试,再将他们发往全国各地任职,并且要按时为他们发放各类俸给物料。这就是皇权的加强在古代中国历史上的意义之所在。

本书在此不是要为皇权专制辩护,只是想要说明,对同一事物在不同的历史维度中进行评价,其结论有着天壤之别,皇权于古于今的意义大相径庭。例的作用也如此,如果以今天三权分立的角度来看,例固然是皇权干预司法的体现,但在整个政府的权威、司法行政权的有效性都建立在皇权权威基础上的古代中国,例也只是包括皇帝在内的整个政府体系运作的一种技术手段而已。

---

[1] 参见〔日〕大庭脩:《秦汉法制史研究》,林剑鸣等译,上海人民出版社 1991 年版,第 38 页。

[2] 参见〔日〕宫崎市定:《九品官人法研究》,韩昇、刘建英译,中华书局 2008 年版,第 44 页。

## 第二节　宋例与前朝法制的关系

宋例作为一个法律史现象，是在历史进程中逐渐产生发展的，例在宋代的大兴，必有其历史上的原因，而且宋之前的唐朝是中国古代史上数一数二的兴盛时期，更是产生法制史发展的历程中的高峰——《唐律疏议》的时期，其法制之发达及对后世影响之深，相关研究已经汗牛充栋，在此仅就宋例与唐代法制的联系进行阐述。由于对宋例的研究一般出现于宋代法制断代史的研究当中，与前后比较联系的高少，杨一凡、刘笃才所著《历代例考》对古代例进行了综合贯通的研究，但其分章时将隋唐和宋元之例各分一章，其中对于宋元例的共性，论述较多，而唐宋例的共性联系，分析相对较少。在此就对这一问题进行阐述。

### 一、唐代多引例行事

本书中所引大量宋人引例行事的做法在唐人的史料中就多有类似记载：

　　四朝国史本纪，皆迈为编修官日所作，至于淳熙乙巳、丙午，又成列传百三十五卷。惟志二百卷，多出李焘之手，其汇次整理，殊为有功，然亦时有失点检处。盖文书广博，于理固然。职官志云："使相以待勋贤故老，及宰相久次罢政者，惟赵普得之。明道末，吕夷简罢，始复加使相，其后王钦若罢日亦除，遂以为例。"按赵普之后，寇准、陈尧叟、王钦若，皆祥符间自枢密使罢而得之。钦若以天圣初再入相，终于位，夷简乃在其后十余年。今言钦若用夷简故事，则非也。因记新唐书所载："李泌相德宗，加崇文馆大学士。泌建言，学士加大，始中宗时，及张说为之，固辞。乃以学士知院事。至崔圆复为大学士，亦引泌为让而止。"按崔圆乃肃宗朝宰相，泌之相也，相去三十年，反以为圆引泌为让，甚类前失也。[1]

<hr />

　　〔1〕（南宋）洪迈撰：《容斋三笔》卷一三《四朝史志》，载（清）纪昀等编：《影印文渊阁四库全书》第851册，我国台湾地区"商务印书馆"1986年版，第637页。

这是洪迈批评李焘修史时对有些错误的史料未加甄别的记录。其中先提到李焘采用过一则吕夷简、王钦若罢相的记录，认为王钦若用了吕夷简的例。洪迈指出，首先早在二人之前的祥符年间就已有多人作如此处理，成例并非自二人始，且王钦若罢相时间在吕夷简之前，不当言王用吕例。随后洪迈又提到唐史，其中提到崔圆曾引李泌的先例推辞了学士前加"大"的荣誉，但实际上崔圆的时间远在李泌之前，前后颠倒。可见，史料中李焘用的事实的记录可能确有差错，但其中显示出的唐宋两朝官员引用前例授拒官职的做法是完全一致的，而且洪迈也是认为二者属于同一类事务，才特地并列举出二例进行说明。

洪迈还直接记录过一则唐人用例的史料：

> 唐元和中，御史中丞王播奏："监察御史，旧例在任二十五月转，准具员不加，今请仍旧；其殿中侍御史，旧十二月转，具员加至十八月，今请减至十五月；侍御史，旧十月转，加至十三月，今请减至十二月。"从之。案唐世官，虽职在抨弹，然进退从违，皆出宰相，不若今之雄紧，观其迁叙定限可知矣。国朝未改官制之前，任监察满四年而转殿中，又四年转侍御史，又四年解台职，始转司封员外郎。元丰五年以后，升沉迥别矣。[1]

这里显示唐人对于监察御史的任职期限，以旧例称之，说明该做法是元和年间所不采用的，但是仍然被引用作为依据，且仍然具有说服力，最终被采纳。

同样是关于官职制度的唐例，宋代的孙光宪也提到："唐……每遇转官，旧例各举一人自代。"[2]这里也说明了唐人用例的情况。

另外还有一例值得关注，宋人钱易的《南部新书》记载"长孙无忌奏别敕长流，以为永例。后赵公犯罪敕长流，此亦为法自弊"[3]。这里是说唐代

〔1〕（南宋）洪迈撰：《容斋四笔》卷一一《唐御史迁转定限》，载（清）纪昀等编：《影印文渊阁四库全书》第851册，我国台湾地区"商务印书馆"1986年版，第751页。

〔2〕（北宋）孙光宪撰：《北梦琐言》卷三《赵大夫号无字碑》，载（清）纪昀等编：《影印文渊阁四库全书》第1036册，我国台湾地区"商务印书馆"1986年版，第18页。

〔3〕（北宋）钱易撰：《南部新书》卷五，载（清）纪昀等编：《影印文渊阁四库全书》第1036册，我国台湾地区"商务印书馆"1986年版，第210页。

因为长孙无忌的奏请，设立了"长流"的刑罚，但最后长孙无忌自己却遭受了这个刑罚的处罚。这则记录本身不见于正史，最早应是来自于张鷟所著的《朝野佥载》，众所周知张鷟也是《龙筋凤髓判》的编者，该条记录有一定的可信性，而长流本身"非律令刑罚……都是以皇帝的'敕'的方式来处置的"。[1]受过这种处罚的人包括高力士、李白等，想来并不罕见。长流是每次都由皇帝直接作出处罚的专门的诏令，每次诏令的处理方法大致一样，从中可以看出，这种刑罚区别于三流、五流，不是在唐律中直接规定的，而是每次按照以往作出过的敕令，作出相同的处罚，最终固定为一种特别的处罚，也就是"以为永例"。而这种情况难免让我们想起宋初设立刺配的做法，刺配刑也是最初在太祖时通过诏令确定，日后成为常例惯用，逐渐固定下来，最终到真宗年间被编入编敕。这种相沿成例，创设刑罚的做法，唐宋的情况几乎完全一致。

以上所说为唐代史实，下面看看唐代法制。我们仅以宋代《天圣令》所载唐令来分析，经过检索，我们可以看到唐令记载中多有引例行事的做法。其中又可以分为两类。一类为"依某某例""准某某例"。

　　如田令：
　　唐：诸官户受田，随乡宽狭，各减百姓口分之半。其在牧官户、奴。并于牧所各给田十亩。即配戍镇者，亦于配所准在牧官户、奴之例。[2]
　　赋令：
　　唐：诸阴亲属免课役者，其散官亦依职事例。守其官依本品。[3]
　　唐：诸丁有所营造，皆起八月一日从役，四月一日后亭，其营屯田，铜冶及铁作、砖瓦、运木之处，不在此例。[4]

---

〔1〕　陈俊强："从唐代法律的角度看李白长流夜郎"，载《台湾师范大学历史学报》2009年第42期，第38页。
〔2〕　天一阁博物馆、中国社会科学院历史研究所天圣令整理课题组校证：《天一阁藏明钞本天圣令校证》卷二一《田令》下册，中华书局2006年版，第258页。
〔3〕　天一阁博物馆、中国社会科学院历史研究所天圣令整理课题组校证：《天一阁藏明钞本天圣令校证》卷二一《赋令》下册，中华书局2006年版，第273页。
〔4〕　天一阁博物馆、中国社会科学院历史研究所天圣令整理课题组校证《天一阁藏明钞本天圣令校证》卷二一《赋令》下册，中华书局2006年版，第275页。

狱官令：

唐：诸流移人至配所，六载以后听仕，即本犯不应流而特配流者，三载以后听仕。有资荫者各依本犯收叙法。其解见任及非除名移乡者，年限、叙法准考解例。[1]

杂令：

唐：其幕士、习驭、掌闲、驾士隶殿中省、左春坊者，番期上下自从卫士例。[2]

这种规定在宋人史料中也很多见，实际上就是为了解决现实的问题，要求按照具有类似可比性事例的规定来处理。

第二类是"依例"作出的规定：

厩牧令：

唐：诸牧，须猎师之处简户、奴解骑射者，令其采捕，所杀虎狼，依例给赏。[3]

唐：诸当路州县置传马处，皆量事分番，于州县承直，以应急速。乃准承直马数，每马一疋，于州县侧近给官，地四亩，供种苜蓿，当直之马，依例供饲。[4]

关市令：

唐：诸博戏赌财……即输物人及出玖句合容止主人能自首者，亦依赏例。[5]

从上述的赏例等可以看出，唐人规定一些赏赐、行政军备支出的事务的

[1] 天一阁博物馆，中国社会科学院历史研究所天圣令整理课题组校证《天一阁藏明钞本天圣令校证》卷二七《狱官令》下册，中华书局 2006 年版，第 341 页。

[2] 天一阁博物馆，中国社会科学院历史研究所天圣令整理课题组校证《天一阁藏明钞本天圣令校证》卷三〇《杂令》下册，中华书局 2006 年版，第 375~376 页。

[3] 天一阁博物馆，中国社会科学院历史研究所天圣令整理课题组校证《天一阁藏明钞本天圣令校证》卷二四《厩牧令》下册，中华书局 2006 年版，第 300 页。

[4] 天一阁博物馆，中国社会科学院历史研究所天圣令整理课题组校证《天一阁藏明钞本天圣令校证》卷二四《厩牧令》下册，中华书局 2006 年版，第 302 页。

[5] 天一阁博物馆，中国社会科学院历史研究所天圣令整理课题组校证《天一阁藏明钞本天圣令校证》卷二五《关市令》下册，中华书局 2006 年版，第 31 页。

时候，也是用例的规定，因此旹代很可能也存在像宋代例册、则例等名目的法律。

最后，再来看一则史料体现的唐人对于例的观念。

《清异录》卷下记载有一则名为《坚利侯》的轶事：

> 安禄山得飞刚宝剑，欲奏上，乞封剑为"坚利侯"。僚属以无此例，力止之。[1]

这则事例最早的出处不详，其真实性待考，但仅从其中反映的内容来看，安禄山要给一把剑乞封侯，遭到了下属的反对，下属的理由就是"无此例"，法令固然不可能规定允许或不得为宝剑请封侯，所以在没有法条规定的情况下，就要参考先例，没有先例的做法是缺乏依据和不适当的。安禄山最终应该是听从了劝告。看来无例可循就不应实施的观念，即便胡将安禄山都奈何不得。

## 二、宋代多引唐、五代故事

《石林燕语》记载：

> 唐贞元五年，萧昕等致仕，给半俸，遂为例。大和元年，杨于陵致仕，特全给俸料，辞云："半给之俸，近古所行，伏自思惟，已为过幸。"……太宗淳化元年，诏致仕官给半俸。[2]

可见宋人致仕之后减半发俸的做法沿袭了唐人。

还有：

> 国初，进奏官循五季旧例，例官至御史大夫。诸国既平，天下一统，诸州各置进奏官，专达京师，多至百数，混于皂隶，不复齿于衣冠之列。真宗大中祥符二年三月戊辰，诏诸州进奏官十年以上，补三班奉职，每

---

〔1〕（北宋）陶穀撰：《清异录》卷下，载（清）纪昀等编：《影印文渊阁四库全书》第1047册，我国台湾地区"商务印书馆"1986年版，第910页。

〔2〕（北宋）叶梦得撰：《石林燕语》卷五，载（清）纪昀等编：《影印文渊阁四库全书》第863册，我国台湾地区"商务印书馆"1986年版，第580页。

遇郊祀叙补五人，迄今为例。[1]

这是宋人沿袭五代旧例的情况。

而曾巩的《隆平集》中专门有《革弊》一篇，其内容虽然记载的是宋人革除五代以来弊事的记录，但反过来看，又可看出宋初沿用五代做法的情况，比如：

> 五代以来，领节旄者多武夫悍卒，所至必补亲吏代判，缘是为奸，民被其患，乾德三年诏诸州长吏或藉人代判者，于宾幕内择公干官，不得复任元人。[2]

五代时期藩镇武将任用胥吏的弊病确实在宋代被革除，但时间是乾德三年，距宋代立国已经是五六年之后的事了。

### 三、唐宋时期"例"与其他法律形式的关系

从上述史料可以看出，用例的做法从唐五代时期一直延续到宋代，宋人所月之例有很多也是唐人和五代时期的做法。接下来我们综合唐宋时期的史料，考查例在此期间与其他法律形式的关系。如上所述，宋人法规中多有例与其他法律形式混称的现象，如名为"高丽国入贡接送馆伴条例"的法规中就包括《高丽敕令格式例》《酒食例》，而英宗年间的《新编提举司并三司额例》，颁行的时候名为"在京诸司库务条式"。这种法条名称混用的现象，在前朝已经很多见了。《唐六典》，"刑部郎中员外郎"条的注释中记载：

> （格）盖编录当时制敕，永为法则，以为故事。[3]

《新唐书·刑法志》又记载：

〔1〕（北宋）叶梦得撰：《石林燕语》卷五，载（清）纪昀等编：《影印文渊阁四库全书》第407册，我国台湾地区"商务印书馆"1986年版，第744页。

〔2〕（北宋）曾巩撰：《隆平集》卷二，载（清）纪昀等编：《影印文渊阁四库全书》第371册，我国台湾地区"商务印书馆"1986年版，第19页。

〔3〕［唐］李林甫等撰：《唐六典》卷六，中华书局1982年版，第185页。

　　格者，百官有司之所常行之事也。[1]

　　第一，格来源于制敕，是针对具体事件的处理；第二，经过编录后，这些制敕的效力被固定下来；第三，被固定下来后，其名为格，其效力的性质也无非是以往实施过的做法成为后事效仿的事例。所以，在新唐书中“格”又被称为“常行之事”，意为一直以来遵照施行的事例。

　　还有隋唐的“式”，也与例有关系。《隋书》卷四一《苏威传》记载：

　　　　（威）所修格令章程，并行于当世……

　　这里我们常见的“格令式”的说法变成了“格令章程”，而按照颜师古的注释和今人陈顾远的研究，章程就是具有法式的意思。[2]

　　而前面曾经引用过《通志》的记载，汉代的章程就是故事，而且演变为南朝梁的“科”，这个“科”是“取故事之宜于时者”而成。

　　我们前面曾经提过，实际上，《宋刑统》中其实还有更明确的关于“式”的记载，其中的“诸断罪，应言上而不言上，应待报而不待报，辄自决断者，各减故失三等”一条下有：

　　　　准开成格，大理寺断狱及刑部详覆，其有疑似比附不能决者，即须于程限内并具事理，牒送都省。大理寺本断习官，刑部本覆郎官，各将法直，就都省十日内辩定断结。其有引证分明，堪为典则者，便录奏闻，编为常式。[3]

　　从中可以非常明白地看到，处断恰当“引证分明堪为典则”的案例判决，要经过奏闻后编为“常式”，而且其内容肯定是审判案例汇编。

　　如果根据上述几则史料，结合我们前章对“故事”和“例”的关系的讨论，进行综合比较，就会得到这样的一个概念集团：“故事、章程（程）、科、格、式、制敕、例（例程）”。这些概念的关系大致可以描述为：

　　“例”与“故事”相近，而“章程”与“故事”一体（通志），“例”又

　　[1]　《新唐书》卷五六《刑法志》，中华书局1982年版，第1407页。
　　[2]　参见高明士：《律令法与天下法》，上海古籍出版社2013年版，第49页，注释1。
　　[3]　（北宋）窦仪等：《宋刑统》卷三〇《断狱律》，法律出版社1999年版，第551页。

与"程"连称（《宋刑统》），三者可等而视之，同时"章程"同于"式"（《苏威传》），"故事"可成"格"，而"格""式"又均来源于制敕（《唐六典》），"章程"又可成"科"。

其中的关系可以用下图来表示：

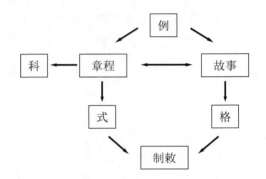

通过上图我们可大致体会到故事、例、章程（程）、式、格之间的共通性，在此作如此的联系，并非是穿凿附会，玩弄文字游戏，古人用字之意深长，联名互称，良有以也。

实际上，即使不考虑上述这种名称的文字关系，而仅考虑其背后的实质关系，也能有所发现。

按照高明士的研究，"随时发布而标明为'永格''例程'的制敕，成为敕格，此种格一般积累到一定数量时就会编入格典"。[1]

也就是说，格、式都是来自于制敕，这表明为"永格""例程"的形式很容易让我们联想到宋代史料中将敕"著为令""著为例"的记录。针对具体事务发布的诏令，一旦经过标记，就具有了长久效力，留存累积，如果在实务中被反复运用，合理有效性得到确认，经过筛选后成为某种类型法律的一部分，无论这个过程中被称为散敕、永格、例程、令、例、章程还是故事，其来龙去脉大抵如此，其名虽多，其实唯一。

讨论至此，我们大致可以看出宋人的例与汉唐法制的关系，无论从古人用名连称的方式来看，还是从名称背后隐藏的法律的生成运作机制来看，例早就涌动于中华法系生发的源流当中。

---

〔1〕 参见高明士：《律令法与天下法》，上海古籍出版社 2013 年版，第 36 页。

## 第三节　宋例与后世法制的关系

宋以后的元、明、清三代　是例的大发展时期，从元代在实务中的大量用例，到明清两代形成正式的"律例"体制，至少在名称上完全代替了律令格式的体制。对于元、明、清三代用例的研究相对宋代用例的研究要充分许多，不但有前述《历代例考》中的相关部分，还有胡兴东针对元、清两代判例法运作机制的专门研究〔1〕。刘笃才则以明代的例为主干，提出了中华法系从律令体系向律例体系转变的观点〔2〕。这些研究或注意微观司法运作，或从宏观着眼，考查历史发展趋势。都有很高的价值。但毕竟历史的发展都是环环相扣，承接延续的，元、明、清三代例的大发展，必然与宋代有关，但现有研究对于其中的关系讨论尚不充分，好在这些研究已经为我们勾勒出了三代用例的概况，以此为基础结合本书对于宋例的阐述，大致可以复原出宋例与元、明、清三代法制的关系。

### 一、宋例与元代法制的关系

学术界一般认为，元代作为入主中原的少数民族政权，统治者当政之后面临着以往法律散失，无章可循的困境。在此背景下，元政权大量适用例，由此大大提升了例在法律体系中的地位。值得注意的是，元代用例行事这一处理问题的观念从何而来？在历史变迁中，法典文字可能因战乱消失，但思维方式、处理事务的方法则会留存在人们的观念当中，遇有相同的问题，就会在实践中复活。而相对于其他的法律形式，例正具有这样的优势。根据现有针对元代用例的研究，至少在案件审判实务中，元人用例的程序方法与宋人是相承接续的。

首先，元代地方官逐级审判时是由下级的官员根据案情和案例作出拟判，上报上级官员，逐级复核审批，如"路府、宣慰司所审拟的疑难案件须通过行省理问，行省在审查后提出最后意见，再呈请中书省做出最终裁决"。〔3〕在

---

〔1〕　参见胡兴东：《中国古代判例法运作机制研究》，北京大学出版社 2010 年版。

〔2〕　刘笃才："律令法体系向律例法体系的转换"，载《法学研究》2012 年第 6 期。

〔3〕　参见胡兴东：《中国古代判例法运作机制研究》，北京大学出版社 2010 年版，第 87 页。

行省的理问所向中书提交的拟判的时候，其提交的拟判理由中就需要引用以往的案例作为依据。如《元典章》中所记载的一些案件就是例证，在丁庆一诉徐千三抢婚案中，理问所的拟问写道：

> 送理问所参洋：若依至元二十一年三月中书省户部拟白玉告胡兴强抱伊女白满儿与胡回斤为妻，断令离异。却于皇庆三年七月中书礼部为晋宁路石总管言《婚姻例》曾议得：今后许嫁女受财而辄悔者，依例断罪，女归前夫，令吴江州议拟：徐伴哥强取丁阿女媾合，若依悔婚断令完聚，比例不侔。[1]

从中可见，理问所引用了前例白玉告胡兴强案，并结合本案的实际情况做出了类比和判断。而如本书前面所述贴例拟判的做法在宋代中央机构处理案件的过程中已经大量存在，元代的做法不说是依样照搬，至少是萧规曹随。

其次，元人在用例的时候一样也是要具体比较前例和本案之间的相似性，以此为基础来判断，这一引例的模式和宋人也是一致的。

如大德六年正月建宁路宁二娘与刘狗儿通奸案，审案时又供出王福一也曾与宁二娘通奸，也就是事后指奸的情况。在判断是否应对王福一也予以处罚的时候，路级的审判官先引用了以往苏小尹与苏七通奸案指出了陈佐的案例，作出应当予以处罚的拟判。而刑部对此意见予以否定，认为所引案例与本案不同，因为本案中被指通奸者并不承认通奸事实，而所引案例中的被指通奸者是承认的。刑部后来引用了至元六年八月段乞僧和刘兰哥通奸案，该案中被指奸者也不认，最终没有处罚。从中可见案例是否具有相似性是判断例是否引用的核心标准。而这一标准在宋人的史料中也有反映。《建炎以来系年要录》记载：

> 诏：宣州奏檀偕杀人疑虑狱案，令刑部重行拟断申尚书省。偕，倬兄也。先是，有叶全三者，盗其窖钱，偕令耕夫阮授、阮捷杀全三等五人，弃尸水中，当斩，尸不经验，奏裁。诏授、捷杖脊，流三千里，偕，贷死，决脊，配琼州。孙近为中书舍人，言：偕杀一家五人，虽不经验，

---

〔1〕（元）拜柱等：《大元国朝圣政典章》卷一八《户部》，中国广播电视出版社1998年版，影印本，第679~680页。

而佐证明白，别无可疑。贷宥之恩，只及一偕，而被杀者五人，其何辜焉。乃名重别拟奏。始近之提点浙东刑狱也，绍兴民俞富捕盗而并杀盗妻，近奏富，与盗别无私仇，情实可悯。诏贷死，法寺援之，近言："富执本县判状捕捉劫盗，杀拒捕之人，并及妻女；而偕私用威力，拘执打缚，被杀者五人，所犯不同。"刑部亦言：右治狱近断孙昱杀一家七人，亦系尸不经验，法寺为追证分明，不用疑虑奏裁，何不依例"……乃诏偕论如律，大理寺当职丞、评，刑部郎官，各赎金有差。[1]

从这则案例可见，法寺本以绍兴俞富案作为依据，提出对同样杀害多人的檀偕予以贷死流配的处罚。时任中书舍人、正好曾经作为地方官经办过俞富案的孙近提出，俞富案性质完全不同，俞富当时持有本县的捕盗令在执行公务，在对方拒捕的情况下杀死盗贼妻女，与檀偕动用私力滥杀无辜的行为有本质区别。而刑部也检出了与檀偕案更为类似的孙昱案，认为其应当被引用，最终这些建议被采纳。从中可以看出宋人也是将相关案件进行比较，选取相似性最高的案例作为依据。

## 二、宋例与明代法制的关系

刘笃才在其关于律令法演变为律例法的研究当中对于明代的律例制度做了考查，提出明例的相关制度和宋例也有着很深的渊源。

首先，明代律例法体系中很多以例为名的法律形式与宋例都有类似之处。

刘笃才认为，明清律相沿而成，诸多制度开创于明代。由于大明律被太祖要求一字不得改易，所以明人只得以例增修，适应社会变化。而且在合编的律例之外，还有许多例，如"条例"成为律典附例的专称，"则例"成为国家机关章程的专称，事例则由司法案例转化为除了条例、则例外的各种单行法规的统称，[2]而《明会典》中还记载有"大要以祖宗旧制为主，节年事例附书于后"[3]。这里可见的明例的名目包括条例、则例、事例等，而这些名目在前引的宋代史料中已经反复出现。而细究这些名目的内容更与宋人称

〔1〕 （南宋）李心传撰：《建炎以来系年要录》卷七二，中华书局1956年版，第1200页。
〔2〕 参见刘笃才："律令法体系向律例法体系的转换"，载《法学研究》2012年第6期。
〔3〕 （明）申时行等重修：《明会典》卷首，载《续修四库全书》编委会编：《续修四库全书·史部·政书类》第789册，上海古籍出版社2002年版，第9页。

例的习惯有着密切联系，如"条例"在明代是"律典附例的专称"，也就是说这里的"条例"相对于作为一个整体的律是逐条单列、单独存在的，合并起来虽然是个整体，但每条可以单独成例，这与上述宋人的"条例"多指在平时处事时逐渐形成，未经删修的条、例的意思完全吻合。而"则例"在明代是"国家机关章程"的专称，而宋人的"则例"多是与官员和机构的俸给、支出的财政事务相关，这些内容无疑都是机关内部的细则标准和章程的一部分。可能经过时间推移，原来宋代涉及内容相对狭窄的则例，到明代逐渐推广成为所有行政机关内部办事章程的统称。再看"事例"，尤其是"年节事例"，如前所述，《历代例考》就认为唐故事到宋代逐渐被例替代，故事所涉的内容多限于礼制，而宋人称例的内容有很大一部分是关于年节庆典的，可见将礼制、庆典事仪称为例、编为例的做法从唐宋一直沿袭到了明代。

其次，明例形成的方式与宋例完全一致。

刘笃才在其文章中引用了《弘治会典》修订凡例中的一段话，颇能说明问题：

> 事例出于朝廷所降，则书曰诏，曰敕；臣下所奏，则书曰奏准，曰议准，曰奏定，曰议定。或总书曰令。[1]

通过这段话可知：

第一，明例的来源，实质上就是皇帝的诏书和被批准的臣僚奏请、奏议。这和本书上述宋例的主要来源之一是皇帝诏敕的情况完全一样。明例和宋例一样都是有针对性地发布的单行命令。

第二，明例形成的形式程序，刘笃才认为"或总书曰令"的意思就是"著为令"。我们知道宋人将单行事务条例"著为令"的情况，而"令"等法律形式和例之间的交融关系本书之前也做了深入的探讨，此处明人通过"著为令"来确立"事例"的史实既是对本书观点的印证，同时也说明宋明相承用例的历史事实。

此外更值得注意的是，刘笃才在这段史料之后特意提及明清两代"著为例"的现象，指出两代之中，"著为例"的现象逐渐超出了"著为令"的数

---

〔1〕 刘笃才："律令法体系向律例法体系的转换"，载《法学研究》2012 年第 6 期。

量，而如本书前述，宋人史料中"著为例"就与"著为令"并行不悖，虽然尚未及做数字统计，但在宋代二者就已并存的事实是肯定的。刘笃才比较二者的意图在于说明明清之际律例制度取代律令制度的趋势。这在明清二代，以例、令之名相较是极有说服力的。进一步而言，如将宋元也纳入视野，并将前述令、格、式、例本质相通的观点综合考虑可见，自宋至明清我国古代政府行政、司法、立法的根本运作方式、法律形式的演进变化均是一脉相承的。

最后，明人用例的方式与宋人以及上述元人用例的方式也是一致的。《明史·职官志》记载刑部司狱的职责时称：

> 凡军民、官吏及宗室、勋戚丽于法者，诘其辞，察其情伪，傅律例而比议其罪之轻重以请。[1]

其中可见刑部所做的也是参照律和例对案件进行"比议"，"比"也就是将案件事实与律条和以往案例进行参照，看看相互之间是否符合，由此确定罪名和处罚轻重。

此外《明史·刑法志》所载弘治六年诏的内容为：

> 自后有犯辜限外人命者，俱遵律例议拟，奏请定夺。[2]

且抛开这里的适用范围不谈，仅就程序而言，根据律例拟定判决，上奏皇帝裁决的程序，和宋人贴例以判，奏钞上报，听从皇帝裁决的做法完全一致。

### 三、宋例与清代法制的关系

清代作为我国古代的最后一个王朝，是中华法系发展的终点，各项制度体系最终定型，也是例这一法律形式发展演进的最后阶段，而且清代史料保存相对完整，法史学界针对清例的研究更加充分。从相关研究结论中，我们仍然可以从这个末代王朝的法律体系中看到宋例的影子。

---

〔1〕《明史》卷四八《职官志一》，中华书局 1974 年版，第 1758 页。
〔2〕《明史》卷九三《刑法志一》，中华书局 1974 年版，第 2290 页。

第一，对例的处理方式上，清代和宋代同样存在一方面禁止成例，一方面要求"著为例"的情况。

根据大清刑律《断罪引律令》条的规定，"其特旨断罪，临时处治，不得为定律者，不得引比为律"。[1]这一段内容不但出现了宋人常用的"特旨"一词，而且其内容几乎和前述宋人关于不得随意引例断案的规定完全一致，无论是语气、措辞、句式都似乎是直接照抄的。

与上述不得引为例的规定相对的，清人也有"著为例"的规定，在上述令条之后的例中又记载着："如督抚办理案件，果有与旧案相合，可援为例者，许于本内声明，刑部详加查核，附请著为定例。"这里"著为例"的情况再次出现，相较宋人而言只是明确了程序。

上述两条前后相接的史料显示的清人禁例著例的情况和本书前面描述的宋人有禁止援例和特地要求"著为例"的情况完全一致。

第二，请人成案不断积累后上升为例与宋人反复用例遂为依据的做法一致，并且在制度程序上更加规范。

清人例的体系分为"成案""通行""成例"，通过研究三者的性质作用可见清例与宋例的关系。

清代的"成案"是指具体的案例，可以为司法官员在处理案件提供依据。如光绪十年奉天总督在与刑部争论张广财因其岳父将其妻再嫁而杀死岳父的案件时，就引用了嘉庆二十四年山东李小生案、道光四年广西叶茂案、道光五年陕西常二虎案作为依据。而作为反驳，刑部也援引了同治二年山西王禾六案、同治五年直隶崔陈重案等案例，这些案例从性质上来看都是成案，不具有强制效力，所以都是被拿来作为论证拟判正确性的依据，而不能被直接用于定案。成案这一作用就是宋人贴例拟判，援例为据的司法程序的在清代的演化和表现。

清代的"通行"，情况相对复杂。如果官员认为某个"成案"具有普遍性，可以上奏要求确认其有效性，经刑部复核确认，通过上奏的程序将其固定为"通行"，"通行"的效力高于"成案"，具有约束力，但又低于"成例"。在与宋例的对照研究中应特别值得注意"通行"的以下三个特点。

---

〔1〕马建石、杨育裳主编：《大清律例通考校注》卷三七《断狱下》，中国政法大学出版社1992年版，第1108页。

首先，清代对于"通行"的定义是"业经纂例无庸采入外"[1]的部分，是不用采补入例的东西，这里的"例"是清人的条例、成例，是已经固定的法条。而宋人在描述其例的来源时也说"欲依《元丰海行敕》体例分修为敕令格式，其冗不可入者即著为例"。[2]仅从程序上来看，"通行"和宋例都是在编纂过程中尚不适格被固定成为法条的一些规定和事例的做法。

其次，也许会有意见提出，"通行"是司法判例，而上述的宋例是分门别类删修的敕令，内容不同。但是相关研究显示清人"通行"的性质是不限于司法案例的。根据胡兴东的研究，"清代的通行虽然从法律效力上来看是判例法，但并不意味着所有的通行都是司法判例，清代的通行不全是司法判例"，[3]随后他引用了嘉庆时期的《刑部各司判例》，指出该书中的通行名为判例，其实大部分都是刑部的司法章程。这一点提示我们，宋人中书设有五房，各房编例，其中中书刑房编有《中书刑房例》和《中书刑房断例》，我们认为两法连称而别名，内容必然有区别，一为刑房行事规程，一为拟判所用断例，可见司法机关编纂部门同时编纂章程规则和将拟判断例一并名之为"例"的做法也从宋代沿用到清代。

最后，"通行"的效力。由于"成例""条例"都是定期修纂的，那么在修纂间歇，案例作为"通行"适用，自然是有效力的，并不以修入"条例"为要件。[4]而且前述的"成案"也是一旦既判，就可以在以后的案件的处理中被作为依据予以引用，"通行""成案"的这些效力都可与本书前述的宋例在编纂之前一般都有效的做法具有相似性。

清代的"成例""条例"是已经被编纂进入法典的固定规则，不再是具体的案例、事例，似乎名为"例"实际上已非"例"。但值得注意的是，这些已经抽象化了的例，是从具体的成案通行中逐渐抽象生成的，是以具体个案为基础和来源的。它不仅仅只是抽象规则，而且背后包含着作为这些规则来源的一个个案件以及这些案件上升为规则的程序。所以清人的"条例"仍然与我们所研究的宋例有着千丝万缕的联系。更何况，即使是宋代的例，我们

---

〔1〕　（清）沈家本撰：《历代刑法考》，中华书局 2006 年版，第 2220 页。

〔2〕　（清）徐松辑：《宋会要辑稿》第 164 册《刑法一》之一六，影印本，中华书局 1957 年版，第 6469 页。

〔3〕　胡兴东：《中国古代判例法运作机制研究》，北京大学出版社 2010 年版，第 12 页。

〔4〕　胡兴东：《中国古代判例法运作机制研究》，北京大学出版社 2010 年版，第 61 页。

也不能完全断定其没有抽象为规则的形态。长编记载的元祐年间引起刑部和中书争议的"刘俭案"中，刑部侍郎彭汝砺上奏称：

> 强盗一次及盗杀人，其非为首及元不曾商量杀人，后来徒中杀人，或杀人不曾见、不曾闻、不曾知，或曾有悔戒之言，在例皆贷，前后甚多。〔1〕

这里彭汝砺为了证明刘俭应当引例从贷，举出了一系列以往案例的从贷情节，这些情节实际上已经从具体案件中抽象出来，在彭汝砺这里已经成为一种抽象的情节。当然，由于现在宋人的断例集我们一部也看不到，而且如上所述，史料中有断例"节文"的字眼，很可能宋人的"断例"仍然是记载有全案事实的判例，而非抽象出来的规则。但上述的史料说明，虽然形为"断例"，但对后事后案起着指导作用的，仍然是隐含在其中的抽象规则，无论是编例还是用例，都是对这些抽象规则的挖掘、提炼和筛选活动，这也是蕴含在汉字"例"之内的必然逻辑结果。所以在这一点上，宋人之例和清人之例仍是一体。

实际上，通观清人的"成案""通行""条例"，是前后衔接，紧紧相扣的三个环节。日本学者寺田浩明对此做出了精当的概括，"那些尚未达到'例'的一般程度的'成案'，实务上也被参照实行，在此过程中，只要成案不断积累，其稳定性一般性逐渐提高，就有可能上升为例。相反，在司法判断散乱杂存的情况下，一旦官员的高层意识到有将审判实务加以统一的必要，总会设法从个案中抽象出较有一般意义的例这样的法律规范，并将其编入既存的成文法体系之中。此类司法判断的积累称为通行或递年奏成定例，对这些资料做定期的整理并加以条文化后将其编入律，就是清代的条例编纂的实际过程"〔2〕，这段论述为我们展示了清人成例的过程，"成案""通行""条例"从具体到抽象的升华过程。其中尤其值得注意的就是：第一，成案一旦形成即可作为依据；第二，成案不断积累，稳定性提高，最终被加以整合提炼。这与本书阐述的宋人行事中积累事例，反复引用使其被固定，最终将其

---

〔1〕（南宋）李焘：《续资治通鉴长编》卷四六五，中华书局 1995 年版，第 11121 页。

〔2〕［日］寺田浩明：《权利与冤抑——寺田浩明中国法史论集》，王亚新等译，清华大学出版社 2012 年版，第 444 页。

加以编纂确认效力的过程如出一辙。我们现在能够复原的宋人编例的状况还很有限，但结合本章第一节所引宋徽宗御笔中对于"修例为条"活动的描述，二者非常类似：徽宗要求将"为永制者修为敕令格式"，将"出自特旨……可以垂宪者，编为定例，以备稽考"。"为永制者"就对应着清人条例，"以备稽考"者就对应着清人的成案，而通行实际上是介于两者之间的部分，效力上不只是"以备稽考"，形式上尚未"修为敕令格式"。这种联系和变化直接反映了清例对宋例的继承和发展，更体现了古代中国司法行政立法制度千年相承，不断发展完善的脉络。

## 第四节　宋例在中华法系中的地位

至此，我们上溯汉唐，下迄明清，对宋例与前后朝代法制的关系进行了梳理。我们的方法是逐朝逐代、逐条逐点地寻找宋例与这些朝代法制之间千丝万缕的联系。诚然，用这样的研究方法去探求例在中华法系生发演进过程中的脉络，实在是大题小做，这样宏大的题目，既不是本书写作的目的，也不是笔者现有学力所能驾驭的。在此，只是希望基于上述的研究，能对宋例、例在中华法系演进过程中的意义和地位做一番粗浅的探讨。

### 一、宋例体现了"例"这一法律形式的特性

综合以上两节关于宋例与前后的汉唐、明清时期法制关系的研究我们总结归纳了其中的共性。

从来源讲，无论是汉、唐的故事、章程、科、比、令、格、式，还是元、明、清的条例、则例、成案、通行，其来源基本都是权力机构对于具体事务的处理决定，是基于实务需要，对个别事务的处理、临时的规定或者对具体案件的判决，其形式要么是皇帝的诏令，要么是各级官府部门的命令，或者是对案件的判决。

从效力来讲，上述的所有这些诏令、决定在颁布之初往往先天具有可被后事引为依据的效力。各个朝代都出现过在颁布某项诏令的时候特地规定不得为例的现象，这可以反证，如不规定，则后事自然可以引为依据。自宋以后，各朝对于事例成立之后的效力进行了更加细化的规定，到清代例已经被

细分为成案、通行、条例的效力等级。

形成法律形式的程序，往往有两种，第一种是"著为令""著为例"的方式。通过这种方式，一方面认可和强调了该事例的有效性及对后事的示范作用，另一方面，也是在程序上确认这次的事例已经通过"著"的形式被固定，将留待日后的进一步编纂。另一种途径中，并未被标明"著为例"的事例，其有效性和规范性会通过在以后实务中得到检验予以确认，其适用次数和其作为规范的效力相互形成正反馈，被引为依据的次数越多，有效性越高，越会被引为依据。这在宋人修例的过程和清人成案上升为通行直至定例的史实中都可发现。

从修纂的方法和最后形成的结果来讲，各朝的记录都显示，对于已有的例，要根据其是否在实践中显示出其合理性、有效性、与其他相关的事例是否矛盾冲突等标准进行筛选。最后形成的法律形式多种多样，虽然名目繁多，但本质上都是编例。

## 二、"律令制"与"律例制"之辨

通过上述的研究我们看到，宋例与唐代的令、格、式，明清的成案、则例、条例有着很多的共性。甚至在律典之外的各类法律形式身上都能看到例的影子，《历代例考》也认为例经过宋代的大发展，到了元、明、清三代，以前的各类法律形式都归入例的范畴。在这样一种认识的基础上，就可对例在中华法系演进过程中的作用作一新的界定。国内学者刘笃才在其《律令法体系向律例法体系的转换》一文中将"例"提升为与"令"一样的，仅次于"律"的第二大法律形式。

关于律令制向律例制演进的原因，刘笃才认为是因为隋唐形成的，以制定的律典、令典为核心的法律体系无法适应宋以后的社会变化，修编例册的立法方式应运而生，律例法体系代替了律令法体系。这一理论的基础是将"令"和"例"作为两种法的形态，认为在律令制体系下，例是一种"法的异己物，受到排斥"，相对而言，令则是"系统制定的令典"，[1]是制定出的法典。

我国法制史学界经常按照是否经过系统制定的标准来对古代法律形式进

---

〔1〕 刘笃才："律令法体系向律例法体系的转换"，载《法学研究》2012年第6期。

行分类。律令科比、律令格式等法律形式，一般被认为是国家系统制定的法典，而且是当朝法律体系的核心和古代法律的基本类型。还有学者对此做了进一步发展，如胡兴东就按照产生的方式将古代法律划分为"主动式"和"被动式"两种。"主动式是指立法者通过对以往法律的总结，再加上自己的理解，预先制定出相关的法律规则；被动式是指某一法律规则的出现不是预先制定，而是因为社会生活中出现了某一必须解决的法律问题或事件，相关机关通过特定程序和方式创制出相应的法律规则。"〔1〕胡兴东还认为"令、格、式是比较特殊的，它们的出现不完全是被动性制定，多数是国家主动立法"。〔2〕可见，它们都是按照是否预先制定的标准来对法律形式进行分类，并认为律令这一类法律形式的特点就在于它们是被主动、系统制定出来的。

那么这样的结论是不是符合史实呢？现有研究似乎给出了否定的结论。"律令制"的说法来源于日本学者，他们认为在汉唐之间逐渐形成了律典和令典相互构成的完整的成文法体系。这一学说实际上是以现存的《唐律疏议》文本和经过中日法史学界共同努力完成的《唐令拾遗》以及《唐令拾遗补》等著作为基础，在大致复原了唐代律典、令典的形态之后得到的结论。"律令制"的理论成立之后，逐渐成为中法史学科中有力的一派学说。但是相关的研究工作并没有停止，随着研究的深入，我们对于"律令制"，尤其是其中"令"的概念有了进一步的了解。

第一，"令"的来源和状态。已经有学者提出，秦汉时期的"令"是"将个别命令积累起来予以分类而形成的法典——他们以按事项被归类的诏令集的形式存在"〔3〕。结合出土文献进行进一步的研究我们恢复了汉令的形式，现有出土的汉简中"王杖十简"中的《兰台令》《御史令》和张家山汉墓所发现的《关津令》和《功令》中都显示，汉代的"令"就是将皇帝发布的诏制的内容原封不动地记录下来。其中，《兰台令》是记录了皇帝直接发布的诏令，所以每条开头使用了"制诏"〔4〕；而张家山汉墓所见的汉令是官僚申请

〔1〕　胡兴东：《中国古代判例法运作机制研究》，北京大学出版社2010年版，第57页。

〔2〕　胡兴东：《中国古代判例法运作机制研究》，北京大学出版社2010年版，第58页。

〔3〕　［日］宅宫洁："汉令の起源とその编纂"，载《中国史研究》第五卷，1995年版，第122～124页，转引自［日］冨谷至："逼往晋泰始律令之路（Ⅰ）：秦汉的律与令"，载《日本学者中国法论著选译》（上册），中国政法大学出版社2012年版，第137页。

〔4〕　参见陈直："甘肃武成磨咀子汉墓出土王杖十简通考"，载《考古》1961年第8期。

后经过皇帝以制诏方式许可后形成的令,所以结尾有"制曰可"的字样[1]。对于汉令形成的程序、形式以及书写方式,日本学者大庭脩以居延汉简作为考查对象,进行了非常详细的考证。他也认为无论是通过制诏本身直接要求的"著令",还是通过臣僚申请商讨覆奏确定的"具令""议令",汉代的令都是对随事生成的诏书的记录。大庭脩还提出,不应当以是否标注"著令""具令"字样作为判断诏书是否成令的标志,"不管有否这种文句,但内容上即手续上具有相同效果的诏书是存在的,不能根据现存资料中所见文句的有无来判断诏书的特点。因此,仅将现在有'具为令''议为令'等文句的诏书归入令典,这种判断会有违反事实的危险"。[2]有的国内学者也持相同观点,杨振红就提出"从《后汉书·张敏列传》可知,只要是皇帝颁布的制诏,即使是针对具体案例的判案指示,也会被作为'比'而长期发挥法律效力,甚至最终被编辑入律"。[3]从上述研究可见,"令"在最初就是逐渐积累的命令,而且无论是否被编入令典,单行诏令都有对以后同类事务有约束力。而这样的性质至少到曹魏时期仍然被保持着,冨谷至就认为"汉令不是采用了依事项分类编纂的令典形式的产物,而是将皇帝的诏编以顺序番号、予以文件汇编化了的产物。此种令的形态,到曹魏时期也基本未发生改变"。[4]可见,"令"最早的形态就是将皇帝针对具体事务直接作出的诏制或者批准的臣僚议请进行原文保存,其本质就是一种随事而生的处断不断累积记录的状态,其中所谓的主动性因素并不明显,相反,"令"先天就是一种被动产生和累加的东西。

第二,关于"令典"成立的史实。律令制体系是以"律典"和"令典"为两大支柱的,那么"令典"的成立自然成为关键,但对于"令典"成立的标准,学界尚存在争议。仅以日本学者为例,中田薰和宅宫洁二位就认为只要经过分类收录的程序就能被称为令典,所以他们认为秦汉之交时"令典"已经成立。但冨谷至则专门注意到"晋令"的特殊地位,他在前引的《通往

[1] 参见张家山汉墓竹简整理小组:"江陵张家山汉简概述",载《文物》1985年第1期。

[2] [日]大庭脩:《秦汉法制史研究》,林剑鸣等译,上海人民出版社1991年版,第182页。

[3] 杨振红:"从《二年律令》的性质看汉代法典的编纂修订与律令关系",载《中国史研究》2005年第4期。

[4] [日]冨谷至:"通往晋泰始律令之路(Ⅱ):魏晋的律与令",载《日本学者中国法论著选译》(上册),中国政法大学出版社2012年版,第170页。

晋泰始律令之路（Ⅱ）：魏晋的律与令》一文中提出，"令典"成立最早发生在晋代的《泰始令》，因为史料显示《泰始令》有着第一卷到第四十卷的统一整体，而且是以事务名称来命名令的，这与汉代同时用事务名称、干支、官署三种方式对令命名的做法完全不同，《泰始令》的命名方式成了后世的标准，这也就是"令典"成立的标志。按照冨谷至的说法，晋泰始四年形成了一部"总令集"，这一点应该是不错的。但现在我们看不到这部令集收录晋令的具体格式，晋令是否还像汉代那样对诏令原文进行照抄，我们不得而知[1]。但无论是否照抄原有诏令的内容，这里称《泰始令》为"令典"，都只是从其体例的完善角度而言，而不是从"主动型"的制定方式角度去理解。也就是说，晋令典即使不是照抄诏令，但其内容仍然是对已往诏令的编辑，并非主动制定编写。

首先，从内容上来看，晋令仍然是对以往，包括本朝和前朝诏令在内的汇集，根据《晋书》的记载：

> 昔魏武帝建安中已曾表上，汉朝依古制，事与古异，皆不施行，施行者著在魏科。大晋采以著令，宜定新礼皆如旧。[2]

这里可以看出，晋令的内容包括魏代的科。关于科的形式，学界有一定的研究。日本学者滋贺秀三就认为汉代的科是单行的规则，没有汇总[3]。冨谷至更认为，魏科并无汇总编辑的迹象，仍然是单行的规则。[4]所以，收集了以往朝代单行法规的晋令，虽然在体例形式上得到了完善，其内容仍然是以往零散规则的累积。

其次，从篇章体例的系统性来看。体例的系统性可以作为法典是经主动制定形成的重要依据。规整的篇章体系会让人感觉到是制定者预先构思出各个章节部分，再分门别类地具体撰写法规，由此成立的法典当然是主动制定

---

〔1〕 冨谷至在论文中并未证明晋令不再是直接记录诏令原文的形式，而是直接论证了其不再使用这一形式的两个原因，第一为外因，即晋代开始使用纸张而非竹简记录法令，所以记录形式发生变化；第二，儒家礼制体系被引入法制，促进了令典体例的完成。

〔2〕 《晋书》卷二〇《礼制中》，中华书局1974年版，第631页。

〔3〕 [日]滋贺秀三："汉唐间の法典についての二三の考证"，载《东方学》一七，1958年。

〔4〕 [日]冨谷至："通往晋泰始律令之路（Ⅱ）：魏晋的律与令"，载《日本学者中国法论著选译》（上册），中国政法大学出版社2012年版，第174页。

的结果。晋令具有了统一的篇章结构，冨谷至也将此作为"令典"成立的标志，那么是否能够因为古代法典具有类似今天法典的篇章结构，而认为它们也和今天法典一样是被制定出来的呢？通过具体查看晋令的篇目，我们可以发现其中体现了一定的杂糅性，根据《唐六典》的记载，晋令的篇章为：

　　一、《户》，二、《学》，三、《贡士》，四、《官品》，五、《吏员》，六、《俸廪》，七、《服制》，八、《祠》，九、《户调》，十、《佃》，十一、《复除》，十二、《关市》，十三、《捕亡》，十四、《狱官》，十五、《鞭》杖，十六、《医药疾病》，十七、《丧葬》，十八、《杂上》，十九、《杂中》，二十、《杂下》，二十一、《门下散骑中书》，二十二、《尚书》，二十三、《三台秘书》，二十四、《王公侯》，二十五、《军吏员》，二十六、《选吏》，二十七、《选将》，二十八、《选杂士》，二十九、《官卫》，三十、《赎》，三十一、《军战》。三十二、《军水战》，三十三至三十八皆《军法》，三十九、四十皆《杂法》。[1]

　　从中可见，晋令的篇名大部分是事务名，但仍有三篇是官职、官府名。从逻辑上说，事务名和官府名并非一个逻辑范畴，如果是按照一定的逻辑规则制定的篇名，那么不应出现如此的状态。根据现有的出土文献，晋令之前汉令中，既有武威县磨嘴子十六号汉墓出土的"王杖十简"中的《兰台令》《御史令》这类官署令名，也有张家山汉墓出土的《关津令》《功令》这类事务令名。实际上，无论是晋令还是汉令，本质上都是被动地累积汇总而成，事先并无统一构思和规划的篇目，不存在总体既定的分类标准。这一情况在并没有总令集的汉代并不成为问题，需要汇总时，只要按照颁布的官署或者涉及的事务命名即可。但在晋代作为总令集存在的《泰始令》中，这一点成了无法跨越的障碍，在内部无法消除事务令名、官署令名并行的状态，所以必然出现篇章名目分类标准杂糅的情况。

　　而如果结合《泰始令》同时期的其他令集来看，问题就更加明显，《唐六典》在《泰始令》之后就记录了《梁令》的篇名，其中也有三篇以官署命名的篇名夹杂在其他事务篇名当中。而时间稍后的北齐《清河令》，根据《唐六

---

〔1〕 （唐）李林甫等撰：《唐六典》卷六《刑部郎中员外郎》，中华书局1982年版，第184页。

典》记载，"赵郡王睿等撰令五十卷，取尚书二十八曹为其篇名"〔1〕，可见北齐已经开始单纯用官署命名篇章。按说唐朝总体上继承了北朝法制，令典体例应该是继承北齐令典的官署命名，更何况《清河令》的制定是在《梁令》几十年之后，更接近唐代，但唐令却又使用了南朝一类的事务性篇名，可见"令典"在这一时期显示出了体例的多样性和多变性。究其原因，应该是"令"本身具有的随事发布、之后再被汇总记录的性质。正是因为"令"所具有的这一性质，所以无论在晋代、北齐还是唐代，需要解决的问题都不是如何制定一个体系化的"令典"的问题，而是如何对前朝和本朝大量积存的诏令组织归类的问题。事后的归类肯定无法对应已有的所有诏令，所以晋令中的大部分篇章按照事务归类命名，但有些单行令无法归入某一事务，只能专门设置官署名篇目予以收纳，也正是因为令典本质上都是一种事后的归类，所以各朝均可按照自己的理解处理。就如对杂乱的书籍，既可以按照学科分类，也可以按照出版社、年限分类，所以六朝时期令集的篇目在晋、梁、北齐各朝出现变化，直至唐代归于稳定。

　　还有一个证据可以证实单行令经事后汇总成为令集的史实，那就是六朝时期除了《泰始令》《清河令》这种总令集之外，还存在着单行的令和令集。《历代刑法考》在《晋令》之后记载的晋《籍田令》，"杜预奏事：窃惟籍田令本以籍田千亩十顷之田计，其按行周旋不过数里"。沈家本在后面加入按语，"此似不在前四十篇之内，别以籍田名篇"。〔2〕从杜预的原话来看，籍田令是关于土地户籍相关政策的令，所引内容可能只是其中一部分。而沈家本这里就直接认为"籍田"是篇名，也就是和《晋令》四十篇的篇名同一层级的概念。"籍田令"无论是一道单独的诏令，还是汇总了相关内容的令集篇目，都是在晋令之外独立存在的。此外《历代刑法考》在《北齐令》之前，还有《权令》的条目，在《北齐令》条目下引《唐六典》"赵郡王睿等撰令

---

〔1〕　对于《清河令》的篇目问题，学界也存在一定争议。仁井田陞在其《唐令拾遗·序说》中已经提出的质疑，楼劲在其《〈北齐令〉篇目疑》（载《文史》第五十三辑，中华书局 2000 年版）一文中就提出，北齐法制继承东魏法制，而后者目前尚存的一些令名篇目应当是按照事务命名。但是《九朝律考》《历代刑法考》对于《北齐令》采官署为名的说法均予采纳，在没有直接否定性证据出现的情况下，不宜轻易否定《唐六典》的记录，而且考虑《泰始令》和《梁令》中事务、官署杂糅的篇名，《北齐令》用官署命名篇目并不是完全没有可能。
〔2〕　（清）沈家本撰：《历代刑法考》，中华书局 2006 年版，第 897 页。

五十卷……又撰《权令》二卷，二令并行"。这里可见，首先，《权令》是和《北齐令》同时编撰完成的；其次，《权令》是一部令集，有二卷的数量；最后，《权令》和《北齐令》是通行并用的。所谓《权令》的"权"字应当是指"权宜"。这个提法在《晋书·刑法志》有相关记载，该书在描述晋令来源时提到"蠲其苛秽，存其清约，事从中典，归于益时。其余未宜除者，若军事、田农、酤酒，皆未得人心，权设其法，太平当除，故不入律，悉以为令"[1]，这里可以看出当时修《泰始律》的方法也是删除已经累积的律令法规，再次修删的过程中，对于一些暂时还有价值不宜废除的规则，就将其降格为令，所有的"令"相对于"律"都带有权宜处事、暂时保留的性质。而在对晋令进行删修时又进一步划分出不同效力层级，最为权宜处理，效力最低的诏令规则，就被归入《权令》保留。这段话也为我们展示了古代编修法律的实质，并不是像现代一样预先制定篇章结构，逐章制定撰写法条，而是对既存的各种来源的法条进行效力确认，最为有效的编为律典，其次的降格为令典，其他效力更低的，权且保留汇总在《权令》、单行令中。实际上，《晋书·刑法志》记载编修《晋律》时，对于汉文帝的《丁酉诏书》，也是将其保留下来作为《留律》处理。《权令》《留律》两相对照，令、律显然都是对已往诏令规则整理归类的产物。因为只有在对既存的令条进行汇编整理的时候才会发生有的令条既不宜归入总集、又不宜立即废除，只能权宜处理、归入别集的情况。如具是像现代一样主动按照预设的体系制定法规令典，那么当然会在整个体系之内设置规定，根本不会出现这种冗余之物。

再次，从令典法条内容进行分析。上述所谈都是唐以前"令典"的情况，由于原文已经散佚，只能通过篇目的蛛丝马迹来进行分析，但唐宋以后的令典情况就清晰很多了，通过《唐令拾遗》和《天圣令》我们能够基本看清成型的令典的原貌。从中可以看到，唐宋的令已经解决了篇目杂糅的问题，全部都按照事务来分类了，但是如果我们透过篇目，结合其他史料来考查令典的条文，那么每条条文的来源又是耐人寻味的。

现以宋《天圣令》和《唐令拾遗》中的"狱官令"的若干条文进行说明。

第一，通过诏令在宋令典中增加唐令典所没有的内容。

---

〔1〕《晋书》卷三《刑法志》，中华书局 1974 年版，第 927 页。

《天圣令·狱官令》宋3,

> 诸在京及诸州见禁囚,每月逐旬录囚姓名,略注犯状及禁时月日,处断刑名,所主官署奏,下刑部审覆,如有不当及稽滞,随即举驳,本部来月一日奏。[1]

这是关于十日一录囚的规定,这一规定在《唐令拾遗》中并未找到,很有可能是宋代添加进去的内容。而翻找《宋大诏令集》就可以找到相关的内容,如记录时间为"太平兴国九年三月甲寅"的《令天下系囚十日具犯由收禁月日奏诏》要求"宜令逐处州府军监,每十日,一具所犯事由,收禁月日奏闻,仍委刑部纠举"[2]。这条诏令的前半部分还有一大段宣示性的文辞,但尾部具体规定的内容与天圣令所载的录囚时间、著录的内容、覆核的机关等全都一致,很有可能狱官令的内容基本就是脱胎于这条诏令。

第二,通过诏令在宋令典中修改了唐令典的内容。这一情况最明显的是关于死刑覆奏的规定。众所周知,唐代初期就确定了死刑覆奏制度,《唐令拾遗》中记录了死刑执行的覆奏次数,要求"在京者,行决之司五覆奏,在外者,刑部三覆奏"[3]。这就是史上传为佳话的三覆奏、五覆奏制度,但这一制度在宋代就被改变了,《天圣令·狱官令》宋5:

> 诸绝大辟罪,在京者,行决之司一覆奏,得旨乃决。在外者,决迄六十日录案奏,下刑部详覆,有不当者,得随事举驳。[4]

翻找史籍即可发现这样的规定也是来自于皇帝的诏令。《续资治通鉴长编》建隆三年三月丁卯条记载:

> ……幸太清观,遂幸开封尹后园宴射。上谓宰臣曰:"五代诸侯跋扈,多枉法杀人,朝廷置而不问,刑部之职几废,且人命至重,姑息藩

---

〔1〕　天一阁博物馆,中国社会科学院历史研究所天圣令整理课题组校证:《天一阁藏明钞本天圣令校证》卷二七《狱官令》下册,中华书局2006年版,第327页。

〔2〕　(北宋)宋敏求编:《宋大诏令集》卷二〇〇《刑法上》,中华书局1962年版,第7419页。

〔3〕　[日]仁井田陞:《唐令拾遗》,粟劲等编译,长春出版社1989年版,第692页。

〔4〕　天一阁博物馆,中国社会科学院历史研究所天圣令整理课题组校证:《天一阁藏明钞本天圣令校证》卷二七《狱官令》下册,中华书局2006年版,第327页。

镇，当如此耶"乃令诸州自今决大辟讫，录案闻奏，委刑部详覆之。[1]

值得注意的是，唐代的覆奏无论是在京还是诸州都是决前覆奏，而到了宋代，地方大辟案变成了决讫覆奏，这样重大的变化就是在这次诏令中予以确立的。

实际上，《天圣令》直接源于诏令不但体现在制度内容上，一些令文直接来源于诏令原文。唐宋时期都有对死刑执行期限的限制，春、夏两季原则上不执行死刑。以上唐令和宋令都有规定。

唐令规定：

> 从立春至秋分不得奏决死刑，若犯恶逆以上及奴婢部曲杀主者，不拘此令。[2]

而《天圣令·狱官令》宋7的规定是：

> 诸决大辟罪，在京及诸州，遣他官与掌狱官监决。春夏不行斩刑，十恶内，恶逆以上四等罪不拘此令。[3]

比较唐、宋两朝的令文可见，在制度上，唐令规定的是针对"决死刑"的所有情况，《天圣令》中规定的范围缩小到斩刑，也就是"春夏不行斩刑"，而非不"决死刑"；此外唐令中提到了部曲奴婢杀主的规定，《天圣令》中删除了这部分内容。这两点制度变化的原因当然比较复杂，比如第二条，很容易联系到唐宋间社会变革的问题。但是前后令文中文辞上的变化却无法做如此解释。唐令规定的禁止时间是立春到秋分，实际上是一个更加细致的规定，但奇怪的是宋令并没有继承这样比较具有可行性的规定，相反使用了一个比较模糊的字眼"春夏"来表述。而相应地，在对不得行斩刑的例外情况的表述中，唐令的表述为"恶逆以上"，而宋令的表述是"恶逆以上四等罪"，实际上按照十恶的排序，恶逆在谋反、谋大逆、谋叛之后，所以"恶逆

---

〔1〕（南宋）李焘：《续资治通鉴长编》卷三，中华书局1995年版，第63页。
〔2〕[日]仁井田陞：《唐令拾遗》，粟劲等编译，长春出版社1989年版，第692页。
〔3〕天一阁博物馆、中国社会科学院历史研究所天圣令整理课题组校证：《天一阁藏明钞本天圣令校证》卷二七《狱官令》下册，中华书局2006年版，第328页。

以上”和“恶逆以上四等罪”意思完全一样，但宋令又特地改成了一个比较繁琐的表述。宋令为何要做这两处逻辑不协调又意义不大的调整呢？

《续资治通鉴长编》中可以找到天禧四年十二月丙寅条：

> 又诏大辟有先准诏即行处斩者，自今除恶逆四等准律用刑，自余斩刑遇春夏止决重杖处死，俟秋分如故。以上封者言皇帝诞月及春夏长育之时，宜贷严科故也。[1]

原来宋令修撰的变化和长编中的诏令有关，从“死刑”到“斩刑”的范围变化以及部曲奴婢内容的消失都是按照诏令内容做的记录，不但内容是按照诏令确定的，表述方法和文辞也尽量保留了诏令内容。恶逆之后加上四等的赘言和对春夏的模糊表述，都是直接记录了诏令原文的结果。这里当然不是说《天圣令》的原文是照抄了天禧年间的这条诏令，但是显然宋人的“令典”就是对已有诏令的抄录和汇总，虽然经过六朝和唐代的变迁，汉代原文抄录诏令形成令集的做法已经消失，但是收录随事生成的诏制敕令，编辑整理成为令集的这种本质特征仍然在宋令典中存在着。上述文辞的细节更可以看成抄录单行诏令成为令集这一令的原始基因留在宋令典体内的小小“阑尾”。

上述对宋《天圣令》的考究只涉及了其中“狱官令”中的几条，但已经可以看出，前七条中就有三条，很明显地以本朝诏令修改了唐令的内容。《天圣令》的编纂距宋代开国不过六七十年的时间，前有唐人留下的令文，后有几十年间积累的诏令，由此形成的《天圣令》就是将几十年间的诏令筛选保留，能够归入原有唐令体系的，则添附修改，本质上是一种记录和修补性的工作，完全不同于现代立法意义上的主动制定。

最后，“令”与其他法律形式的关系问题。

在上述的分析中我们发现，“令”的早期篇目体例呈现出杂糅的特征：汉令有各自单行的分别以事务、官署命名的令集；晋令、梁令虽然统一成册，但篇目上仍然体现出事务和官署杂糅的情况；而北齐令又完全以官署名分篇；到了唐代，“令典”的篇名问题似乎得到彻底解决，全以事务分篇。如果观察

---

[1]　（南宋）李焘：《续资治通鉴长编》卷九五，中华书局1995年版，第2193页。

整个唐代法律体系又会发现，问题似乎没有完全被解决，"令"以外的"格"和"式"仍然是官署命名的方式，敦煌吐鲁番出土的唐代"格""式"多以官署命名，如《神龙散颁刑部格》《开元兵部选格》《开元户部式》《开元水部式》。而且这些格、式的条文格式也形式多样，有的基本上是原文抄录了诏令，其标志就是有些格文在内容之前都有"勅"字开头，《开元户部格》即是如此[1]；有的则使用了类似律的形式，以"诸"字开头，《开元水部式》即是如此[2]；也有全无开头字样，直接书写内容的样式，《开元兵部选格》《贞观吏部式》即是如此[3]。从这些史料可见，采取诏令原文还是使用概括性的"诸"开头，并不是区分令、格、式的标准，在现有的如此少量的出土文献中就已经出现明显的混杂情况，说明当时是完全不以这些形式来区分令、格、式的。而如果将唐代以事务命名的令集与以官署命名的格、式统合起来，与已往汉魏六朝以事务和官署名杂糅作为令集篇名的现象相比较，就会发现前后数百年间，数个朝代承继沿用着一个相同的做法：那就是把诏令分门别类地记录储存到不同名目之下。唐以前的做法是在广义的"令"的名目下设置以事项或官署命名的单行令集或篇目；在唐以后，"令"的概念萎缩，仅能接纳以事务性质归类的诏令，原来以官署命名的单行令集和篇名转化为"格""式"，收纳无法装入令集的诏令。从这个角度看，唐代包括令在内的各种法律形式都是收录不断颁布的诏令指令的容器，而非主动制定的产物。

如果进一步将眼光放到唐宋以后的各朝又会发现，到底是以事务名还是以官署名来编制法条，是贯穿整个中华法系始终的问题。众所周知，明清之后"令典"消失，一直是以事务分篇的律典，在明代开始以六部官署的名称分篇，又在各篇之下再按事务类别细分科目。清代雍正朝以前的会典，也效仿这种体例，这种做法实际上兼顾了事务、官署命名法[4]。而明清大兴的各种例，也仍然夹杂着事务和官署命名的情况。如明代的《问刑条例》，其本身的名称是事务性的，而内部结构又和明律一致，以官署名篇，各篇内部再

〔1〕 参见刘俊文：《敦煌吐鲁番唐代法制文书考释》，中华书局1989年版，第276~281页。

〔2〕 参见刘俊文：《敦煌吐鲁番唐代法制文书考释》，中华书局1989年版，第326~335页。

〔3〕 参见刘俊文：《敦煌吐鲁番唐代法制文书考释》，中华书局1989年版，第301~302页、第307~308页。

〔4〕 有学者认为，《清会典》的体例直接借鉴了《唐六典》（参见吕丽："《清会典》辨析"，载《法制与社会发展》2001年第6期，第54页），但是细考《唐六典》的体例，是单纯按照官名作为篇目名称，并未归纳为事例的名称，这一点《清会典》与之有本质区别。

依事务分目。而清代的则例，则多以官署名单行，如《钦定户部则例》《总管内务府堂现行则例》，如此的原因是"则例原本散附各条之下，犹沿旧体，今则各为编录"〔1〕，可见这些例册也是收纳随时生成的规则命令的容器。《钦定户部则例》中就保留有完全按照"上谕"内容记录的条文〔2〕，《总管内务府堂现行则例》中更是大量记录了诏敕的原文。清例与宋例一样随事生成的原理在上文已经论证。这里从"令典"和"例册"的篇目和编制形式角度进行分析，就是为了说明，原先被认为是主动制定的立法结果的"令典"，本质上和"格""式""例"一样，是一种用来装载随时生成的诏令、规则的"容器"，这些容器不但共享着相同的容纳物，而且共享着通用的结构——篇章名目、事务性的篇目和官署性的篇目就如同容器内部更小的分隔栏，这些小隔栏在某些朝代被专用在"令典"这个容器中，有些朝代被通用在"格""式""例"的容器中。

到这里，我们用容器的模式总结一下"令"的性质：第一，其内容物与例一样，是随时生成的诏令、规则；第二，其内部的篇目结构与包括例在内的各种法律形式是相互通用的。从这两点出发，无法证明"令"就是主动制定的法典，而例不是。二者其实都是不断收纳随时生成的诏令规则的容器。

关于令典的性质，这里再附带补充一个文字上的证据。《律令法体系向律例法体系的转换》一文中提到，历史上在令典之外的"著为令"这一现象的存在，虽然文中所提的时间跨度是以明清时期为样本，但本书上述史料已经提及，宋以前"著为令"就与"著为例"并列地出现，并无明显区别。而所谓"著"的概念，一般认为当然是具有"昭著""公布"使之明确的意思，如"著，明也"〔3〕"掩其不善而著其善"。〔4〕学界也多从法律公开的角度理解"著"字，这在法律的外部效力方面来看，是没有问题的。但古汉语中"著"字尚有另一层面的含义，"著者，附也"〔5〕，也就是添附、附着的意思，这个

〔1〕　（清）张廷玉等撰：《清朝文献通考》卷二二二《经籍考一二》，商务印书馆1936年版，第6844页。

〔2〕　比如《同治钦定户部则例》卷九《田赋·征收事例》第一条，就记录了同治四年闰五月奉"上谕"关于减免浙江地方赋税的条文。

〔3〕　黄怀信：《小尔雅汇校集释》，三秦出版社2003年版，第60页。

〔4〕　（清）朱彬撰：《礼记纂训》，中华书局1996年版，第866页。

〔5〕　（唐）释玄应撰：《一切经音义》卷三，载《续修四库全书》编委会编：《续修四库全书·经部·小学类》第168册，上海古籍出版社2002年版，第32页。

意思从法律生成的内部来说，有着特别的意义。它正好描绘了不断生成的诏令规则被逐次装入法典容器的现象，而"令"和"例"全都使用了"著"字来描述二者的形成方式，正好说明"令"和"例"是按照同一原理，对平时单行的诏令内容进行编辑整理形成的。

综上所述，"令典"的内容来源于随事临时颁布的诏令，制定过程是一种事后的汇编，并因此造成体例篇目的杂糅情况，而且在演进过程中，后朝继承前朝令典，并不断用新生的诏令对其进行添附修改。这些现象都无法证实"令"这种法律形式具有主动预先制定的特性。实际上胡兴东等学者在讨论令格式主动制定的特殊性的时候，也没有给出详细的论证，相反上述罗列这些特点和本书中展示的例的特征非常相似。这样一来，如果将中华法系发展的历程强行划分为律令制和律例制两个阶段，似乎并没有实质的意义。如果要从本质来看，反而是"令""例"一体了。我们认为，之所以出现这种情况，是中华法系特有的发展模式所决定的。

### 三、"例"在中华法系发展模式中的地位

至此，我们简要评述了国内外学者研究例的相关学说，并借此探讨了"例"这一法律形式在中华法系发展历程中的地位与作用。现有各家的学说观点都在尽力为"例"这一法律形式在中华法系中找到适当的位置，但最终的结论仍然有这样或那样的问题。其原因何在呢？

第一点原因，我们发现，主流学说一般都将中华法系确认为成文法法系，至少是以成文法典为核心的法系。既然有了这样的预设前提，那么对于各种法律形式的描述和研究自然就简化为辨别其是否符合成文法标准，以及在成文法体系中处于何种地位。按照这一思路，针对"例"这类明显不符合成文法标准的法律形式，相应的研究自然集中在如下这些问题上：在古代中国的成文法体系中，如何理解"例"这种法律形式？它的形式与成文法法典的区别何在？在适用过程中，它的效力相较于成文法又如何？在中华法系发展的过程中，它与律、令等成文法典的关系如何？而同样基于中华法系是成文法法系这样的预设，这几个问题的答案自然就是：例是成文法的补充；形式上，例的编纂程序不像律令等成文法是制定的抽象条文，而是案例的记载；例在效力上低于律令，只有律令无规定时才适用例；在中华法系的发展过程中，例一开始是作为成文法之外的异物、相对物而存在，最终经过发展逐渐被认

可、吸收成为成文法的一部分。那么这一系列答案是不是正确呢？

在将中华法系预设为成文法系的前提下，我们遇到的第一个问题就是：既然律令等法律形式已经被归入了现代法理学分类中的成文法，那么例也应该有对应的现代概念予以界定。根据现有的法理学分类法，在成文法之外的部分一般被称为不成文法，而不成文法包括习惯法和判例法〔1〕。就例而言，当然不可能归入习惯法，那么必然要讨论例是不是判例法，或者说例是不是判例。这就是为什么宋例的相关研究无一例外地要涉及宋例是不是判例的问题，比如上述的王侃等学者在研究宋例时就认为其不是判例〔2〕，而戴建国等学者则认为，宋代的断例具有判例性质〔3〕。

上述的分歧中首先就暗藏着一个问题：用判例来描述的到底是宋例还是宋代的断例？判例法和判例是在西方近现代法制体系中基于司法权独立背景而形成的概念。所谓的判例，实际上是司法判例的简称，用它来衡量作为一个整体的古代中国的"例""宋例"，本身就是以偏概全。相关的研究其实已经反映出了这个问题，其中最明显的是王侃的《宋例辨析》一文，该文虽然名为《宋例辨析》，但在讨论宋例是否是判例这一问题时，将"宋例"的概念彻底偷换为"断例"，其讨论的是宋代的断例是不是判例。所以无论该文论证"宋例"不是判例的理由是否成立，仅仅从概念的涵涉关系上就无法充分说明宋例和判例的关系。戴建国等学者意识到了这一问题，所以将界定的范围缩小到了"断例"，更有研究意识到了判例先天的司法性质，所以将"断例"单列为宋代的"司法例"〔4〕，进而再论证其属于判例的性质。但这样却会进一步产生宋代的条例、则例、事例是不是判例的问题。如果我们抛开司法例、行政例这样的分类，回顾一下本书所引宋代断例和其他例就会发现：宋人处理檀偕案时，围绕着应引用俞富案还是应引用孙昱案所做的讨论，与度宗咸淳年间在太庙祭祀遇雨，到底是引例乘辂还是引例乘辇所引起的争议，二者在程序、观念上并无明显差异。为何前者是判例而后者不是？无非是因为前者处理案件的活动，被我们以现代的眼光归入了现代的司法审判活动，进而认定断例属于判例法。这种做法实际上是以千百年后的标准替古人分类，

---

〔1〕　参见舒国滢：《法理学导论》，北京大学出版社 2006 年版，第 57 页。

〔2〕　参见王侃："宋例辨析"，载《法学研究》1996 年第 2 期。

〔3〕　参见戴建国：《宋代刑法史研究》，上海人民出版社 2008 年版，第 113 页。

〔4〕　参见李云龙："宋例研究"，上海师范大学 2014 年硕士学位论文。

然后再强行将其中一类归入千百年后的另一个概念。其结果貌似解决了断例是否是判例的问题，但同时又将对宋人来说并无区别的条例、则例、事例置于无法归类的境地。我们不应忘记的是，千百年前宋人将断例、事例、条例等均称为"例"必然是以千百年前的标准将其归为了一类，我们后人应该解决的问题不正是要如何正确理解古人这一千百年前的标准吗？

退一步说，即使按照现在的标准将宋例中的断例界定为司法例，专门探讨其是否属于判例，也存在问题。对此，已有学者进行了研究，王志强就指出，在判断古代法律形式是否属于判例之前，应弄清"判例"的含义。首先，我们所使用的"判例"一词，往往是从其对以后判决的约束效力角度去理解的，但按照这一标准，是无法涵盖和解释中国古代包括断例在内的相关法律形式的。首先是这种约束效力产生的方式，如有些经过皇帝事后追认的判决可以具有约束力；但有些判决即使从来没经过认可也会被引用作为裁判依据；从动态角度来看，从未被引用过的判决可能在某天经过偶尔引用具有了判例性质，而有些曾经被反复引用的判决，在一段时间被弃置之后，会失去判例的约束力。[1]这些现象都无法用现代判例的约束力来解释。本书中也指出宋例随事生成、随时编纂删削，效力可能通过不断引用而增强，也可能因不被引用而逐渐减弱，最终在编纂中被删除。所以，单从约束力角度无法认定包括断例在内的宋例属于现代的判例。

另外，为了解决上述效力不确定的问题，很多研究试图专门从经过编纂的断例册的角度说明其约束性和判例性质，也就是说，经过编纂成册的断例，具有形式和效力的确定性，被可以认定为判例。但有一个不能忽视的现象是，现有史料所见宋人引月断例的记载，全都是直接引称例名，从来没有引用某某断例册名的记载，也就是说被引为依据的断例并不一定必须是经过编修保存在册的断例。比如《明公书判清明集》中明确记载了援引"提举司所判颜时生赎李升田"[2]的案例，地方官直接引用了案例名称，而并未提及该例所在的例册。可见宋人用例是无法用判例法的约束力标准来衡量的。更何况，按照王志强的观点，即使在西方，定义判例的核心也不只是约束力，而是法律执业群体的"共识"，包含着为这一群体所共同确认的法律原则的案件，方

〔1〕 参见王志强："中国法律史叙事中的'判例'"，载《中国社会科学》2010年第5期。
〔2〕 （南宋）幔亭曾孙编：《名公书判清明集》卷九，中华书局1987年版，第312页。

称为判例[2]。而如果按照这一标准来衡量宋代断例乃至古代中国的断案例，问题将变得更加复杂。可见，要在中华法系是成文法的预设前提下，在成文法体系之外为断例等法律形式找到"判例"这样一个归宿，很难自圆其说。

既然中华法系是成文法系这样一个预设，使得"例"这类特殊的法律形式无法归类，这似乎已经从反面说明，这样的预设可能并不适合中华法系。那么我们就从正面监视一下这一预设的合理性。首先我们检讨一下"成文法"这一法律史学界惯常使用的概念。

根据法理学界的一般定义，"成文法"是指"有立法权或立法性职权的国家机关以国家的名义，依照特定程序创制的，以规范化的条文形式出现的规范性法律文件的总称"。"不成文法"是指"国家有权机关认可的，不具有文字形式或虽具有文字形式但却不具有规范化条文形式的法的总称"。[1]由此可见，对于成文法和不成文法都是从两方面进行定义的，一个方面是生成的程序；一个方面是条文形式。就生成程序来讲，同样是经过有权的国家机关，成文法是"创制"，不成文法是"认可"。就条文形式来讲，成文法是"规范化的条文形式"，不成文法是"不具有规范化条文的形式"。这两个方面分别的定义也就是区别成文法和不成文法的标准。

那么使用上述这两方面的区分标准能否清晰地在中国古代法律中区分出成文法和不成文法呢？以第一条标准为例，即有权机关按照程序进行"创制"还是"认可"。经过以上关于律令法向律例法转变的相关讨论，我们发现普遍被认为是"创制"出来的"令"其实与"例"有诸多相似之处，尤其是"令典"在成立制定的方式上与例一样都有随时收录、编辑整理成册的情况。性质上都是一种"认可"的行为，与现代立法程序中的"创制"有着一定距离。所以按照第一条标准的制定程序来看是难以清晰界定古代成文法的，即使在律令制的框架下，认定令具有成文法的性质都成问题。

关于第二条标准，即条文的形式是否是规范性的。这一点实际上是国内学者界定成文法的重要标准。如刘笃才在其《中国判例法考论》中提出，古代中国的判例的特性之一是必须保留具体判决的形式，不能是"经过改造已经上升为制定法的抽象法律条文"[2]。反过来说，一旦成为抽象的条文，就是

---

〔1〕　舒国滢：《法理学导论》，北京大学出版社 2006 年版，第 57 页。
〔2〕　刘笃才："中国古代判例考论"，载《中国社会科学》2007 年第 4 期。

成文法成立的标志。此外，这样的标准还被用在宋例内部种类的划分上，比如针对条例和断例，刘笃才就认为，条例和判例不同，"条例是制定法……是通过一定的立法程序产生，而且形式上是一般的抽象性条文，和古代律典中的律文性质极其相似，只是在成文法体系中层次较低而已"。[1]可见按照上述的标准，成文法的特征就是具有一般抽象性的条文，而条例也被认为具有这一性质，所以被归类为成文法而与断例区别开来。这里，显然是将"规范性"转述为"一般性抽象条文"。那么，规范性标准是否能明确区分中国古代的成文法和不成文法的例呢？

对"规范性"的含义，西方学者已经做过论述，所谓"真正意义上的法律必须包含一种一般性的规则，而那些只处理个别和具体请示的措施不能被认为是法律或立法机关创制的法令"。[2]这一点可以说是西方法学的通论，亚里士多德就认为"法律只能订立一些通则"[3]；卢梭称"我说法律的对象永远是普遍性的，我的意思是指法律只考虑臣民共同体及抽象的行为，而绝不考虑个别的人以及个别的行为"。[4]奥斯丁则称"如果一个命令具有普遍的行为约束力，而且，对之服从的行为主体也是普遍的，那么，这个命令就是法"。[5]正如卡多佐法官在其《法律的成长》一书中所说，"政府机构将此规则尊奉为法律，就像在大自然的运转中，我们将四季轮回称为规律一样"。[6]按照卡多佐的理解，之所以强调法律条文应具有规范性，是因为他符合自然界一般规律的稳定连续性。上述西方学者对于法律规范性的界定已经成为定论，而且将之用于界定中国古代典型唐律、唐宋令的条文似乎也很符合。

但西方学者对于"规范性"这一标准也进行过探讨，尤其是以"规范性"为标准，能否有效地将"法"与"具体命令"区别开来，一些学者提出了疑问。博登海默就指出"包含有规范性规则的一般性法律同处理一种特定

---

〔1〕 刘笃才："中国古代判例考论"，载《中国社会科学》2007 年第 4 期。

〔2〕 ［美］E. 博登海默：《法理学——法律哲学与法律方法》，邓正来译，中国政法大学出版社 1999 年版，第 418 页。

〔3〕 ［古希腊］亚里士多德：《政治学》，吴寿彭译，商务印书馆 1983 年版，第 162 页。

〔4〕 ［法］卢梭：《社会契约论》，何兆武译，商务印书馆 2005 年版，第 46~47 页。

〔5〕 ［英］约翰·奥斯丁：《法理学的范围》，刘星译，中国法制出版社 2002 年版，第 25 页。

〔6〕 ［美］本杰明·N. 卡多佐：《法律的成长》，董炯、彭冰译，中国法制出版社 2002 年版，第 24 页。上引博登海默的《法理学——法律哲学与法律方法》一书的邓正来译本，对于该句有另一个译法，含义更为明确，"如同在大自然的进程中一样，我们赋予了连续一致性以法律这一称谓"。

而具体情形的特殊法令之间的界限并不总是能够精确而轻易地划定的"。[1]奥斯丁在对"法"和"具体命令"的区别进行详细论述之前，也不得不承认"描述一条界限……这条界限在各个方面都与原有的语言表达方式相互一致，并且将'法'与'具体命令'彼此分开，这几乎是不可能的"。[2]实际上，奥斯丁在随后所做的划分确实也有模棱两可之嫌。奥斯丁举例称，立法机关绝对禁止所有谷物出口，就是法律；相对地，如果仅是"宣布停止从码头运谷物出口"，那么这就是一道具体的命令。但他随后给出法和具体命令的抽象界线是"前者是对一类行为做出普遍的禁止性规定的，而后者，是对具体确定下来的行为做出的禁止性处理的"[3]。但是反观他的例子，立法机关宣布停止从码头运谷物，是对一类行为还是确定下来的行为所做的禁止呢？如果禁令所禁止的是今后不得从码头运谷物的所有行为，那么显然包括还未发生的、还未确定下来的行为，这当然是一类行为，那么这项禁令与绝对禁止出口谷物的禁令应该只有禁止内容、程度、范围上的量的差异，而没有性质上的区别。

由此可见，即使在近现代的西方，以条文的规范性作为标准来明确界定成文法也不是轻而易举的。而回到我们讨论的宋例和中国古代法律体系，做出这种区别和界定的难度就更大了。文化背景、思维方式、立法技术与西方大相径庭的古代中国，其产生的法律具有别样的形态和结构。不可否认，律典、令典的条文在形式上确实符合具有西方成文法典的形态标准，但问题一旦涉及这些法典之外的其他法律形式，用西方学者的标准对具体条文进行衡量，则模糊的状况将更加严重。

以唐宋时期的法律形式为例。《庆元条法事类》记载："绍兴十七年七月二十三日尚书省批状刑寺参详秀州申明，犯徒三年若已决杖七十即减就杖一百。"[4]这里显然是根据尚书省审查过的秀州地方已经发生的案件所做的规定。如果按照奥斯丁的抽象标准，显然是具体的非一般的命令，该命令被记

---

〔1〕［美］E. 博登海默《法理学——法律哲学与法律方法》，邓正来译，中国政法大学出版社1999 年版，第 419 页。

〔2〕［英］约翰·奥斯丁：《法理学的范围》，刘星译，中国法制出版社 2002 年版，第 24 页。

〔3〕［英］约翰·奥斯丁：《法理学的范围》，刘星译，中国法制出版社 2002 年版，第 27 页。

〔4〕（南宋）谢深甫等修纂：《庆元条法事类》卷七三，载《续修四库全书》编委会编：《续修四库全书·史部·政书类》第 861 册，上海古籍出版社 2002 年版，第 570 页。

录下来后又作为今后处理的参照和依据，显然对于今后的同一类事务具有规范性。

更明显的例子是《宋刑统》中的这一条："准唐大中二年九月七日敕，比来多有无良之徒，妄于街衢置无名文状，及于箭上，并于旗幡上，肆为奸言，欲以惑听。自今以后，如有此色，宜准宝历三年正月十八日敕，令所在地界，便于当处焚毁埋藏，不要闻奏。"[1]这一条是附属于"诸投匿名书告人罪"律文之下的。如果按照上述的西方标准，"诸投匿名书告人罪，流二千里"的律文自然是这针对一类行为，是法。但是附属的"准"条的内容毫无疑问不但是针对具体的行为，而且是既已发生的，实际上发生在久远前朝的非常具体的行为，其细致、确定、具体的程度远远超过港口运谷物的禁令。如果说禁止港口运谷物的规范都只能被认定为具体命令而非成文法的话，那么"准"条的内容无论如何都只能看作是具体命令，但是这里的"准"条又确实作为古代中国法典组成部分，发挥着其规范性的效力。

同样的情况在明清的法律中也有，明代《问刑条例》中的《杂犯》记载："万历十一年八月内节奉圣旨，自宫禁例载在会典，我皇祖明旨甚言，乃无知小民，往往犯禁私割，致伤和气，着督察员便行五城御史及通行，各省抚按衙门严加禁约……"[2]可见，关于禁止私自阉割的禁令在明会典中已经存在，但是这里又专门记录了万历皇帝对这一事务专门下达的禁令，这种对既已发生的自阉割行为，相对于会典的规定，也是属于具体的命令，但仍然被作为《问行条例》的一部分记录下来，成为规范。

实际上，这里还没有列举元代的法律。在《大元通制》和《至元条格》中大量罗列着原文摘录的判决和诏令，全都是针对已经发生的具体事务所作的处断，被记录进入上述的法典之后，自然就成为对今后相似事务处断的依据，按照上述规范性的标准，就更难界定这些法律的所谓规范性了。

从以上可见，至少以奥斯丁的标准，难以将上述这些中国古代的法律条文定性为成文法。而这里所举的还都是公认的中国古代"成文法典"中的条文，如果回顾一下上面提到的包括早期的令、例、清代的成案在内的其他法律形式就会发现，更加难以按照以上述规范性的标准去衡量它们是否属于成

---

[1] （北宋）窦仪等：《宋刑统》卷二四《斗讼律》，中华书局1984年版，第371页。

[2] （明）舒化等：《问刑条例》，法律出版社1999年版，第434页。

文法。

提出上述的这些反例，不是要全盘否定成文法的概念在研究中国古代法制时的作用。只是想要指出，成文法和不成文法的概念区分在我国古代特有法制背景下的局限性。

第二点原因是，原有的法制史研究多是在断代史的框架内，分别描述每一朝代的法制体系，这样研究的好处是对于每代的法制均能有较细致的考查。但另一方面，这种研究方法就好像在一条彩带上截取一个个断面，这样虽然能看清每个断面的图案，但彩带毕竟是纵向织成的，不以纵向贯通的视角考查，便无法找出每一条丝缕的脉络，其次也无法看清各条丝缕之间的交错关系。

实际上学界已经逐渐意识到单用成文法、判例法的静态抽象标准无法全面描述古代中国法的面貌，不跳出断代研究的窠臼，也无法一览中华法系的全貌，所以学者们开始尝试从纵向和动态的角度进行考查研究。比如有学者就由此提出了古代中国"混合法"的概念，将古代中国的法律分为任意法、判例法、成文法等多个阶段[1]，这为我们提供了一种新的思路。再比如《历代例考》等著作着眼于例这类法律形式的特点，为我们条分缕析地将"例"这条丝线从中华法系的"彩带"中挑出，理清了这一类法律形式自身纵向发展的脉络。为我们展示了它自身的色彩。

我们认为在此基础上可以进一步考查不同法律形式性质的异同以及在中华法系纵向发展过程中相互交织的关系。对此，以往针对一类法律形式的专门研究为了充分展示这种法律形式的特点，往往从求异的角度入手，着重说明其自身特点以及与其他法律形式之间的区别。我们认为，在研究各种法律形式的时候，"求异"固然是基本方法，但"求同"的方面也不可忽视。如果说中华法系是一条美丽的彩带，那么每种法律形式作为单条丝缕的个性和色彩固然值得欣赏，但如果能进一步发现不同丝缕之间纹理的契合或色彩的协调，那么整条彩带将在我们眼前展现更加深层次的美。本书的相关研究正是循着这样的思路的展开，我们在关于宋例的形式和适用两章的最后部分都探讨了宋代法律体系内部"例"与其他法律形式的关系，发现宋例与宋代的其他法律形式之间存在着千丝万缕的联系，从编纂方式到适用的程序，都有

---

〔1〕　参见武树臣："中国'混合法'引论"，载《河北法学》2010年2月。

很大的共性。接下来我们又探讨了宋例与唐、元、明、清各朝主要法律形式的关系，发现宋例与唐以前的故事、格、式、科、程、元明清的条例、成案等法律形式也有相似之处。当我们最后对律令制向律例制演变的学说进行探讨的时候，又发现虽然宋代的"令"已经定型为"令典"，但其中仍然蕴含着与"例"相似的性质。总而言之，包括宋例在内的各朝各种法律形式虽然名称各异，形制不同，但在它们身上我们可以发现一条贯穿中国古代法制发展始终的脉络。就好比织就中华法系彩带的各条丝缕虽然色彩纷呈，但统合观察后又会发现它们有着和谐的色调，均一的质地和连贯的纹理，共同赋予了中华法系这条彩带整体的特殊美感。这种美感不是外在的法典、制度，而是内含于各种法律形式之中的共性。本书所讨论的古代中国各种法律形式所体现的这种共性，可以概括为四个字——"因循创附"，而宋例就是这种共性的集中体现。

回顾整个中华法系的发展历程可见，魏晋直至隋唐之间朝代更替频繁，且各朝均有律令，但无论北朝还是南朝，修律的方法均是继承前代，顺时修改。梁朝修律的一则史料对这一情况做了准确概括：

> 法令不一，实难去弊，杀伤有法，昏墨有刑，此盖常科，易为条例，前主之法，后主之令，因循创附，良各有以。[1]

这段话是对中国古代立法模式的精要概括，"常科"是具体的处罚规定，无疑是因处理具体问题应时而生。所以当时有"宪令稍增，科条无限"[2]的说法。这些具体的规定，逐渐"易为条例"，也就是固定为规则和效力稳定的事例。而中国古代法律体系发展的进程就是在不断继承前代法典内容的基础上，将临时增创的这些内容附加进去，这就是"因循创附"。一方面每朝内部和朝代之间都采用前朝法律或者本朝内部已成法律作为基础，很少有另起炉灶、新立法制的情况，这就是"因循"；另一方面每朝都要为应付临时发生的情况而不断创设各种规范事例，再经过实务的检验将这些临时创设的规则事例予以固定，以备日后遇到相同情况时适用，这就是"创附"。这里的"创"，首先在形式上与现代立法程序中制定法条的过程有本质的区别。"创

---

〔1〕《隋书》卷二五《刑法志》，中华书局1973年版，第697页。

〔2〕《后汉书》卷四六《陈宠传》，中华书局2000年版，第1554页。

附"并非是按照预先设定的篇章框架编写抽象规范性条文，一次性地制定整部法典，而是为了处理具体的事务，不断颁布新的单行指令。而在法律效果上，"创"的活动也与现代立法活动中颁布生效、一蹴而就的做法不同。"创"设的单行指令、规则和先例形成之后，还要继续进入"附"的程序，也就是需要经过实践检验，反复适用，不断增加其效力稳定性，扩展其效力范围，提升其地位，最终将其编入其部法令集。而这个"附"的过程又不同于现代立法程序，单行指令并不是必须要被编入法令集才具有规范性或先例性的效力，而是将新"创"的条文、案例附着罗列在因循积累前法之中，或增加内容，或修正旧法。"创""附"两个程序前后承续，并与"因循"的程序首尾衔接，形成统一的整体。这个模式首先打破了成文法和判例法的藩篱，不再以是否具有抽象规范条文来强行划分法律的效力等级，而是以实务中使用情况这一动态标准来衡量筛选法条案例，对条文和案例进行一场长久的"优胜劣汰"。在这一模式下，"因循"继承而来的故条旧法生命不息，而一条条为处断具体事务、案件而做出的单行指令、裁判，借由"创附"程序不断进入这个"法的活体"，赋予了法律体系以生生不息，循环往复的生命力。

另外一点值得注意的是，"因循创附"的现象并不局限于单个朝代内部，如果以贯通各朝的视角来考察，则曹魏《新律》系"删约旧科，傍采汉律，定为魏法"[1]；北齐律是"采魏晋故事"；唐《武德律》是"惟正五十三条格，入于新律"；《宋刑统》则规定了"以唐律逐条比勘……若律条所列，从首至尾，初无异文"[2]；清初律例几乎全承明制，后再以例完善修正。其中，有前朝法典入于本朝新律者；有本朝单行法令附入前朝旧律者；更有旧律新典并行不悖者。其实质都是后朝因循继承前朝法律，随后创制新条，累积添附，立为本朝法制。在这个跨越朝代的过程中，原来在断代史视野中貌似各自独立的法律形式，其实是相互衔接，甚至能相互转化的。之所以出现这样的情况，正是因为古代中国几乎所有的法律形式都多多少少是按照因循创附的模式生成的，所以虽然朝代兴衰更替，但中华文明数千年延绵不绝的历史借由"因循创附"的模式，赋予了中华法系以跨越朝代的生命力。

回到本书所讨论的宋例，显而易见，"例"无论作为一种法律形式还是作

---

〔1〕《晋书》卷三〇《刑法志》，中华书局1974年版，第923页。

〔2〕 刘承干："宋重详定刑统校勘记"，载《宋刑统》，中华书局1984年版，第549页。

为一种法律生成的机制，都是"因循创附"的模式中"创附"一端的集中表现。通观历史，虽然"例"在各朝的名称各异，产生的程序方式也不尽相同，但总体上的原理是共通的。而宋代正是中华法系发展的中间时期，因循累积而成之唐律，已蔚为大观，又正逢此时儒学发展进入全新时期，文人积极参政，士风务实进取，创附之制借此更盛，并终以儒家春秋例释之学而得"例"以名，为元、明、清三世沿用始终。这就是宋例在中华法系发展中的地位和坐标。

# 主要参考文献

## 一、史料类

1. （东汉）许慎撰：《说文解字》，中华书局 1985 年版。

2. （南朝宋）范晔撰：《后汉书》，中华书局 1965 年版。

3. （西晋）杜预撰：《春秋左传传序》，载（清）纪昀等编：《影印文渊阁四库全书》，我国台湾地区"商务印书馆" 1986 年版。

4. （西晋）杜预撰：《春秋释例》，载（清）纪昀等编：《影印文渊阁四库全书》，我国台湾地区"商务印书馆" 1986 年版。

5. （清）纪昀等撰：《四库全书总目》，载（清）纪昀等编：《影印文渊阁四库全书》，我国台湾地区"商务印书馆" 1986 年版。

6. （元）脱脱等撰：《宋史》，中华书局 1977 年版。

7. （宋）佚名撰：《南窗纪谈》，载（清）纪昀等编：《影印文渊阁四库全书》，我国台湾地区"商务印书馆" 1986 年版。

8. （北宋）崔子方撰：《春秋佀要》，载（清）纪昀等编：《影印文渊阁四库全书》，我国台湾地区"商务印书馆" 1986 年版。

9. （北宋）杨时编：《二程粹言》，载（清）纪昀等编：《影印文渊阁四库全书》，我国台湾地区"商务印书馆" 1986 年版。

10. （北宋）程颐、程颢撰：《二程集·河南程氏遗书》，中华书局 1981 年版。

11. （西汉）司马迁撰：《史记》，中华书局 1950 年版。

12. （北宋）苏辙撰：《龙川略志》，中华书局 1982 年版。

13. （南宋）王应麟撰：《困学纪闻》，吉林出版集团有限公司 2005 年版。

14. （南宋）朱熹编：《二程遗书》，载（清）纪昀等编：《影印文渊阁四库全书》，我国台湾地区"商务印书馆' 1986 年版。

15. （南宋）李心传撰：《建炎以来系年要录》，中华书局 1956 年版。

16. （清）徐松辑：《宋会要辑稿》，中华书局 1957 年版。

17. （北宋）张方平：《乐全集》，载（清）纪昀等编：《影印文渊阁四库全书》，我国台湾地区"商务印书馆"1986 年版。

18.〔南宋〕王应麟撰:《玉海》,江苏古籍出版社、上海书店出版社影印本 1987 年版。

19.（唐）房玄龄等撰:《晋书》,中华书局 1974 年版。

20.（南宋）谢深甫等纂修:《庆元条法事类》,载《续修四库全书》,上海古籍出版社 2002 年版。

21.（南宋）李焘撰:《续资治通鉴长编》,中华书局 1995 年版。

22.（元）马端临撰:《文献通考》,中华书局 1986 年版。

23.（北宋）郑侠撰:《西塘集》,载（清）纪昀等编:《影印文渊阁四库全书》,我国台湾地区"商务印书馆"1986 年版。

24.（南宋）李心传撰:《建炎以来朝野杂记》,中华书局 2000 版。

25.（北宋）刘颁撰:《中山诗话》,载（清）纪昀等编:《影印文渊阁四库全书》,我国台湾地区"商务印书馆"1986 年版。

26.（南宋）王明清撰:《挥麈录》,上海书店出版社 2001 年版。

27.（北宋）范仲淹撰:《范文正奏议》,载（清）纪昀等编:《影印文渊阁四库全书》,我国台湾地区"商务印书馆"1986 年版。

28.（南宋）李攸撰:《宋朝事实》,载（清）纪昀等编:《影印文渊阁四库全书》,我国台湾地区"商务印书馆"1986 年版。

29.（南宋）岳珂撰:《金佗续编》,载（清）纪昀等编:《影印文渊阁四库全书》,我国台湾地区"商务印书馆"1986 年版。

30.（北宋）曾巩撰:《元丰类稿》,载（清）纪昀等编:《影印文渊阁四库全书》,我国台湾地区"商务印书馆"1986 年版。

31.（南宋）洪遵撰:《翰苑遗事》,载（清）纪昀等编:《影印文渊阁四库全书》,我国台湾地区"商务印书馆"1986 年版。

32.（南宋）周密撰:《癸辛杂识》,载（清）纪昀等编:《影印文渊阁四库全书》,我国台湾地区"商务印书馆"1986 年版。

33.（北宋）宋敏求撰:《春明退朝录》,载（清）纪昀等编:《影印文渊阁四库全书》,我国台湾地区"商务印书馆"1986 年版。

34.（南宋）施德操撰:《北窗炙輠录》,载（清）纪昀等编:《影印文渊阁四库全书》,我国台湾地区"商务印书馆"1986 年版。

35.（北宋）包拯撰:《包拯集》,黄山书社 1989 年版。

36.（南宋）幔亭曾孙编:《名公书判清明集》,中华书局 1987 年版。

37.（南宋）丁特起撰:《靖康纪闻》,见《丛书集成初编》,商务印书馆 1939 年版。

38.（南宋）胡太初撰:《临汀志》,见《永乐大典地方志辑佚》,中华书局 2004 年版。

39.睡虎地秦墓竹简整理小组:《睡虎地秦墓竹简》,文物出版社 1990 年版。

40. （北齐）魏收撰：《魏书》，中华书局 1974 年版。

41. （北宋）窦仪等撰：《宋刑统》，法律出版社 1999 年版。

42. （南宋）王栐撰：《燕翼诒谋录》，载（清）纪昀等编：《影印文渊阁四库全书》，我国台湾地区"商务印书馆"1986 年版。

43. 天一阁博物馆、中国社会科学院历史研究所编：《天一阁藏明钞本天圣令校证》，中华书局 2006 年版。

44. （北宋）魏泰撰：《东轩笔录》，载（清）纪昀等编：《影印文渊阁四库全书》，我国台湾地区"商务印书馆"1986 年版。

45. （明）杨士奇等编：《历代名臣奏议》，载（清）纪昀等编：《影印文渊阁四库全书》，我国台湾地区"商务印书馆"1986 年版。

46. （北宋）欧阳修撰：《欧阳修集》，载（清）纪昀等编：《影印文渊阁四库全书》，我国台湾地区"商务印书馆"1986 年版。

47. （北宋）陈次升撰《谠论集》，载（清）纪昀等编：《影印文渊阁四库全书》，我国台湾地区"商务印书馆"1986 年版。

48. （南宋）朱熹：《宋名臣言行录》，顺治辛丑林云铭刊本。

49. （元）富大用编：《古今事文类聚·新集》，载（清）纪昀等编：《影印文渊阁四库全书》，我国台湾地区"商务印书馆"1986 年版。

50. （北宋）宋敏求编：《宋大诏令集》，中华书局 1962 年版。

51. （北宋）田况撰：《儒林公议》，载（清）纪昀等编：《影印文渊阁四库全书》，我国台湾地区"商务印书馆"1986 年版。

52. （南宋）陈振孙撰：《直斋书录解题》，载（清）纪昀等编：《影印文渊阁四库全书》，我国台湾地区"商务印书馆"1986 年版。

53. （西汉）桓宽：《盐铁论》，载（清）纪昀等编：《影印文渊阁四库全书》，我国台湾地区"商务印书馆"1986 年版。

54. （南宋）陈世崇撰：《随隐漫录》，中华书局 2010 年版。

55. （北宋）江少虞辑：《宋朝事实类苑》，上海古籍出版社 1981 年版。

56. （南宋）陆游撰：《老学庵笔记》，载（清）纪昀等编：《影印文渊阁四库全书》，我国台湾地区"商务印书馆"1986 年版。

57. （北宋）欧阳修、宋祁撰：《新唐书》，中华书局 1975 年版。

58. （北宋）何薳撰：《春渚纪闻》，中华书局 1957 年版。

59. （南宋）周必大撰：《二老堂杂志》，学海类编丛书。

60. （南宋）叶适撰：《水心集》，载（清）纪昀等编：《影印文渊阁四库全书》，我国台湾地区"商务印书馆"1986 年版。

61. （清）黄以周等辑注：《续资治通鉴长编拾补》，中华书局 2004 年版。

62. 〔北宋〕曾巩撰：《隆平集》，载（清）纪昀等编：《影印文渊阁四库全书》，我国台湾地区"商务印书馆"1986 年版。

63. 〔南宋〕洪迈撰：《容斋随笔》，载（清）纪昀等编：《影印文渊阁四库全书》，我国台湾地区"商务印书馆"1986 年版。

64. 〔北宋〕孙光宪撰：《北梦琐言》，载（清）纪昀等编：《影印文渊阁四库全书》，我国台湾地区"商务印书馆"1986 年版。

65. 〔北宋〕钱易撰：《南部新书》，载（清）纪昀等编：《影印文渊阁四库全书》，我国台湾地区"商务印书馆"1986 年版。

66. 〔北宋〕陶毂撰：《清异录》，载（清）纪昀等编：《影印文渊阁四库全书》，我国台湾地区"商务印书馆"1986 年版。

67. 〔北宋〕叶梦得撰：《石林燕语》，载（清）纪昀等编：《影印文渊阁四库全书》，我国台湾地区"商务印书馆"1986 年版。

68. 〔元〕拜柱等：《大元国朝圣政典章》，中国广播电视出版社 1998 年影印本。

69. 〔明〕申时行等重修：《明会典》，载《续修四库全书》，上海古籍出版社 2002 年版。

70. （清）张廷玉等撰：《明史》，中华书局 1974 年版。

71. （清）张廷玉等撰：《清文献通考》，载（清）纪昀等编：《影印文渊阁四库全书》，我国台湾地区"商务印书馆"1986 年版。

72. 黄怀信撰：《小尔雅汇校集释》，三秦出版社 2003 年版。

73. （清）朱彬撰：《礼记纂训》，中华书局 1996 年版。

74. （唐）释玄应撰：《一切经音义》，载《续修四库全书》，上海古籍出版社 2002 年版。

75. （明）舒化等：《问刑条例》，法律出版社 1999 年版。

## 二、著作类

1. （清）沈家本：《历代刑法考》，中华书局 2006 年版。

2. 杨鸿烈：《中国法律发达史》，中国政法大学出版社 2009 年版。

3. 陈顾远：《中国法制史》，商务印书馆 1934 年版。

4. 张金鉴：《中国法制史概要》，正中书局 1974 年版。

5. 薛梅卿、叶峰：《中国法制史稿》，高等教育出版社 1990 年版。

6. 杨一凡、刘笃才：《历代例考》，社会科学文献出版社 2012 年版。

7. ［日］浅井虎夫：《中国法典编纂沿革史》，陈重民译，中国政法大学出版社 2007 年版。

8. 赵伯雄：《春秋学史》，山东教育出版社 2004 年版。

9. 郭东旭：《宋代法制研究》，河北大学出版社 2000 年版。

10. 戴建国：《宋代刑法史研究》，上海人民出版社 2008 年版。

11. 中国社会科学院语言研究所编纂：《现代汉语词典》，商务印书馆 1994 年版。

12. ［日］寺田浩明：《权利与冤抑——寺田浩明中国法史论集》，王亚新等译，清华大学出版社 2012 年版。

13. 祝尚书：《宋代科举与文学考论》，大象出版社 2006 年版。

14. 张希清等：《宋朝典章制度》，吉林文史出版社 2001 年版。

15. ［美］马伯良编著：《宋代的法律与秩序》，杨昂、胡雯姬译，中国政法大学出版社 2010 年版。

16. ［古希腊］亚里士多德：《政治学》，高书文译，九州出版社 2007 年版。

17. ［英］洛克：《政府论》，瞿菊农、叶启芳译，商务印书馆 2005 年版。

18. ［法］孟德斯鸠：《论法的精神》，张雁深译，商务印书馆 2005 年版。

19. ［美］亚历山大·汉密尔顿等：《联邦党人文集》，程逢如、在汉、舒逊译，商务印书馆 2009 年版。

20. ［英］M. J. C. 维尔：《宪政与分权》，苏力译，生活·读书·新知三联书店 1997 年版。

21. 《马克思恩格斯全集》第一卷，人民出版社 1956 年版。

22. 吕志兴：《宋代法律体系与中华法系》，四川大学出版社 2009 年版。

23. 王云海：《宋会要辑稿考校》，河南大学出版社 2008 年版。

24. ［美］孔飞力：《叫魂——1768 中国妖术大恐慌》，陈兼、刘昶译，上海三联书店 1999 年版。

25. ［德］马克斯·韦伯：《经济与社会》，阎克文译，上海人民出版社 2010 年版。

26. ［美］哈罗德·J. 伯尔曼：《法律与革命：新教改革对西方法律传统的影响》，袁瑜琤、苗文龙译，法律出版社 2008 年版。

27. ［日］大庭脩：《秦汉法制史研究》，林剑鸣等译，上海人民出版社 1991 年版。

28. ［日］宫崎市定：《九品官人法研究》，韩昇、刘建英译，中华书局 2008 年版。

29. 高明士：《律令法与天下法》，上海古籍出版社 2013 年版。

30. 胡兴东：《中国古代判例法运作机制研究》，北京大学出版社 2010 年版。

31. ［日］仁井田陞：《唐令拾遗》，粟劲等编译，长春出版社 1989 年版。

32. 舒国滢：《法理学导论》，北京大学出版社 2006 年版。

33. ［美］E. 博登海默：《法理学——法律哲学与法律方法》，邓正来译，中国政法大学出版社 1999 年版。

34. ［法］卢梭：《社会契约论》，何兆武译，商务印书馆 2005 年版。

35. ［英］约翰·奥斯丁：《法理学的范围》，刘星译，中国法制出版社 2002 年版。

36. ［美］本杰明·N. 卡多佐：《法律的成长》，董炯、彭冰译，中国法制出版社 2002

年版。

37. 贳秉心编:《中国刑法史》,上海书店出版社 1940 年版。

38. 张晋藩主编:《中国法制史》,群众出版社 1982 年版。

39. 叶孝信主编:《中国法制史》,北京大学出版社 1996 年版。

40. 王立民主编:《中国法制史》,上海人民出版社 2007 年版。

41. 薛梅卿主编:《新编中国法制史教程》,中国政法大学出版社 1995 年版。

42. 王存河主编:《中国法制史》,兰州大学出版社 2006 年版。

43. 郭成伟主编:《中国法制史》,中国法制出版社 2007 年版。

44. 曾宪义主编:《中国法制史》,中国人民大学出版社 2009 年版。

45. 白钢主编、朱瑞熙著:《中国政治制度通史》,人民出版社 1996 年版。

46. 张晋藩主编:《中国法制通史》,法律出版社 1999 年版。

47. 蒲坚主编:《北京大学法学百科全书·中国法制史》,北京大学出版社 2000 年版。

48. 龚延明主编:《宋代官制辞典》,中华书局 1997 年版。

49. 〔美〕彼得·G. 伦斯特洛姆编:《美国法律辞典》,贺卫方等译,中国政法大学出版社 1998 年版。

50. 张文显主编:《法理学》,高等教育出版社 2003 年版。

51. 马建石、杨育裳主编:《大清律例通考校注》,中国政法大学出版社 1992 年版。

## 三、期刊论文类

1. 王侃:"宋例辨析",载《法学研究》1996 年第 2 期。

2. 刘守刚:"西方宪政中'三权分立'的历史解释",载《南京师大学报》(社会科学版) 2005 年第 4 期。

3. 陈俊强:"从唐代法律的角度看李白长流夜郎",载《台湾师范大学历史学报》2009 年第 42 期。

4. 刘笃才:"律令法体系向律例法体系的转换",载《法学研究》2012 年第 6 期。

5. 陈直:"甘肃武成磨咀子汉墓出土王杖十简通考",载《考古》1961 年第 8 期。

6. 张家山汉墓竹简整理小组:"江陵张家山汉简概述",载《文物》1985 年第 1 期。

7. 杨振红:"从《二年律令》的性质看汉代法典的编纂修订与律令关系",载《中国史研究》,2005 年第 4 期。

8. 吕丽:"《清会典》辨析",载《法制与社会发展》,2001 年第 6 期。

9. 王志强:"中国法律史叙事中的'判例'",载《中国社会科学》2010 年第 5 期。

10. 武树臣:"中国'混合法'引论",载《河北法学》2010 年第 2 期。

## 五、文集类

1. 吴丽娱：《试论"状"在唐朝中央行政体系中的应用与传递》，载邓小南、曹家齐、平田茂树主编：《文书·政令·信息沟通——以唐宋时期为主》，北京大学出版社 2012 年版。

2. 王化雨：《宋代皇帝与宰枢的政务信息处理过程——以奏章为例》，载邓小南、曹家齐、平田茂树主编：《文书·政令·信息沟通——以唐宋时期为主》，北京大学出版社 2012 年版。

3. 楼劲：《〈北齐令〉篇目疑》，载《文史》第五十三辑，中华书局 2000 年版。

4. ［日］川村康：《宋代断例考》，吴海航译，载中国政法大学法律史学研究院编：《日本学者中国法论著选译》，中国政法大学出版社 2012 年版。

5. ［日］宫崎市定：《宋元时代的法制和审判机构》，载刘俊文主编，徐世虹、姚荣涛译：《日本学者研究中国史论著选译》，中华书局 1992 年版。

6. ［日］内藤湖南：《概括的唐宋史观》，载刘俊文主编：《日本学者研究中国史论著选译》第一卷，黄约瑟译，中华书局 1992 年版。

7. ［日］冨谷至：《通往晋泰始律令之路（Ⅰ）：秦汉的律与令》，载《日本学者中国法论著选译》（上册），中国政法大学出版社 2012 年版。

8. ［日］冨谷至：《通往晋泰始律令之路（Ⅱ）：魏晋的律与令》，载《日本学者中国法论著选译》（上册），中国政法大学出版社 2012 年版。

## 六、学位论文类

1. 李云龙："宋例研究"，上海师范大学 2014 年硕士学位论文。

## 七、外文论文类

1. ［日］宅宫洁："汉令の起源とその编纂"，载《中国史研究》第五卷。

2. ［日］滋贺秀三："汉唐间の法典についての二三の考证"，载《东方学》一七，1958 年。

# 后　记

　　在这本书出版之际，要衷心感谢我的导师丁凌华教授，我自本科开始聆听丁老师的教诲，是丁老师的中国法制史课程激发了我对中国古代法律史的兴趣，并最终引导我走上了这一学科的研修之路。从硕士到博士，丁老师一直在学业、事业和生活上给予我教导，更是我处事为人的榜样。非常荣幸能在丁老师的指导下完成学业，并撰写完成这本小书。另外还要感谢我的师兄王捷，自硕士阶段一同跟随丁老师学习之后，王捷始终如兄长般在各个方面给予我帮助，在此致以由衷的感谢！

　　作为一名一线司法实务工作者和一名中国法制史学的研修者，我时常思考如何能将司法实践和法学理论有机结合，日常办案中也常常体味到术业需融会贯通，世事多古今一理。回首往事，参加工作至今已经十年，博士毕业也已四年，期间的经历感受并不足为外人道，仅以这本小书总结这些年来的思考和体悟。